디지털 교육

김성미 김성연 김효숙 박선희 박양주 서윤경

교육과학사

디지털 교육을 열며

2025년부터 수학, 영어, 정보 교과를 시작으로 AI 디지털 교과서의 도입이 확대된다. 이는 AI와 디지털 기술의 비약적인 발전과 이에 따른 교육 분야의 변화와 혁신이 한눈에 나타나는 시대적 증거일 것이다. 디지털 기술과 교육의 융합은 우리가 무엇을 어떻게 배워야 하는지에 대한 근본적인 틀부터 재고하게 만들었다. 사회적으로 합의된 지식만을 교수자가 학생에게 한 방향으로 전달한다는 흐름을 깨고 협력, 분산, 다양성, 유연성으로 새로운 학습의 패러다임을 창출하였다. 이는 과거에 비해 규모가 크고 다양한 형태의 교육을 가능하게 하며, 개인 맞춤형 학습이 구현될 수 있다는 것을 의미한다. 또한 디지털 기술의 발전은 더 빠르고, 더 넓은 범위의 접근성을 가능하게 함으로써 미래 교육에 대한 새로운 지평을 열고 있다.

이 책은 이러한 시대적 변화와 디지털 교육의 실행에 필요한 종합적인 개요를 안내하고자 한다. 집필진은 디지털 교육의 전반적인 풍경을 조망할 수 있도록 각 장의 주제를 구성하였다. 최신 교육 현장의 사례와 이슈, 학술적 연구 결과를 아우르고자 하였다. 복잡한 개념도 어렵지 않게 이해할 수 있도록 다양한 관점에서 생각해 볼 기회를 제공하고 있는지 고려하면서 검토하였다. 그럼에도 불구하고 한정된 집필 기간 내에 지금이 순간에도 지속적으로 진보하고 있는 AI 디지털과 새로운 국내외 교육 동향을 모두 포함하기에는 한계가 있음을 밝힌다.

이 책은 총 10장으로 구성되어 있다. 1장 '디지털 전환 시대의 이해'에서는 디지털 기술과 인공지능의 발전에 따른 사회 변화 양상을 탐색하고, 디지털 전환 개념과 과제를 소개한다. 2장 '디지털 기반 교육혁신'에서는 디지털 기반 교육혁신이 추진된 배경과 중점사항을 다루고, 교사의 역할에 대해 제시한다. 3장 '모두를 위한 AI・디지털 리터러시'에서는 디지털 미디어 리터러시의 개념과 구성 요소, 미디어 콘텐츠에 대한 비판적 이해와 허위 정보 대처 방법, 디지털 시민성을 알아본다. 4장 '교육현장을 위한 AI・디지털 윤리'에서는 디지털 기술로 인한 교육현장에서 발생될 수 있는 프라이버시, 개인정보 보호, 혐오표현, 저작권, CC 라이선스와 같은 디지털 윤리의 이슈를 다룬다. 5장 ‘에듀테크의 이해와 실제’에서는 에듀테크의 개념과 발전 동향, 국내외 에듀테크 정책을 통해서 에듀테크 활용 교육에서 고려해야 할 점을 다룬다. 6장 ‘메타버스 활용 교수방법의 실제’에서는 메타버스에 대한 개념과 특징을 알아보고 메타버스 활용 교수방법의 핵심적인 원리를 다룬다. 7장 ‘생성형 AI의 이해’에서는 생성형 AI에 대한 개념과 작동 원리를 소개하고 프롬프트의 역할과 작성법, 생성형 AI 기술 활용에 대한 내용을 소개한다. 8장 ‘생성형 AI의 실제’에서는 ChatGPT로 대표되는 생성형 AI에 중점을 두고 교육적 활용 사례를 안내한다. 9장은 학습분석에 관한 것으로 학습 과정과 결과에 대한 데이터를 수집하고 분석하여 사용자에게 적응적 처리를 제공하고 학습 환경을 최적화하는 내용이다. 10장은 디지털 교육과 교육 평가에 관한 것으로 디지털 기술이 교육평가에 어떤 새로운 접근방법을 활용할 수 있는지를 소개한다. 각 장마다 주제별 핵심 내용을 학습한 뒤, 개인 또는 그룹으로 확산적인 사고를 해 볼 수 있도록 활동이 제시되어 있다. 종합하면 이 책은 디지털 교육 환경에서 학습자, 교수자, 연구자가 갖추어야 할 필수 지식과 고민해야 할 이슈를 담고 있다.

독자 여러분께 이 책이 AI와 디지털 기술이 교육 분야에 미치는 광범위한 영향력과 새로운 교육 방식의 잠재력을 인식할 수 있는 계기가 되기를 바란다. 다양하고 평등하며 혁신적인 교육 접근을 모색하는데 있어 조금이라도 통찰을 제공하기를 기대한다. 기술의 빠른 진보로 인하여 이 책에서 담고 있는 내용이 다시 업데이트가 되어야 할 지난 정보가 될 수도 있음을 알고, 스스로 탐색하면서 창의적인 의문을 제기하는 비판적인 학습을 할 수 있기 바란다. 이는 독자 여러분의 몫이며, 디지털 시대를 살아가는 우리 모두가 갖추어야 할 핵심역량이기도 하다.

이 책을 집필하는 과정은 미래 교육에 대해 심도있게 고민해 보는 값진 순간이었다. 독자 여러분께도 의미 있는 배움의 기회가 되기를 희망한다. 끝으로 짧은 시간에도 불구하고 한 권의 책으로 엮어 주신 교육과학사의 노고에 감사의 마음을 전한다.

2024년 8월

집필진

차 례

제 1 장

디지털 전환 시대의 이해

학습목표

- 디지털 기술과 인공지능의 발전에 따른 사회 변화 양상을 탐색할 수 있다.
- 디지털 전환의 의미를 설명할 수 있다.
- 디지털 전환 시대의 이슈와 과제에 대해 논의할 수 있다.

주요용어

디지털 전환(digital transformation, DX), 디지털 기술, 인공지능, 생성형 인공지능(AI), 파괴적 혁신, 디지털 권리장전, 디지털 교육 규범

디지털 전환(Digital Transformation, 이하 DX)은 현대 사회를 정의하는 핵심 개념으로 자리 잡았다. 이 현상은 코로나19 팬데믹을 계기로 가속화되었으며, 그 영향력이 사회 전 분야로 급속히 확장되면서 시대를 규정하는 용어로 사용되고 있다.

본 장은 디지털 전환 시대에 대한 개괄적인 이해를 위해 디지털 기술과 인공지능의 발전에 따른 사회 변화 양상을 탐색한 후 디지털 전환의 의미를 소개한다. 이어 디지털 전환 시대의 이슈와 과제에 대해 살펴본다.

1. 디지털 기술과 사회변화

1.1 디지털 기술의 역할

디지털 기술은 1980년대 초 개인용 컴퓨터의 보급을 시작으로, 2020년대 인공지능

(Artificial Intelligence)과 사물인터넷(Internet of Things)의 통합에 이르기까지 사회 전반에 걸쳐 광범위한 영향을 미쳐왔다. 영향의 범위는 개인의 일상에서부터 국가 차원의 현안 해결로 확장되고 있는데, 이는 디지털 기술의 네 가지 역할로 이해할 수 있다(김현곤, 2023).

제1의 역할	제2의 역할	제3의 역할	제4의 역할
사람들의 생활과 삶의 윤택함을 증진	생산, 서비스 및 경제 발전의 원동력	사회 인프라 및 사회 시스템의 선진화	복잡한 사회 현안 해결

[그림 1-1] 디지털 기술의 네 가지 역할

출처: 김현곤(2023), p. 8.

개인 차원에서 디지털 기술(제1의 역할)은 개인의 일상생활에서 발생하는 다양한 문제를 해결하는 도구이자 삶의 자연스러운 환경이다. 스마트폰 앱을 통한 일정 관리나 온라인 쇼핑, 원격 의료 상담 등은 삶을 더욱 편리하고 효율적으로 만들어주고 있다. 이를 통해 개인의 삶의 질이 향상되고 일상의 효율성이 증대되고 있다.

기업 차원에서 디지털 기술(제2의 역할)은 새로운 산업과 서비스를 창출하며 기업 혁신의 원동력이 된다. 기업은 인공지능과 빅데이터를 활용해 생산 공정을 최적화하고, 클라우드 컴퓨팅으로 업무 효율성을 높인다. 결국, 디지털 기술은 새로운 비즈니스 모델을 창출, 기업의 경쟁력을 강화하도록 해준다.

사회 차원에서 디지털 기술(제3의 역할)은 공공 인프라와 시스템을 효율적이고 지능적으로 구축해준다. 예를 들어, 스마트시티 기술로 도시 관리를 효율화하고, 지능형 교통 시스템으로 교통 흐름을 개선해 시민의 편의성을 증진하고 있다. 또한 전자정부 서비스를 통해 행정 절차를 간소화해 시민들의 삶의 질을 향상하고 있다.

마지막으로 국가 차원에서 디지털 기술(제4의 역할)은 기후 변화와 자원 부족, 초고령화 등 현대 사회가 직면한 복잡한 문제들을 해결하는 중요한 수단이 된다. 빅데이터 분석을 통한 정책 결정, 인공지능을 활용한 신약 개발, 사물인터넷 기반의 에너지 효율화 등은 이전에는 해결이 어려웠던 문제들에 새로운 접근 방식과 해결책을 제시하고 있다.

여러 관계부처가 합동으로 추진하고 있는 「제3차 과학기술 기반 사회문제해결 종합계획(2023~2027)」에 따르면, 디지털 기술이 10대 분야에 속한 43개 영역의 사회문제를 해결하는 데 활용될 계획이다. 이는 디지털 기술의 제4의 역할로, 기술 발전과 사회 혁신이 공진화하고 있음을 시사한다.

10대 분야	43개 사회문제 영역
건 강	만성질환, 희귀난치성 질환, 중독, 퇴행성 뇌/신경질환, 정신질환 · 지적장애
환 경	생활 폐기물, 실내 공기오염, 수질 오염, 생활 소음, 환경 호르몬, 산업폐기물, 미세먼지, 미세 플라스틱
문화여가	문화 소외, 문화 · 여가공간 미비
생활안전	성범죄, 먹거리 안전, 사이버 범죄, 가정 안전사고, 사생활 침해, 보이스 피싱
재난재해	기상재해, 화학 사고, 감염병, 방사능 오염, 지진, 소방안전
에 너 지	전력 수급, 에너지 빈곤
주거교통	불량/노후 주택, 교통혼잡, 교통안전
가 족	고령화, 가정폭력, 저출산(저출생), 1인 가구 소외
교 육	교육 격차, 학교폭력
사회통합	의료 격차, 디지털 격차, 취약계층 생활불편, 일자리 부족, 사회 양극화 및 갈등

3차 계획('23년) 신규 | 3차 계획('23년) 조정 | 2차 계획과 동일

[그림 1-2] 과학기술기반 사회문제해결의 10대 분야 43개 영역

출처: 관계부처 합동(2023), 제3차 과학기술 기반 사회문제해결 종합계획.

이처럼 디지털 기술은 현대 사회의 근간을 이루는 핵심 요소로서, 그 역할과 영향력은 지속적으로 확대되고 있다. 향후 사회가 직면하게 될 문제가 복잡할수록 디지털 기술의 역할은 더욱 중요해질 것으로 전망된다.

1.2 디지털 기술의 영향 탐색

디지털 기술의 영향은 '변화'라기보다는 '파괴적 혁신'에 가깝다. 기존 체계가 점진적으로 변화하는 것이 아니라, 단기간에 붕괴되고 새로운 체계로 대체되는 현상이 빈번하게 발생하고 있기 때문이다(백승렬, 2023). 따라서 디지털 기술의 영향은 거시적 환경을 분석하는데 유용한 STEEP 분석을 활용할 수 있다. STEEP 분석은 사회(Social), 기술(Technological), 경제(Economic), 환경(Environmental), 정치(Political)의 5가지 차원에서 살펴볼 수 있다.

1) 사회적 차원

- **헬스테크 및 의료테크의 고도화:** 가상 건강에 대한 수요 증가는 헬스테크 및 의료테크 분야의 혁신을 가속화하고 있다. 스마트 TV 기반 비대면 진료 서비스가 시행되고, 개인 맞춤형 건강 관리 서비스도 빠르게 발전하고 있다. 이는 의료 접근성을 높이고 질병 예방 및 관리에 대한 개인의 역할을 강화하는 데 기여하고 있다(김유빈, 박성원, 2023).
- **디지털 기반의 새로운 교육생태계 등장:** 교육 분야에서는 블록체인과 NFT 기술을 활용한 학력 및 성적 인증 시스템이 도입되고 있으며, 가상현실(VR)과 증강현실(AR) 기술을 활용한 혁신적인 학습 경험이 제공되고 있다. 디지털 기술이 새로운 교육생태계를 형성하고 있으며, 개인 맞춤형 학습을 가능하게 해 교육의 질을 향상하는 데 기여할 것으로 전망된다.

2) 기술적 차원

- **인간-기계의 협업 및 자동화:** 인간과 기계의 협업은 GPT-4 기술을 활용한 의료 문서 작성의 자동화([그림 1-3] 참조), IoT 및 디지털 트윈 기술을 접목한 스마트 팩토리의 고도화 등 다양한 분야에서 효율성과 생산성을 높이고 있다. 일례로 미국의 헬스케어 업체인 EPIC은 GPT-4 기술을 활용해 환자와 의사 간 진료 이후에 수행되는 문서 작업을 혁신해 피로도와 소지율을 70% 이상 감소한 것으로 나타났다. 인간과 기술의 협업은 단순 반복되는 작업을 자동화하고, 인간은 창의적이고 전략적인 업무에 집중할 수 있도록 해 궁극적으로 삶의 질을 향상하는 데 기여하고 있다(고광범, 2023; 한국지능정보사회진흥원, 2023).

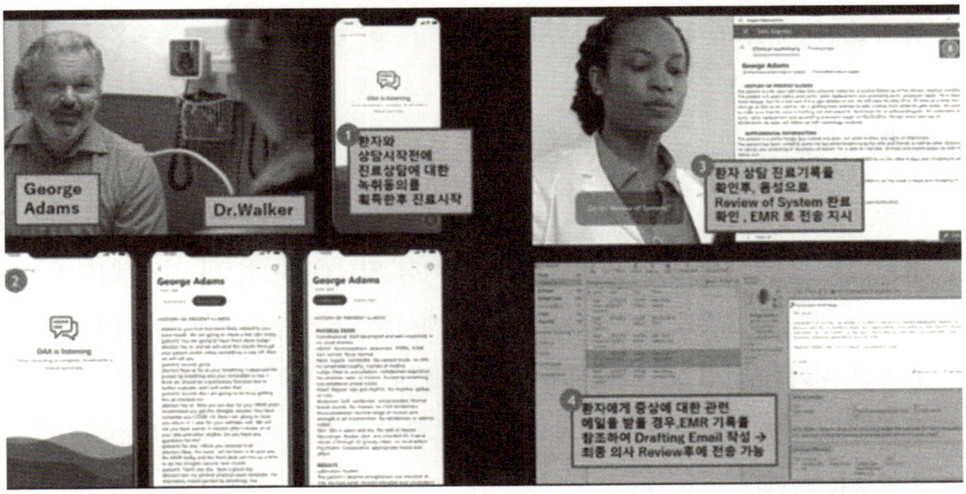

[그림 1-3] 생성형 AI를 활용해 환자 진료 과정을 혁신한 헬스케어 업체 EPIC

사진 출처: 고광범(2023), p. 31.

- **버츄얼 비잉(Virtual Being)으로 몰입되는 가상세계:** 3D 콘텐츠 제작 기술과 대화형 AI 기술의 발전은 디지털 휴먼, 버튜버 등 가상 존재를 탄생시켰다. 이는 가상세계를 '공간 중심'에서 '사람 중심'으로 재편하며, 메타버스를 새로운 단계로 진입시키고 있다. 가상 존재와의 상호 작용은 엔터테인먼트, 교육, 커뮤니케이션 등 다양한 분야에서 새로운 경험과 가치를 창출할 것이다(한국지능정보사회진흥원, 2023).

3) 경제적 차원

- **확신과 신뢰가 요구되는 디지털 세상:** 디지털 기술의 발전은 거래, 의사소통, 비즈니스 등 모든 영역에서 보안과 신뢰 문제를 중요한 과제로 부각시켰다. 사이버 보안 강화 및 데이터 윤리 확립을 통해 디지털 세계에서 신뢰 가능한 거버넌스 구축이 필요하다. 이는 디지털 경제의 지속 가능한 성장을 위한 필수 조건이다(한국지능정보사회진흥원, 2023).
- **취약계층을 위한 금융 포용성 증대:** 디지털 결제, 모바일 지갑, 암호 화폐 등 디지털 기술은 금융 소외 계층의 금융 접근성을 높여 금융 포용성을 확대하고, 경제적 불평등 해소에 기여할 수 있다. 특히, 은행 계좌 개설이 어려운 개인이나 지역에서도 디지털 기술을 통해 금융 서비스를 이용할 수 있게 되어 경제 활동 참여 기회를 확대할 수 있다(김유빈, 박성원, 2023).

4) 환경적 차원

- **지능형 생태계 보전 시스템 구축:** 지능화된 디지털 기술은 도시 환경 관리를 효율화하는 지능형 생태계 보전 시스템 구축에 핵심 역할을 한다. 이 시스템은 폐기물 자동 분리수거 로봇으로 쓰레기 관리를 개선하고, 지능형 상하수 처리로 수질 관리를 최적화할 수 있다. 사회문제 해결을 위한 지능화된 융합 서비스는 도시 생태계의 지속가능성을 향상시키고 환경 보호에 크게 기여할 것으로 전망된다(박종현 외, 2021).
- **탄소중립 실현:** 디지털 기술은 탄소 중립 목표 달성을 위한 핵심 도구로 활용되고 있다. 신재생 에너지 발전, 스마트 그리드 구축, 에너지 효율적인 건물 관리 시스템 등 디지털 기술은 에너지 효율성을 높이고 탄소 배출 감축에 기여한다. 이는 지구 온난화 문제 해결과 지속 가능한 미래를 위한 중요한 과제이다.

5) 정치적 차원

- **전자정부에서 디지털 정부로의 전환:** 디지털 기술은 정부 서비스 제공 방식을 혁신

하고 있다. 전자정부(e-Government) 시스템을 넘어, 데이터 기반 의사결정, 인공지능 활용 등을 통해 보다 효율적이고 투명한 디지털 정부 구현이 가능해졌다. 이는 정부 서비스의 질을 향상시키고 시민 참여를 확대하는 데 기여할 것이다.

- **애자일 정부와 플랫폼 거버넌스:** 디지털 시대에는 급변하는 환경에 유연하게 대응하고 민관 협력을 강화하는 애자일 정부 모델이 중요하다. UAE의 '가능성부'와 한국의 코로나19 대응 사례는 혁신적인 플랫폼 거버넌스 모델을 보여준다. 이러한 모델은 정부의 효율성과 혁신성을 높이고 시민 중심의 정책 수립 및 실행을 가능하게 할 것이다(고광범, 2023).

디지털 기술은 사회 각 분야에 걸쳐 광범위하고 심층적인 영향을 미치고 있다. 이러한 변화에 대한 이해를 바탕으로 디지털 기술의 잠재력을 극대화하고, 동시에 발생할 수 있는 문제점을 예방하고 해결하기 위한 노력이 필요하다.

1.3 디지털 기술에 대한 전망: 기회요인과 위협요인

모든 서비스가 디지털 기술을 통해 지능화, 자동화, 맞춤화되어 제공됨에 따라 클라우드, 5G, AI 등 디지털 기술은 전기, 수도와 같은 사회 핵심 기반 인프라로 자리매김하고 있다(한국지능정보사회진흥원, 2022a). 이는 경제와 산업뿐 아니라 사회 전반에 근본적이고 광범위한 변화를 초래하며, 새로운 기회를 창출하는 동시에 예상치 못한 위협이 될 수 있다는 뜻이기도 하다.

디지털 기술이 미래사회에 미칠 영향을 기회요인과 위협요인으로 구분해 전망한 한 보고서에 따르면, 2030 미래사회는 '가상융합기술을 통한 디지털 소통, 문화'가 가장 큰 기회요인으로 작용할 것으로 전망된다(김동진 외, 2021). 이는 인공지능, 빅데이터, IoT 등의 기술이 융합되어 더욱 효과적인 디지털 소통 플랫폼을 제공할 것이라는 기대를 반영한다. 예를 들어, 실시간 번역 기술과 AR/VR 기술의 결합은 언어와 공간의 장벽을 넘어선 글로벌 소통을 가능케 할 수 있다. 또한 메타버스 플랫폼을 통한 가상 콘서트, 원격 협업, 가상 여행 등은 새로운 형태의 소통과 문화 경험을 제공하며,

엔터테인먼트, 교육, 관광 등 다양한 산업 분야에 새로운 비즈니스 모델을 창출할 것이다.

'개인정보 보호에 대한 관심 증가'는 두 번째로 높은 기회요인으로 나타났다. 이는 블록체인 기술 등을 활용한 강화된 개인정보 보호 시스템의 개발과 실행이 예상되는 부분이다. 개인정보 보호 기술 강화는 안전한 디지털 환경을 조성하고, 개인 데이터 활용에 대한 신뢰를 높여 데이터 기반 경제 활성화에 기여할 것이다. 또한 블록체인 기술을 활용한 개인 데이터 관리 시스템, 차등 정보 공개 기술 등은 개인정보 자기 결정권을 강화하고 데이터 오남용을 방지하는 데 도움을 줄 수 있다.

'산업의 디지털화 확산' 또한 높은 기회요인으로 평가되며, 인공지능, 빅데이터, IoT 등 디지털 기술은 제조, 유통, 금융, 의료 등 다양한 산업 분야에서 생산성 향상, 비용 절감, 혁신적인 서비스 개발을 촉진할 것이다. 스마트 팩토리, 무인 점포, AI 기반 금융 서비스 등은 이러한 변화를 대표한다.

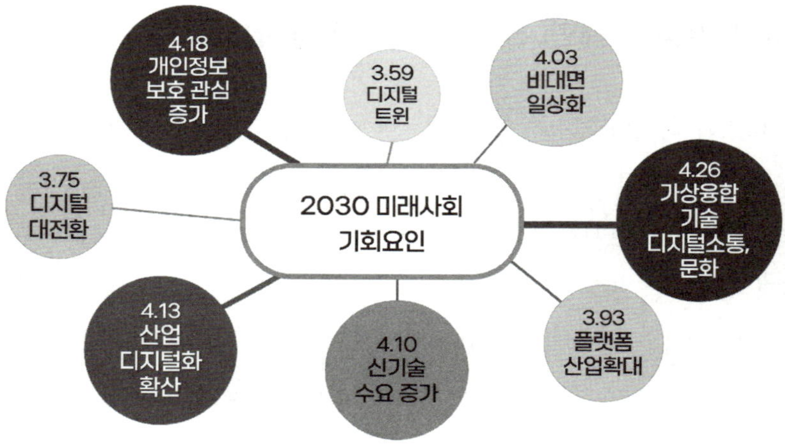

[그림 1-4] 미래사회 기회요인(실현 가능성) 평가 결과 요약

출처: 김동진 외(2021), p. 43.

반면, 2030년 미래 사회는 '비대면 사회 확산에 따른 비대면 신뢰(trust)' 문제를 비롯해 각종 보안 위협 증가, 개인정보 및 프라이버시 침해 위협 증가 등 다양한 위협에 직면할 것으로 예측된다.

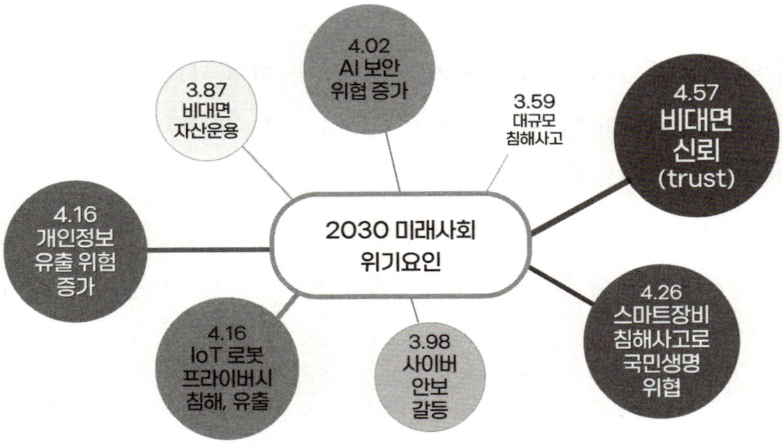

[그림 1-5] 미래사회 위기요인(위협 수준) 평가 결과 요약

출처: 김동진 외(2021), p. 43

우선 '비대면 사회 확산에 따른 비대면 신뢰'가 가장 높은 위험요인으로 지목되었다. 이는 온라인 거래, 원격교육, 비대면 의료 등 비대면 서비스 이용 증가가 신뢰 구축을 어렵게 할 수 있음을 시사한다. 따라서 블록체인 기술, 생체 인증 기술 등을 활용하여 안전하고 신뢰할 수 있는 비대면 환경을 조성하는 것이 중요한 과제로 대두될 수 있다.

'디지털 기술 접근성 및 활용 능력의 격차'가 교육, 경제, 사회 참여 기회 불평등을 심화시킬 수 있다. 따라서 디지털 교육 강화, 정보 접근성 개선, 디지털 기술 활용 지원 등을 통해 다면적 격차를 해소하기 위한 노력이 필요하다.

또한 랜섬웨어, 피싱, 개인정보 유출 등 '사이버 범죄'는 개인과 기업, 사회 전체에 막대한 피해를 입힐 수 있는 위기요인이다. 따라서 사이버 보안 기술 강화, 사용자 교육, 국제 협력 등을 통해 사이버 범죄 예방 및 대응 체계를 구축할 필요가 있다.

주목할 만한 점은 '개인정보 보호에 대한 관심 증가'(4.18점)가 기회요인이 되고, '개인정보 유출에 대한 위험 증가'(4.16점)가 위기요인으로 평가되었다는 것이다. 이는 디지털 기술의 발전과 함께 개인정보 활용에 대한 사회적 관심이 높아지면서 개인정보 보호 기술 및 관련 산업이 성장할 기회가 될 수 있지만, 동시에 개인정보 유출 위험 증가는 심각한 사회적 문제를 야기할 수 있다는 점을 시사한다.

이처럼 인공지능을 포함한 디지털 기술은 현재와 미래 사회에 기회와 위기를 동시에 제공한다. 따라서 어떤 기술을 어떤 목적에 따라 발전시키고 활용할 것인지에 대한 사회적 합의가 필요하다. 디지털 기술의 긍정적인 잠재력을 극대화하고 부정적인 영향을 최소화하기 위한 노력은 디지털 사회를 살아가는 우리 모두의 과제이기 때문이다. 그렇다면 보다 지속 가능한 디지털 사회는 어떤 과정을 통해 구현될 수 있을까?

2. 디지털 전환의 이해

2.1 디지털 전환의 정의

뉴스빅데이터분석시스템인 빅카인즈(BIGKinds)[1)]에서 "디지털 전환" 또는 "디지털 트랜스포메이션"에 관한 기사는 전체 기간(1999년~2024.07.31.)을 기준으로 총 314,079건이었고, 코로나19가 시작된 2020년부터 급증(37,827건)해 2021년부터 2023년까지 매년 약 5만 건의 기사가 보도되고 있다(www.bigkinds.or.kr. 2024.08.01.). 이는 전 세계적 현상으로 코로나19 이후 '모든 영역의 디지털화(digital everywhere)'(한국지능정보사회원, 2022b)가 가속화되고 있음을 유추할 수 있는 결과다.

1) 한국언론진흥재단은 종합일간지, 경제지, 지역 일간지, 방송사 등을 포함한 국내 최대의 기사 데이터베이스에 빅데이터 분석 기술을 접목해 뉴스빅데이터분석시스템인 빅카인즈(BIGKinds)를 구축·지원하고 있다. 따라서 빅데이터 분석 도구나 방법을 알지 못해도 누구나 빅카인즈를 활용해 1990년부터 현재까지 발행된 뉴스를 검색하고, 분석할 수 있다. 소셜 계정으로 로그인을 할 경우는 '전체 기간'의 자료를 검색할 수 있으며, 로그인을 하지 않을 경우는 기본 검색 기간인 3개월 간의 자료만 검색할 수 있다.

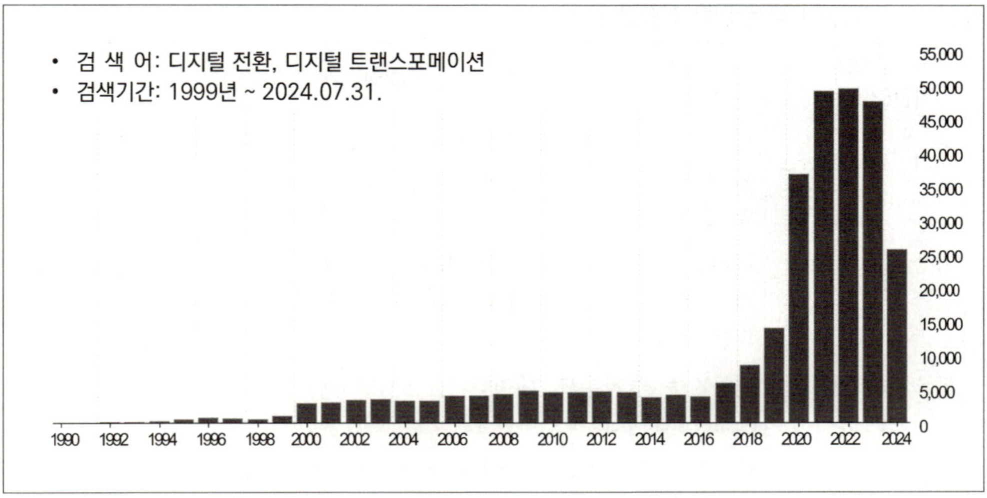

[그림 1-6] '디지털 전환'의 키워드 트렌드 분석 결과

출처: https://www.bigkinds.or.kr/

그렇다면 디지털 전환이란 무엇인가? 디지털 전환의 사전적 의미는 "디지털 기술을 사회 전반에 적용하여 전통적인 사회구조를 혁신시키는 것"(네이버 IT용어사전, 2024.06.01.)이다. 이는 정보기술의 발전이 사람들의 일상생활과 상호작용하는 방식을 근본적으로 변화시키는 과정을 설명하기 위해 사용한 것으로 알려져 있다(Stolterman & Fors, 2004). 즉, 정보기술이 인간의 경험과 커뮤니케이션, 사회구조에 미치는 광범위한 영향을 비판적으로 성찰하기 위해 제시한 개념이다.

이후 다양한 기관 및 연구자들이 제시한 디지털 전환에 대한 정의는 기업이 최신의 디지털 기술을 실제로 활용해 업무 프로세스가 변화하는 과정에서부터, 이를 통해 비즈니스 모델이 변화하는 것까지를 포괄하고 있다(김민식, 손가녕, 2017). 예를 들면, 디지털 전환에는 Airbnb와 Uber와 같이 최신 디지털 기술을 바탕으로 기존 데이터를 활용해 웹이나 모바일로 비즈니스를 수행하는 수준에서부터, GE나 Siemens와 같이 가상세계와 물리적인 세계를 연결하여 가상 물리시스템을 구축하는 등 다양한 형태가 존재한다. 디지털 전환에 대한 여러 정의 중 4차 산업혁명이 시작된 이후의 몇 가지 정의를 제시하면 다음과 같다.

〈표 1-1〉 디지털 전환에 대한 다양한 정의

연구자와 기관(연도순)	정의
World Economic Forum(2017)	디지털 신기술의 발전과 확산으로 촉진되는 환경변화에 대응한 경영활동 포함, 디지털 기술 활용 성과를 향상할 수 있는 비즈니스 모델 창출 및 조직혁신 역량
OECD (2019)	디지털 기술의 활용에 의한 비즈니스 모델 확산이 생산성 향상으로 이어지는 것으로서 전산화와 디지털화를 거쳐 디지털 전환으로 급속히 진행되는 현상
한국정보화진흥원 (2019)	인공지능, 클라우드, 데이터 등 디지털 기술기반 비즈니스 모델을 중심으로 산업 구조 재편하는 것
한국교육학술정보원 (2023)	디지털 기술을 사회 전반에 적용해 전통적인 사회구조를 혁신시키는 것. 일반적으로 기업에서 사물인터넷, 클라우드 컴퓨팅, 인공지능, 빅데이터 솔루션 등 정보통신기술을 플랫폼으로 구축·활용해 기존 전통적인 운영 방식과 서비스 등을 혁신하는 것

2.2 디지털 전환의 3단계

'디지털 전환'은 디지털 기술 활용에 따른 일종의 발전단계로서, 이는 전산화(digitization),[2)] 디지털화(digitalization), 디지털 전환(DX)의 세 단계로 구분된다(Brooks & McCormack, 2020)([그림 1-7] 참고).

1단계인 '전산화'는 아날로그나 물리적인 개체로 보관되어있는 정보를 디지털 형태로 변환하는 것을 목표로 한다(Brooks & McCormack, 2020). 여기서 프로세스 개선이나 새로운 비즈니스 모델 개발과 같은 변화는 일어나지 않으며, 중요한 것은 어떤 정보나 콘텐츠가 디지털화되는가 하는 것이다. 이는 컴퓨터를 활용해 정보를 저장, 전달, 처리하는 등 디지털 기술 활용의 기초 작업에 해당하는 과정이다(곽지영, 2023).

2단계인 '디지털화'는 디지털 기술을 활용해 조직의 프로세스나 활동, 역량 등을 개선하는 과정을 의미한다(Brooks & McCormack, 2020). 이는 전산화 단계를 전제로

2) digitization와 digitalization이 모두 '디지털화'로 번역되지만 두 용어를 구별하기 위해 1단계는 '전산화'로 번역함

하며, 프로세스를 자동화하거나 간소화하는 과정을 통해 조직의 효율과 생산성, 품질 개선 및 혁신, 고객 만족도 제고 등을 목표로 추진된다(곽지영, 2023). 또한 디지털화는 디지털 기술을 적용해 기존 비즈니스 자동화에 초점을 두고 서비스 모델을 변경하거나 그에 따른 성과지표(KPI), 투자 대비 수익(ROI)을 관리하는 데 주력한다(정제영, 2023).

마지막 3단계인 '디지털 전환'은 1단계와 2단계를 전제로 하며, 디지털 기술을 기반으로 조직의 문화 및 일하고 생각하는 방식을 근본적으로 변화시키는 과정을 의미한다(정소윤 등, 2020). 이는 디지털 방식으로 사고(digital first)하는 조직으로 전환하는 것으로써, 기술적 측면뿐 아니라 조직과 구성원에 대한 투자와 교육, 고객의 요구에 대한 선제 대응하는 것 등을 포함한다(정제영, 2023).

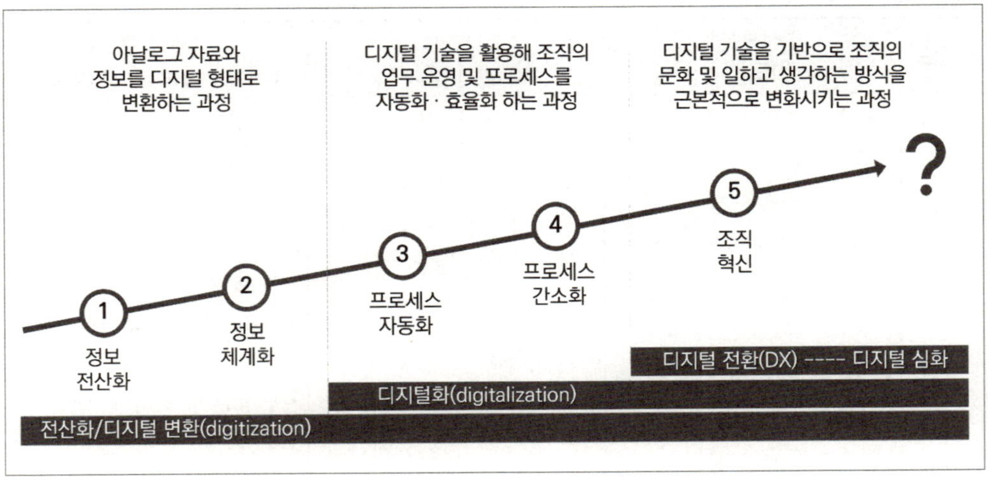

[그림 1-7] 디지털 전환의 3단계

출처: Brooks & McCormack(2020), p. 5를 수정함

한 기업을 예로 들자면, 스타벅스는 '디지털-빅데이터 기반으로 새로운 커피 습관을 창출하는 곳'이라는 비전으로 디지털 전환을 시작, 성공한 대표적 기업 중 하나다. 기존 스타벅스의 마케팅은 '마이 스타벅스 리워드' 프로그램을 통해서 확보된 고객을 30개 그룹으로 세분화해 분기별 · 월별 마케팅 오퍼를 제공하는 수준이었다.

스타벅스는 고객, 상품 및 매장, 고객 구매 상황과 장소 등의 정보를 집적해 개인화 서비스를 제공해, 충성 고객의 확보와 지속적인 구매를 유도하는 데 디지털 혁신의 중점을 두었다(고광범, 2023). 전통기업의 마케팅 메시지가 고객의 상황이나 선택과는 상관없이 기업이 전달하고자 하는 일방향 메시지라면, 스타벅스는 고객의 위치 정보 및 파악된 위치 정보의 날씨, 고객의 구매 이력, 구매 시간 등을 감안하는 맞춤형 메시지를 전송하는 데 주력했다. 이는 서비스업의 디지털 전환이란 고객 정보의 전산화에서 시작해 프로세스의 디지털화와 데이터의 활용을 통해 이루어진다는 것을 보여준 사례다.

지금까지 살펴본 디지털 전환의 세 단계는 순차적으로 실현되는 발전단계이므로 앞 단계는 다음 단계를 위한 필요조건이 된다(곽지영, 2023). 이는 전산화 과정 없는 디지털 전환은 불가능하다는 의미로 볼 수 있다. 단계별 특징을 정리하면 〈표 1-2〉와 같다.

〈표 1-2〉 디지털 전환의 3단계

구분	전산화 (digitization)	디지털화 (digitalization)	디지털 전환 (digital transformation)
초점	• 디지털 데이터 변환	• 디지털 기술 적용	• 디지털 사고
목표	• 아날로그 혹은 물리적인 개체를 디지털 형태로 변환	• 디지털 기술과 정보를 활용하여 조직의 프로세스를 자동화 및 효율화	• 문화・인력・기술 등을 조정, 재구성함으로써 조직의 운영, 전략적 방향성, 가치 제공방식 등을 근본적으로 혁신
과제	• 디지털 변환이 필요한 데이터 선정	• 기술 투자 • 새로운 수익원 확보 • 고객 참여기회 창출	• 기술・조직・구성원 모두에 대한 투자 • 구성원의 변화에 대한 저항 및 고객의 요구에 선제적 대응
예시	• 종이로 된 등록 양식을 디지털 형식으로 변환 	• 등록 형태를 전자 양식으로 교체 	• 조직의 문화와 운영 방식을 완전히 디지털화 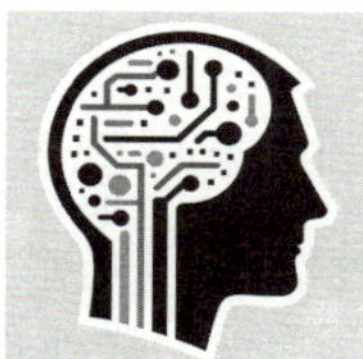

출처: Dobrica Savić(2019)을 일부 수정함
이미지 출처: OpenAI(2024), ChatGPT4 (January 3 Version).

디지털 기술의 발전은 디지털 전환을 가능하게 하는 핵심 동인일 뿐만 아니라, 그 필요성을 증대시키는 요인이 된다. 이러한 흐름 가운데 생성형 인공지능(Generative Artificial Intelligence, 이하 생성형 AI)의 등장은 '디지털 심화(digital sophistication) 시대'로의 전환을 예고하고 있다. 이는 AI가 인간을 돕고 보완하던 시대를 지나 AI가 인간과 공존하는 시대임을 일깨워준다.

2.3 디지털 전환 시대의 특징

디지털 전환은 새로운 현상은 아니며, 산업 분야에 국한된 용어도 아니다. 그러나 '대전환'이라고 부르는 이유는 코로나19 전후로 변화의 속도나 범위, 성격과 방향성에서 다음과 같은 특징이 두드러지기 때문이다(정제영 등, 2024, p. 5; 한국지능정보사회진흥원, 2022a).

1) 속도의 가속화

디지털 시대를 촉발하는 데이터(빅데이터・클라우드), 네트워크(IoT・5G), AI 등 DNA 기술이 산업・사회 전반에 융합・파급되어 지능화를 촉진하고, 사회제도 등의 파괴적 혁신을 유발하고 있다. 이처럼 경제와 사회에서 불확실성이 커지면서 디지털 전환 속도가 가파르게 가속되므로 '대전환'이라고 부르는 경향이 있다.

2) 범위의 확장

디지털 전환은 기업 차원에서의 생산성 향상 전략에서 시작해 점차 정치, 경제, 사회 모든 영역으로 확장되고 있다. 이는 새로운 사회적 요구와 환경을 충족하기 위해 모든 분야의 프로세스와 문화, 인간 경험을 개선하거나 새롭게 창출해가고 있다.

3) 성격의 변화

디지털 전환의 성격에서 코로나19 이전의 디지털 전환이 주로 '디지털화로의 전이'

였다면, 코로나19 이후는 디지털 전환이 조직의 생존 요건으로 인식되면서 모든 측면에서 디지털 방식으로 사고하는, '조직으로의 전환'이 주를 이루는 것도 '대전환'으로 명명하는 이유 중 하나로 볼 수 있다(한국지능정보사회진흥원, 2022b).

4) 방향의 양면성

디지털 전환은 코로나19 위기를 계기로 모든 영역에서 디지털화가 급속히 진행되면서 기회와 위기의 양면성이 더욱 극대화되었다. 기존의 디지털화가 상대적으로 자율적인 선택의 영역으로 여겨졌다면, 코로나19 이후 디지털 전환은 필수 불가결한 흐름으로 인식되고 있다. 이 과정에서 디지털 전환에 적응하지 못하는 영역과 계층에 대한 충분한 이해와 고려가 없으면 갈등은 더 커질 수 있다. 따라서 보다 매끄러운 디지털 전환을 위한 정책 방안이 모색될 필요가 있고, 사회적 양극화 해소가 중요한 과제로 대두되고 있다.

3. 디지털 전환 시대의 이슈와 과제

3.1 디지털 전환 시대의 이슈

인공지능을 중심으로 사회에 전방위적으로 확산되고 있는 디지털 기술과 관련된 이슈는 우리 사회의 각 부분에서 직면하게 될 중대한 변화를 예고하고 있다. 빠르게 다가오는 디지털 전환의 흐름을 더욱 통합적으로 인식하고 대응해가기 위해서는 디지털 전환과 관련된 핵심 이슈를 이해할 필요가 있다.

"디지털 전환에 대한 이머징 이슈 도출 연구"에서는 관련 연구 14,015건을 분석한 후 10대 이슈를 선별, 기술과 확산, 경제와 금융, 시장의 흐름, 사회적 영향력, 교육과 보건의 진화 그리고 정치와 국제 관계의 새로운 패러다임에 맞춰 분류하였다. 〈표 1-3〉은 최종 분류한 디지털 전환 이머징 이슈와 키워드이다.

〈표 1-3〉 디지털 전환 10대 이슈와 핵심 키워드

기술 · 확산 분야: 데이터에 기반한 상호작용의 전략적 가치 확대	
데이터를 기반으로 한 상호 연결성 확대	데이터 통합, 상호 연결성, 기업-조직 데이터 연결, 의료 · 산업 자동화 · 금융 등 다양한 적용 분야, 상호 연결성 표준 확립
기업 생존을 위한 디지털 탄력성 확보의 새로운 리더십	새로운 시장 기회 포착, 기업 비즈니스 프로세스 및 운영 디지털화, 디지털 기술의 개방적 도입, 데이터 활용 전략, 조직문화, 변화 관리, 빠른 의사결정
경제 · 금융 · 시장 분야: 디지털 시장의 전방위적 확산	
디지털 기술을 통한 취약계층의 연결성 확대	금융 서비스 확대, 디지털 격차 해소, 저소득층 및 미개발 지역 혜택, 사회적 연결의 확대, 금융 외 포괄적 이슈 포함
작은 비즈니스의 성장을 지원하는 디지털 기술	디지털 마케팅 · 홍보, 작은 기업, 작은 비즈니스, 새로운 플랫폼 · 알고리즘 · 규제에 대한 민첩한 대응
산업 · 창업 분야: 산업과 공급망 분야의 새로운 도전	
디지털 기술의 산업 전반 확대를 위한 도전	디지털 스킬 · 역량, 기술적 · 조직적 · 문화적 변화, 디지털 전환에 대한 사회적 수용성 확대, 적절한 투자, 리더십, 목표 · 비전 제시
디지털 기술을 매개로 한 윤리와 공급망 연결의 도전	공급망과 윤리, 신뢰와 브랜드 가치, 사회적 지속성, 지능적 공급망 관리, 관계 중심의 공급망 구축
사회 · 교육 · 보건 분야: 국가 사회 현안 이슈 해결을 위한 디지털 기술의 적용	
디지털 기반의 신교육 기관 등장	몰입형 플랫폼, 실시간 증강 및 가상현실의 교육 활용 확대, NFT를 활용한 대학 행정 시스템, DAO 기반 대학 혁신
디지털 기술로 국가 사회의 현안 이슈를 해결하고자 하는 수요 폭증	고령인구 증가와 복지, 아동 의료, 기후 변화로 인한 재난, 건설 현장 안전 등
정치 · 국제 관계 분야: 세계를 선도하는 디지털 사회 전략	
급변하는 세계 디지털 환경과 한국형 디지털 신질서의 등장	디지털 기술의 시민 활용, 디지털 시민권, 정치적 의사결정 참여, 지나친 기술 노출에 대한 심리적 보호, 정보의 왜곡과 통제, 디지털 행동주의 강화
디지털 기술로 재무장해 세계 시장으로 돌아온 중소기업	탈국제화, 재국제화, 국제 비즈니스 환경, 디지털 방식의 기업 운영, 중소기업의 적응력, 디지털 전환 전략

출처: 김유빈, 박성원(2023), p. 39.

디지털 전환은 디지털 기술의 특성과 마찬가지로 순기능과 역기능을 동시에 내포하고 있다. '디지털 전환의 순기능'이란 경제시스템 진화, 단순노동 대체, 의사결정의 신속성·객관성 증대, 생산성 향상, 품질 향상, 운영의 효율성 증대, 기업의 이미지 제고 등이다. 반면, '디지털 전환의 역기능'은 프라이버시 침해, 모호한 책임소재, 안전 및 보안 문제, 불투명성 및 설명 불가성, 불공정성 및 차별 강화, 기술에 대한 인간의 통제 상실, 인간 가치 훼손 등이 포함된다(구본진, 2021).

역기능의 세부 이슈들과 연관된 디지털 전환 기술들을 분석한 결과, AI 기술이 가장 많이 연관되어 있는 것으로 확인되었다(구본진, 2021). 특히, 생성형 AI 서비스인 ChatGPT(Generative Pre-trained Transformer)는 2022년 11월 30일 출시된 지 5일 만에 100만 명, 2주 만에 200만 명의 사용자를 달성하면서 전례없는 주목을 받고 있다(정제영 외, 2023, p. 18). 동시에 생성형 AI의 보급 이후 해킹 및 계정 탈취 시도(남혁우, 2023)나 딥페이크(deepfake) 이용자가 폭증한다는 우려를 낳고 있다(최희봉, 2023). 이는 기술의 발전 속도만큼이나 사회적 규범을 만들고 준수하려는 노력이 중요함을 시사한다.

3.2 디지털 전환 시대의 과제: 모두를 위한 디지털

독일의 사회학자 울리히 벡(Ulrich Beck)이 현대 과학과 기술 사회를 진단하면서 제시한 '위험 사회(risk society)'라는 용어는 디지털 전환 사회를 성찰하는 데 유용한 단서가 된다. 벡은 기술 사회의 위험을 'danger'가 아닌 'risk'로 규정하는데, 이는 마치 도박장에서 승리와 패배의 가능성이 공존하는 상황과 유사하다. 벡에 따르면, 위험 사회란 과학기술의 발전 과정에서 이러한 불확실성이 만연하고 일상화된 사회를 의미한다(손화철, 2021, pp. 115-116).

현재 우리나라는 AI를 일상과 일터, 공공에 접목해 모든 국민이 체감할 수 있는 혁신을 추진하고 있다. 급격한 변화는 혁신과 성장의 기회를 제공하지만, 동시에 울리히 벡이 지적 한 위험 사회의 특징을 보여준다. 따라서 디지털 전환이 모두를 위한 것이 되고, 안전하게 이루어지기 위해서는 디지털 시대가 지향하는 가치와 구성원이 공유해야 할 원칙, 윤리 등에 대한 사회적 합의가 필수적이다.

1) 디지털 권리장전: 모두를 위한 디지털 세상

「디지털 권리장전」은 디지털 중심 시대에 시민들이 보호받아야 할 권리와 자유를 명시한 문서다(대한민국 정부, 2023. 9). 이 헌장은 디지털 혁신을 추구하면서도 그 혜택을 모두가 정의롭고 공정하게 누릴 수 있는 '디지털 공동번영사회'를 실현하는 것을 목표로, 인간과 디지털 기술이 공존하는 환경에서 발생할 수 있는 다양한 사회적 쟁점들을 다룬다. 이 헌장의 주요 목적은 개인의 권리를 보호하고, 개인정보 보호, 정보 접근의 자유, 표현의 자유 등을 보장하는 것이다. 또한 정부, 기업, 그리고 사회 전반에 걸쳐 모든 사람이 디지털 환경에서 자유롭고 공정하게 권리를 누릴 수 있도록 주체별 책무를 규정한 것으로, 주요 내용은 다음과 같다:

〈표 1-4〉「디지털 권리장전」의 주요 내용

구분	주요 내용
제1장 기본원칙	디지털 사회에서 인간의 존엄과 가치를 존중하며, 모든 사람에게 자유와 권리, 공정한 기회, 안전, 혁신, 그리고 인류 후생 증진을 목표로 함
제2장 디지털 환경에서의 자유와 권리 보장	디지털 접근성 보장, 표현의 자유, 다양성 존중, 개인정보 통제, 디지털 대체수단 요구, 근로와 휴식 보장 등 디지털 시대의 기본적인 권리를 명시함
제3장 디지털에 대한 공정한 접근과 기회의 균등	디지털 경제의 공정한 경쟁 환경 조성, 디지털 자산 보호, 디지털 리터러시 향상, 데이터 접근 보장, 사회 안전망 강화 등을 통해 디지털 시대의 공정한 접근과 기회균등을 목표로 함
제4장 안전하고 신뢰할 수 있는 디지털 사회	디지털 기술의 윤리적 개발과 사용, 디지털 위험 대응, 프라이버시 보호, 건전한 디지털 환경 조성, 아동・청소년 보호 등을 통해 안전하고 신뢰할 수 있는 디지털 사회 구축을 목표로 함
제5장 자율과 창의 기반의 디지털 혁신의 촉진	디지털 혁신 활동의 자유 보장, 합리적인 규제 체계 구축, 디지털 혁신 지원, 디지털 전환에 따른 갈등 조정 등을 통해 자율과 창의를 기반으로 디지털 혁신 촉진을 목표로 함
제6장 인류 후생의 증진	디지털 기술의 부정적 영향 최소화, 디지털 기술을 통한 인류 후생 확대, 국가 간 디지털 격차 해소, 디지털 국제규범 형성 및 협력 거버넌스 구축 등을 통해 지속 가능한 디지털 사회와 인류 공동 번영 추구를 목표로 함

출처: 대한민국 정부(2023. 9), 디지털 권리장전」을 요약함

2) 디지털 교육 규범: 미래 교육의 나침반

교육의 디지털 전환이 본격적으로 진행되면서, 디지털 시대가 지향하는 가치와 구성원이 공유해야 할 원칙, 윤리 등의 중요성이 강조되고 있다. 디지털 기술이 교육의 가치와 본질적 기능을 강화하는 방향으로 활용되기 위해서는 공공성에 기반한 기술 활용 원칙이 필요하며, 이는 「디지털 교육 규범」으로 구체화되었다(교육부, 2024. 7).

「디지털 교육 규범」은 디지털 심화 시대의 교육이 지향하는 가치와 원칙, 그리고 교육 당사자 및 관계자가 준수해야 할 기본적인 행동 원리를 제시한다. 규범의 내용은 디지털 기술의 발전과 교육 현장의 변화를 반영하여 보완될 예정이며, 현재까지 발표된 내용은 다음과 같다.

〈표 1-5〉 「디지털 교육 규범」의 주요 내용

구분	주요 내용
제1장 기본원칙	디지털 교육은 모든 교육 분야와 교육 당사자에게 적용되는, 디지털 시대에 필요한 역량을 갖추도록 교육의 내용과 방식을 변화시키고 디지털 기술을 활용하는 교육을 의미함
제2장 교수자와 학습자의 자유와 권리 보장	디지털 교육은 인간 존엄성 존중 및 모든 국민의 평생 디지털 교육 참여 권리 보장을 기본 원칙으로 함
제3장 디지털 교육의 공공성 확보와 격차 완화	디지털 교육은 개인적·사회적인 격차를 완화하고, 디지털 교육 기술의 개발·활용은 사회 공공성 증진에 기여하는 것을 목표로 함
제4장 디지털 교육의 안전성과 신뢰의 확보	디지털 교육은 모든 교수자와 학습자가 안전하고 신뢰할 수 있는 디지털 교육 환경에서 활동하는 것을 목표로 함
제5장 교육과 디지털 기술의 결합을 통한 혁신 촉진	디지털 교육은 창의적이고 융합적인 교육 활동 지원 및 교육과 디지털 기술과의 상생 발전의 토대 마련을 목표로 함
제6장 인류의 연대 강화	디지털 교육은 디지털 환경에서 책임 있게 행동하고 다양한 구성원과 협력·소통하는 디지털 시민을 양성함으로써 사회적 연대를 강화하고, 국가 간의 교육 격차를 완화하는 데 기여함

출처: 교육부(2024. 7), 「디지털 교육 규범」을 요약함

「디지털 권리장전」이 개인의 권리 보호를 강조하는 반면, 「디지털 교육 규범」은 교육 환경에서의 디지털 기술 사용을 규제하고 장려하는 데 중점을 둔다. 그러나 두 문서 모두 디지털 사회에서의 지속 가능한 발전을 목표로 하며, 윤리적이고 책임감 있는 사용을 강조한다는 데서 공통적이다.

활동지

1. 일상에서 경험하는 디지털 전환의 사례를 찾고, 해당 사례에 어떤 기술들이 작동되고 있는지를 탐색 · 정리해 봅시다.
   - 예시: 아마존은 고객에게 '그냥 걸어 나오면 되는(Just walk out)' 혁신적인 쇼핑 경험을 제공하기 위해 혁신적인 무인 매장 시스템인 '아마존 고'를 개장하였다. 고객이 앱을 스캔한 후 매장으로 들어가 원하는 제품을 담아 나오기만 하면 매장에 탑재된 기술들이 감지하고 추적해 자동으로 요금을 청구하는 방식이다. 이는 아마존 고의 AI 시스템이 고객의 동선, 구매습관, 상품 선호도, 결제 금액 등을 수집하고, 그 결과를 클라우드 서버에 전달, 분석해 정교한 고객 데이터를 확보하는 과정을 포함한다. 이러한 데이터 수집은 효율적인 서비스 제공을 가능케 하지만, 동시에 개인정보 보호에 대한 논의도 불러일으키고 있다. 이는 물리적 쇼핑 경험을 디지털 기술과 융합한 대표적인 디지털 전환 사례다.

이미지 출처: https://www.youtube.com/watch?v=NrmMk1Myrxc&t=23s 화면 캡쳐

2. 다음의 여섯 가지 질문을 사용해 '디지털 전환'에 대한 생각을 정리해 봅시다. (여섯 명이 한 팀이 되어 한 개의 질문에 대해 깊이 있게 토론할 수도 있습니다).

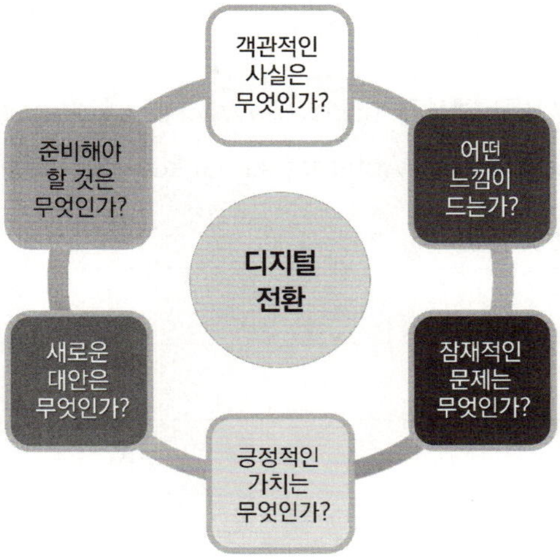

(1) **'디지털 전환'에 대해 알고 있는 '사실'은 무엇입니까?**

(2) **'디지털 전환'에 대해 어떤 '느낌'이 듭니까?**

(3) **'디지털 전환'의 '잠재적인 문제'는 무엇입니까?**

(4) **'디지털 전환'의 '긍정적인 가치'는 무엇입니까?**

(5) **'디지털 전환'에 대한 '새로운 대안'은 무엇입니까?**

(6) **'디지털 전환'과 관련해 예비교사로서 준비할 것은 무엇입니까?**

3. 디지털 전환 시대를 살아가는 데 디지털 기기의 사용은 불가피하므로 디지털 탄소발자국을 남기게 됩니다. '디지털 탄소발자국'이란 일상의 다양한 디지털 기기를 사용할 때 발생되는 이산화탄소의 양을 상징화한 말입니다. 개인 차원과 공동체(학급) 차원에서 실천하거나 권장할 디지털 탄소중립 사례를 찾아봅시다.

- 참고사이트: 탄소발자국 계산기 https://www.kcen.kr/tanso/intro.green
- 한끼 밥상 탄소배출량 https://interactive.hankookilbo.com/v/co2e/

출처: www.bing.com/images/create (2024.02.29.)

참고문헌

고광범(2023).디지털 경영 전략 디지털 혁신 2.0: 내부 성공 확산을 기반으로 혁신의 내재화 및 상시화. 대구: 한국지능정보사회진흥원.

곽지영(2023). 작은 비즈니스 성장의 조력자, 디지털 기술. 대구: 한국지능정보사회진흥원.

관계부처 합동(2023). 제3차 과학기술 기반 사회문제해결 종합계획('23~'27)(안). 2023.2.22.

교육부(2024. 7). 디지털 심화 시대의 교육이 지향하는 가치와 원칙에 대한 선언: 디지털 교육 규범.

구본진(2021). 디지털 전환의 미래사회 위험이슈 및 대응 전략: 인공지능 역기능을 중심으로. 음성: 한국과학기술기획평가원.

김동진, 최인호, 이응용, 조현도, 장운현(2021). 2030 미래사회 변화 및 사이버위협 전망 연. 한국인터넷진흥원.

김민식, 손가녕.(2017). 제4차 산업혁명과 디지털 트랜스포메이션(Digital Transformation)의 이해. 정보통신방송정책, 29(3), 26-32.

김유빈, 박성원(2023). 디지털 전환에 대한 이머징 이슈 도출 연구. 대구: 한국지능정보사회진흥원.

김현곤(2023). 디지털을 활용한 사회 현안 해결 전략. 대구: 한국지능정보사회진흥원.

남혁우(2023.07.25.). 생성AI, 사이버공격 증가 핵심요인 급부상. ZDNET Korea. https://zdnet.co.kr/view/?no=20230725163109

네이버 IT용어사전(2024. 6. 1.). "디지털 전환"

대한민국정부(2023. 9). 디지털 공동번영사회의 가치와 원칙에 관한 헌장 디지털 권리장전. https://beingdigital.kr/front/progress_discussion_new.do

박종현, 김문구, 이지형(2021). 사회문제 해결을 위한 지능화 융합 서비스. 전자통신동향분석, 36(6), 88-95.

빅카인즈(2024.8.1.). "디지털 전환" 또는 "디지털 트랜스포메이션." www.bigkinds.or.kr

손화철(2019). 미래와 만날 준비: 더 나은 세상을 위한 기술철학의 제안들. 서울: 책숲.

정소윤, 이재호, 김정해(2020). 공공부문 디지털 트랜스포메이션 전략에 관한 연구. 서울: 한국행정연구원.

정제영(2023). 디지털 전환에 대응한 미래교육의 방향. 교육개발 겨울호(통권 제229호) (pp. 16-21), 대구: 한국교육개발원.

정제영, 계보경, 김갑수, 박보람, 박휴용, 전우천, 정영식, 조헌국, 최숙영, 하민수(2024). 디지털 교육의 이해. 서울: 박영스토리.

최희봉(2023.12.11.). 클릭 몇 번에 사진 속 여성 '탈의'…미국서 '신로 옷 벗기기' 앱사용 폭증에 우려 고조. 로톡뉴스. https://lawtalknews.co.kr/article/5867RG39HJVS

한국지능정보사회진흥원(2022a). 디지털 전환 시대, NIA가 전망한 환경 변화 13대 이슈. 대구: 한국지능정보사회진흥원.

한국지능정보사회진흥원(2022b). 포스트 코로나 시대 디지털 대전환과 사회변화 전망. 대구: 한국지능정보사회진흥원.

한국지능정보사회진흥원(2023). NIA가 전망한 2023년 12대 디지털 트렌드. 대구: 한국지능정보사회진흥원.

Brooks, D. Christopher & McCormack, M.(2020). *Driving Digital Transformation in Higher Education, ECAR Research Report*. Louisville, CO: ECAR.

OpenAI(2024). *ChatGPT4* (January 3 Version) [Large language model]. https://chat.openai.com/chat

Savić, Dobrica (Jan./Feb. 2019), From Digitization, Through Digitalization, to Digital Transformation. https://www.infotoday.com/OnlineSearcher/Articles/Features/From-Digitization-Through- Digitalization-to-Digital-Transformation-129664.shtml

Stolterman, E., & Fors, A. C. (2004) Information Technology and the Good Life. In B. Kaplan, D. P. Truex, D. Wastell, A. T. Wood-Harper, J.I. DeGross (Eds.), *Information Systems Research* (pp. 687-692). Boston: Springer.

참고사이트

탄소발자국 계산기	https://www.kcen.kr/tanso/intro.green
한끼 밥상 탄소배출량	https://interactive.hankookilbo.com/v/co2e/
Amazon Go	https://www.youtube.com/watch?v=NrmMk1Myrxc&t=23s

제 2 장 디지털 기반 교육혁신[1)]

학습목표

- 디지털 기반 교육혁신이 추진된 배경에 대해 정리할 수 있다.
- 디지털 기반 교육혁신 정책의 중점사항을 설명할 수 있다.
- 디지털 기반 교육혁신을 위한 교사 역할에 대해 성찰할 수 있다.

주요용어

디지털 기반 교육혁신, 2022 개정 교육과정, 맞춤형 교육, 에듀테크, AI 디지털교과서, 학습자 주도성, 디지털 기초소양, 하이터치 하이테크(HTHT), 테크놀로지 교수내용지식(TPACK)

교육은 사회의 변화에 결을 맞추지만, 변화의 속도는 매우 더딘 편이다. 그러나 코로나19로 인한 디지털 대전환의 거대한 흐름은 교육에도 영향을 미쳐 교육의 디지털 전환을 추동하고 있다. 이는 교육인프라의 첨단화나 교수학습 방법의 디지털화를 넘어 교육을 구성하는 모든 요소와 교육 주체들의 역할 변화까지 요구한다.

본 장은 디지털 기반 교육혁신에 대한 이해를 돕기 위해 추진 배경에 대해 살핀 후 디지털 기반 교육혁신 정책을 중심으로 관련 교육정책의 중점사항을 소개한다. 이어 디지털 기반 교육혁신을 위한 교사의 역할에 대해 제시한다.

1) 이 장은 교육부와 한국교육학술정보원이 발행한 「2022 교육정보화백서」(2022)와 「2023 디지털 교육백서」(2023a), 교육부의 「디지털 기반 교육혁신 방안」(2023.2)을 기본 자료로 관련 연구를 참고하여 작성한 글임

1. 디지털 기반 교육혁신의 추진 배경

디지털 기반 교육혁신은 '교육의 디지털 전환 정책'으로서, 다음과 같은 요인들이 배경이 된다(교육부, 2023. 2).

1.1 교육의 체제적 변화에 대한 요구 증가[2)]

디지털 전환은 전 세계 교육 분야의 패러다임 변화로 이어지고 있고, 미래 세대에게 더 나은 미래를 선사할 책임이 있다는 논의 속에 디지털 중심의 협력과 연대가 강조되고 있다. 특히, 코로나19 팬데믹 시기에 디지털 기술의 영향력이 가시화되면서 전 세계 대부분의 나라에서 교육혁신의 동력이자 목표로 디지털 교육정책이 추진되고 있다(서정희 외, 2023).

더욱이 생성형 AI의 출현으로 인한 지능형 기술의 도입과 확산은 디지털 전환 시대의 교육 전반에 대한 근본적 변화를 예고하고 있다. 생성형 AI는 컴퓨터가 특정 패턴이나 구조를 이해하고 이를 기반으로 '생성'하는 데 집중한다는 특성이 있다. 즉, 이전의 AI 기술은 주어진 데이터를 기반으로 분류하거나 예측하는 형태지만, 생성형 AI는 이용자가 어떤 요구를 하면 학습한 데이터를 기반으로 스스로 해답을 찾아 다양한 유형의 콘텐츠를 생성해준다는 데서 확연히 다르다(황용석, 2023). 이는 인류가 보유한 지식·정보를 습득하고 활용하는데 새로운 조력자가 생겼다는 의미로도 해석할 수 있다(권희경, 2023).

그러나 교육 현장의 변화는 부분적이거나 더딘 상황이다. 인공지능 시대가 요구하는 역량을 갖춘 인재, 자신만의 질문을 할 수 있는 인재를 양성할 수 있도록 교육내용과 교육방법의 근본적인 변화가 필요한 시점이다.

2) '디지털 대전환 시대의 교육의 체제적 변화'에 대한 내용은 1/2/5/6/7/8장에서 주로 다루고 있다.

1.2 맞춤형 교육과정에 대한 요구 증가[3)]

코로나19를 계기로 미래교육에 대한 사회적 논의가 활발하게 이루어지면서 교육부는 2021년 11월 24일 2022 개정 교육과정을 확정, 발표하였다(전제상 외, 2023). 2022 개정 교육과정의 비전은 '포용성과 창의성을 갖춘 주도적인 사람'으로서, 학생 개개인의 다양성과 잠재력을 키우는 것을 핵심으로 한다. 이는 학생의 진로와 적성이 현실의 직업과 연결되게 하고, 자신의 관심과 흥미, 재능을 발견한 인재들이 자기주도적으로 학습해 창의적이고 혁신적인 인재로 자라도록 돕는 것을 목표로 한다. 고교학점제는 이러한 변화를 일으키는 가장 중요한 제도적 기반 중 하나로 볼 수 있다(김보배, 2022, p. 80).

모든 학생이 한 교실에서 같은 수업에 참여하던 기존 교육과정을 해체하고, 학생 개개인의 적성에 맞춰 각기 다른 수업에 참여한다는 것은 '국가 주도적 교육과정'을 '개인 주도적 교육과정'으로 전환한다는 점에서 중요한 의미를 지닌다. 이러한 교육혁신의 과정에서 교육 주체인 '학습자 주도성'은 중요한 가치를 지닌다.

1.3 AI 등 첨단기술을 활용한 교육의 질 제고에 대한 기대 증가[4)]

디지털 기술은 빠르게 발전하며 맞춤형 교육이 실현될 수 있는 여건을 조성해주고 있다. 특히, 최근 개발되고 있는 에듀테크를 살펴보면, 인공지능이 학생들의 학습 기록을 분석하여 학생의 취약점을 파악하고 최적의 학습 경로를 제공하는 것은 물론, 학생들의 심리·정서적 지원에 이르기까지 교육의 다양한 분야에서 디지털 기술이 활용될 수 있음을 전망하게 해준다.

2022 개정 교육과정의 경우는 AI 디지털교과서가 대표적인 에듀테크로 활용될 예정이며, 이에 대한 기대가 높아지고 있다. 이는 미네르바 스쿨의 액티브러닝 포럼(Active Learning Forum)을 통해 간접 경험하기도 했다.

---

3) '맞춤형 교육과정'과 관련된 디지털 소양까지의 내용은 2/3/4/9/10장에서 다루고 있다.
4) 'AI 등 첨단기술(에듀테크)을 활용한 교육'에 대한 내용은 2/4/5/6/7/9/10장에서 주로 다루고 있다.

미래교육의 대표적 모델로 제시되는 미네르바(Minerva)의 모든 수업은 클라우드 기반 소프트웨어 프로그램인 액티브러닝 포럼으로 운영한다. 미네르바스쿨이 이 포럼을 자체적으로 개발, 사용하는 이유는 오프라인 환경에서는 불가능하거나 어려운 수업 방법, 혹은 높은 비용이 드는 수업 방법이나 도구들(예: 여론조사, 투표하기, 협동으로 편집하기 등)을 이 포럼 내에 포함하고 있기 때문이다. 또한 액티브러닝 포럼에서 수업을 할 경우 학생 수행과 관련된 데이터를 수집해 학습 경로를 개별화할 수 있기 때문이다(Kosslyn & Nelson, 2021, p. 45).

2. 디지털 기반 교육혁신의 중점사항

2.1 교육정보화 기본계획: 디지털 기술 활용 정책

1) 개요 및 현황

교육정보화 기본계획은 정보화촉진기본법(1995년 제정)에 따라 1996년부터 5년 단위로 수립, 추진해 온 국가 수준의 정책이다. 1996년부터 시작된 교육정보화 정책은 2023년에 6단계까지 발전해 온 상태이며, 단계별 주요 정책분야와 정책과제를 정리하면 〈표 2-1〉과 같다.

교육정보화 기본계획 1단계(1996~2000)는 기반 구축기로 교육정보화 사업 추진체제와 안정적인 인프라 및 제도적 기반을 마련하였다. 2단계(2001~2005)는 확산 및 정착기로, 학교 현장의 ICT활용 교육의 활성화를 위한 교수학습서비스 및 교수학습자료의 개발과 교원역량 강화가 활발히 추진되었다. 3단계(2006~2010)는 이러닝 및 유러닝 학습체제 구축을 중심으로 미래교육을 준비하는 사업들이 활발히 추진되었다. 4단계(2010~2014)는 교육 영역과 과학기술 영역을 융합하는 방향으로 정책이 추진되었으며, 스마트교육 추진전략을 중심으로 교수학습 전 분야에 걸친 교육혁신이 시도되었다. 5단계(2014~2018)는 교육정보화가 교육 전반으로 확장하여 교육의 형평성과 포용성이 강조되었다. 6단계(2019~2023)는 4차 산업혁명시대에 대한 선제적 대응과 준비를 핵심으로 정책 비전을 '사람 중심의 미래 지능형 교육환경 구현'으로 설정하여 추진하였다(교육부, 한국교육학술정보원, 2023a).

〈표 2-1〉 교육정보화 기본계획의 주요 정책

구분	정책 분야	주요 정책 과제	비고
1단계 (1996~ 2000)	• 교육정보화 기반 구축 • 교육정보자료 개발·보급 • 정보기술 활용 교육 강화 • 교육행정 정보화 • 학술·연구 정보 기반 고도화	• 교육정보화 사업 추진 기반 마련 • 교육정보화 인프라 구축을 통한 정보 접근성 강화	• 최초의 중장기 교육정보화 기본계획 • 정보화 촉진 기본계획과 연계
2단계 (2001~ 2005)	• 지식기반사회 대처 능력 함양 • 창조적인 산업인력 양성 • 함께하는 정보문화 창달 • 종합적인 성과지원체제 구축	• ICT 활용 수업의 안정적 정착 • 이러닝의 보편화(사이버 가정학습 등) • 나이스(NEIS) 구축 • 학술정보 유동체계 구축	• 평생교육, 건전정보문화 포함 • 교육정보화 지표 개발
3단계 (2006~ 2010)	• e교수학습/e평생학습 혁신체제 구축 • e교육안전망, 지식관리체제 구축 • 이러닝세계화/유러닝 기반 구축 • e-교육행정지원체제 구축 • 교육정보화 성과 및 질 관리	• 정보 인프라 보급 • ICT 활용 교육 활성화 • 나이스(NEIS) 교무학사 3개 영역 분리 운영 • 교육영역에 정보화 접목	• 이러닝세계화, 성과관리 포함 • 정보화 사업의 지방이양(90%)
4단계 (2010~ 2014)	• 창의적 디지털 인재 양성 • 선진 R&D 역량 강화 • 소통과 융합의 정보화 • 교육과학기술 정보인프라 조성	• 스마트교육 도입·적용 • ICT 미래교육 연구, 시범 운영 • 에듀파인, EDS 서비스 • 유아 교육 정보화	• 교육부·과학기술부 통합에 따른 시기, 범위 조정 • 교육·과학 분야 통합 계획 수립
	• 스마트교육 추진 전략 • 디지털교과서 개발 및 적용 • 온라인수업 및 평가 활성화 • 교육콘텐츠 자유 이용 환경 조성 • 교원의 스마트교육 실천 역량 강화 • 클라우드 교육서비스 기반 조성	• 디지털교과서 시범개발 • 온라인수업 실시 • 교육콘텐츠 저작권 논의 • 교원 ICT 역량 강화 • 클라우드 교육서비스 기반 조성	• 초·중등교육 한정

구분	정책 분야	주요 정책 과제	비고
5단계 (2014~ 2018)	• 맞춤학습지원체제 구축(유치원 및 초·중등교육) • 능력중심 사회 구현(고등교육) • 학습과 일이 연계된 평생 직업교육 • 아우르고 배려하는 교육복지 • 건전한 사이버 문화 조성	• 창의적 교수학습 활동 지원체제 구축 • 학술정보공유유통체계 고도화 • 온라인 평생학습체제 구축 • 사회적 배려 계층 정보격차 해소 • 교육행·재정 운영 인프라 구축	• 활용중심 정책으로 전환 • 교육정보화 영역 교육 전반으로 확장(유치원 및 초·중등, 대학, 평생직업 등)
6단계 (2019~ 2023)	• 미래형 스마트환경 조성 • 지속 가능한 교육정보화 혁신 • ICT를 통한 맞춤형 교육서비스 실현 • 공유형 교육정보 디지털 인프라 구축	• 미래형 스마트교육 환경 조성 • 지속가능한 교육정보화 혁신 • 맞춤형 교육서비스 실현 • 공유형 교육정보 인프라 구축	• 미래형 • 지속형 • 맞춤형 • 공유형

출처: 교육부, 한국교육학술정보원(2023), 「2023 교육정보화백서」, p. 34.

2) 주요 성과 및 시사점

교육정보화 기본계획은 정보인프라를 확대하고 교수학습 자료를 디지털화함으로써 디지털 전환 시대에 적합한 교육환경을 구축하였다. 나아가 디지털 격차를 해소하고, 학생과 교원의 ICT 소양을 함양함으로써 '교육정보화를 넘어 '교육지능화를 위한 기반'을 마련하였다. 즉, 6단계까지 실행된 교육정보화 정책은 ① 교수·학습지원체계를 구축해 '자기주도적 학습 여건'을 마련하였고, ② 데이터 관리 체계를 구축해 '지능형 맞춤 학습 여건'을 마련하였다고 평가된다. 또한 ③ 교육·학술지원체계를 구축해 '평생학습지원 여건'을 마련하였고, ④ 디지털 격차 해소를 목적으로 한 '디지털 시민교육 여건'을 마련했다는 점에서 의의가 있다(서정희 외, 2023).

교육정보화 기본계획은 "디지털 기술의 교육적 활용을 대표하는 정책"(전제상 외, 2023, p. 8)으로서 평가받기도 하지만,

다. 1단계에서 4단계가 디지털 기술 활용을 위한 환경 구축 단계라면, 5단계는 교수학습 과정에서 디지털 기술 활용 정책을 논의하였고, 6단계는 '사람 중심의 미래 지능형 교육환경 구현'을 비전으로 디지털 기술 활용 정책으로 전환하였음을 알 수 있다(전제상 외, 2023).

2.2 디지털 기반 교육혁신의 중점사항

1) 개요

교육부는 2023년 2월 “모든 교사들이 에듀테크를 활용하여 ‘모두를 위한 맞춤 교육’을 실현”한다는 디지털 교육의 비전을 선포하고, ‘사람(교사)’과 ‘기술(에듀테크)’을 비전 실현의 핵심 기제로 제시하였다. 이는 UN이 제시한 ‘모두를 위한 교육(Education For All)’과 연장선에서 인구절벽과 디지털 충격, 지역소멸의 국가 상황을 반영해 우리 교육이 지향해야 할 비전을제시하고 있다. 즉, 어떤 자질을 타고나든, 어떤 가정에서 태어나든, 어떤 지역에 살든 디지털 기술을 적극적으로 활용해 학생 한 명 한 명을 각자의 역량과 배움의 속도에 맞는 맞춤 교육을 제공함으로써 소중한 인재로 키워야 한다는 의미이다. 결국, 디지털 기반 교육혁신의 기본 방향은 ‘교육의 본질을 회복’하는 것이다.

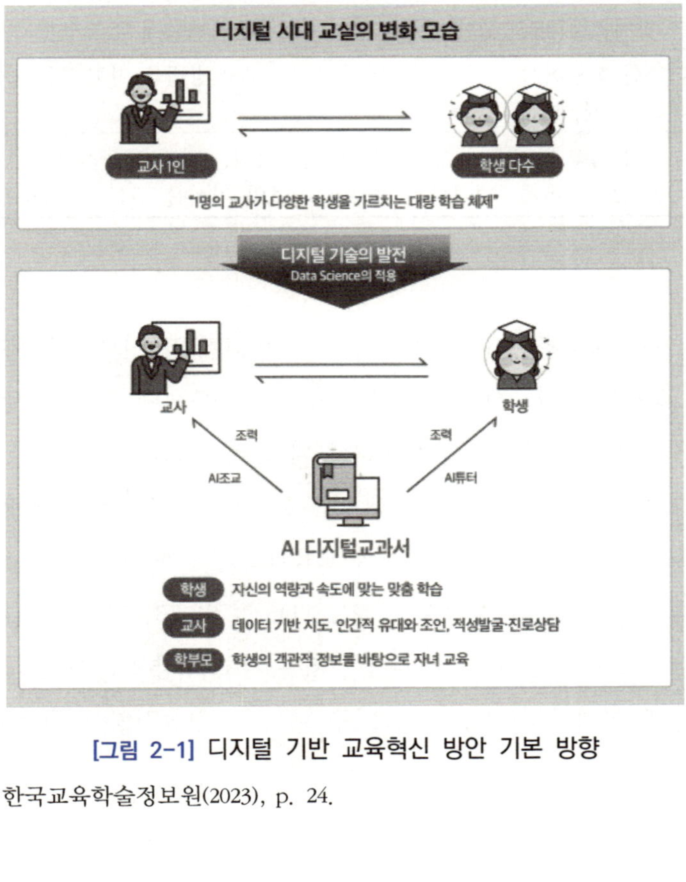

[그림 2-1] 디지털 기반 교육혁신 방안 기본 방향

출처: 교육부, 한국교육학술정보원(2023), p. 24.

2) 교육과정 및 교육내용: 기초 소양 및 디지털·AI 소양

교육의 기본 방향은 AI가 대체할 수 없는 인간의 고유한 창의성, 비판적 사고력, 인성, 협업 능력을 키울 수 있도록 개념 중심, 문제해결 중심 교육을 강화하는 것이다. 이를 위한 교육과정에 '기초 소양'이라는 개념이 등장하는데, 모든 학습의 기초가 되는 소양이라는 이 개념은 언어 소양, 수리 소양, 디지털 소양이라는 세 가지를 포괄한다. 기초소양 함양은 총론에 제시된 학교 교육과정 '설계의 원칙' 부분에서 학습 격차를 완화하는 조건으로 언급되어 있다는 점에서 교육과정의 핵심 개념이라고 볼 수 있다(온정덕, 2023, p. 41).

〈표 2-2〉 2022 개정 교육과정의 언어 · 수리 · 디지털 기초소양 정의

기초소양	개념
언어 소양	언어를 중심으로 다양한 기호, 양식, 매체 등을 활용한 텍스트를 대상, 목적, 맥락에 맞게 이해하고, 생산·공유, 사용하여 공동체 구성원과 소통하고 참여하는 능력
수리 소양	다양한 상황에서 수리적 정보와 표현 및 사고 방법을 이해, 해석, 사용하여 문제해결, 추론, 의사소통하는 능력
디지털 소양	디지털 지식과 기술에 대한 이해와 윤리의식을 바탕으로 정보를 수집·분석하고 비판적으로 이해·평가하여 새로운 정보와 지식을 생산·활용하는 능력

출처: 온정덕(2023), p. 42.

한편, 2022 개정 교육과정에서의 디지털 교육은 크게 2가지로 구분된다. '소양으로서의 디지털 교육'과 '교과로서의 디지털 교육'으로 구분된다. 우선, 소양으로서의 디지털 교육은 디지털 지식과 기술에 대한 이해와 윤리의식을 바탕으로, 정보를 수집·분석하고 비판적으로 이해·평가하여 새로운 정보와 지식을 생산·활용하는 능력을 말하며, 교과로서의 디지털 교육은 정보과 교육과정과 연계하여 AI 등 신기술 분야의 기초·심화 학습을 의미한다(교육부, 2021. 11). 정리하면, 디지털 교육은 〈표 2-3〉과 같이 여러 교과를 학습하는데 기반이 되는 기초 소양으로 보는 디지털 교육과, 정보 교육과정과 연계한 디지털 교육을 구분할 수 있다(정영식, 2023).

〈표 2-3〉 디지털 소양 교육과 디지털 교과 교육

디지털 소양 교육	디지털 교과 교육
• 디지털 활용 능력 및 감수성 • 데이터 표현 • 디지털 기초 학습 • 디지털 융합 수업 • 논리력 및 절차적 문제 해결력	• 기초 코딩 등 컴퓨팅 도구 활용 • 정보처리 수행 능력 • SW · AI 교육, 정보화 디지털 영역 • 컴퓨팅 기본 개념 및 원리 학습

출처: 정영식(2023), p. 121.

한편, 교육과정 내에서 디지털 기초소양과 컴퓨팅 사고력은 별도로 이루어지는 것이 아니라 서로 연계성을 가지고 운영되어야 함을 피라미드 구조를 통해 체계화, 제시하였다.

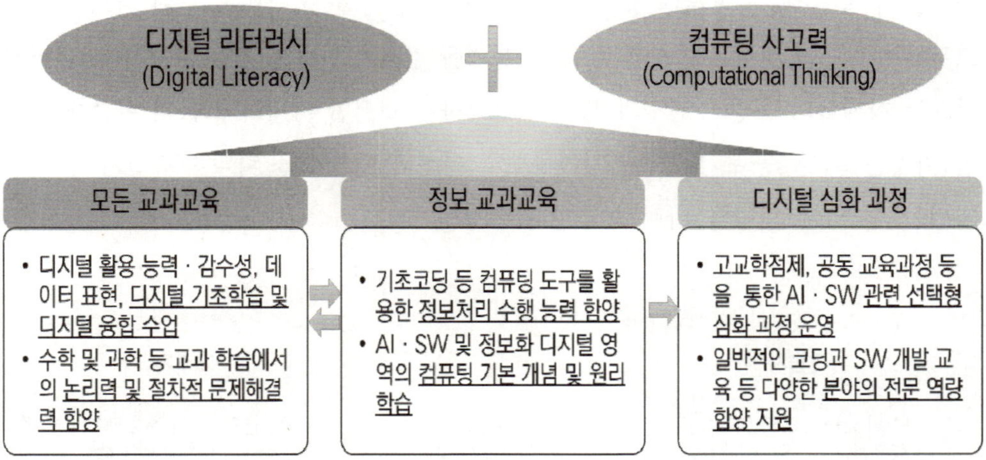

[그림 2-2] 디지털 기초소양 및 컴퓨팅 사고력 함양을 위한 교육과정 구성 방안

출처: 교육부(2021. 11), 2022 개정 교육과정 총론 주요사항(시안)

3) 학습자 주도성 및 공동 주도성

학습자는 디지털 전환의 중심에 서 있다. 그들이 주도해갈 세계는 디지털화된 정보와 기술이 매개하는 세계이다. 따라서 학습자들이 살아갈 디지털 기술사회를 기반으

로 디지털 시대의 도전과제에 대해 이해하고, 올바른 디지털 윤리의식을 갖추도록 교육해야 할 책무가 있다(정제영, 2023).

2022 개정 교육과정은 '학생 주도성'을 강조하는데, 이를 "학습자가 자신의 삶과 학습을 주도적으로 설계하고 구성하는 능력"(교육부, 2021, 11)으로 정의한다. 여기에서 주도성이란 영어권에서 'agency'로 쓰이고 있는 개념을 번역한 것으로 기존의 여러 연구물에서는 '행위 주체성'으로 번역된 용어다(온정덕, 2023, p. 40).

주도성 관점에서 볼 때 학생들은 사회적 맥락에서 타인과의 상호작용을 통해 자신의 의미를 만들어가면서 성장하고 동시에 타인에게 영향을 미친다. 따라서 학생의 성장은 교사, 동료 학습자, 지역사회와의 관계 혹은 참여하는 사회적 맥락의 질에 의해 영향을 받는다. 이는 학습자가 가치 있는 목표를 향해 나아가도록 돕는 상호적이며, 지원적인 관계가 존재한다는 것을 함의한다. 이는 '공동 주도성(co-agency)'으로 설명할 수 있는데, 공동 주도성은 학생 성장의 중심에 학생 본인을 두되 사회 구성원 모두가 바람직한 변화를 일으킬 수 있는 능력을 길러야 한다는 점을 시사한다. 따라서 학교는 학생들의 개인적 감정과 특성을 파악하는 것뿐만 아니라 그들의 학습에 영향을 미치는 교사, 동료, 학부모, 지역사회의 특성과 관계성을 파악하고 모두가 함께 지원할 수 있는 환경을 마련해야 한다(온정덕, 2023, p. 41).

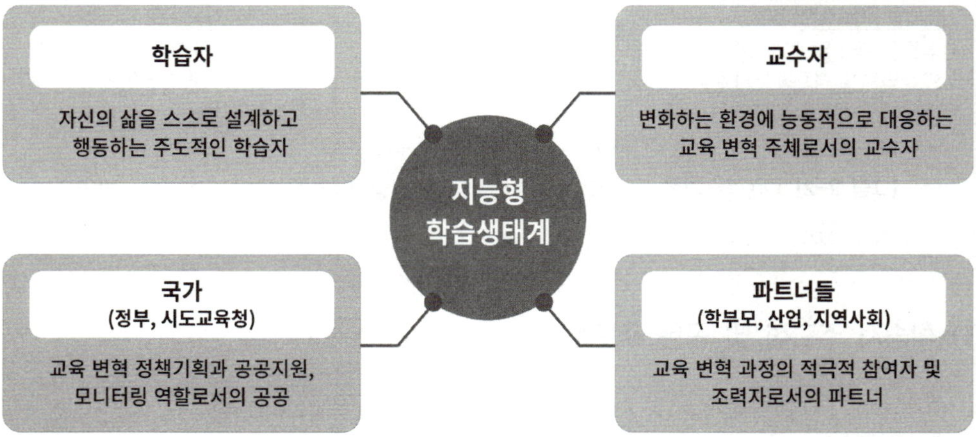

[그림 2-3] 지능형 학습생태계 내의 학습자와 공동 주도성

4) 에듀테크로서 AI 디지털교과서 활용

디지털 기반 교육혁신이 가장 가시화되는 영역은 교수・학습환경이다. 교실 혹은 개별 학생 단위로 디지털 기술을 활용하는 교수학습환경이 구축될 전망이다. 교수・학습환경의 디지털화이다. 코로나19를 통해 비대면 교육의 활성화 및 디지털 전환 가속화를 거치며 디지털 기반의 교수학습환경이 구축되고 있다. 해당 발표에 따르면 학교 기가급 무선망 구축은 완료('22. 5) 되었으며. 학생 스마트기기(태블릿・노트북) 보급은 확대해가는 추세이다.

디지털 기반 교육혁신에서 더 크게 체감하고 있는 영역은 교수・학습도구로서의 디지털 기술 활용이다. 교수・학습도구로서 디지털 기술 활용은 흔히 에듀테크 활용으로 설명될 수 있다. 여기서 '에듀테크(Edutech)'란 기본적으로 '교육에 ICT 기술을 접목해 기존의 교육 서비스를 개선하거나 새로운 교육 서비스를 제공하는 것'을 뜻한다. 그러나 관점에 따라 다양하게 정의되는데, 공통적인 의미를 간추려보면 "인간의 성장과 발달을 위해 온・오프라인 교육에 활용하는 최신 기술(AI, AR, VR, 빅데이터 등)과 그것을 적용하는 교육 방법"으로 개념화 할 수 있다(교육부, 한국교육학술정보원, 2023b).

디지털 기반 교육 시 활용되는 대표적인 에듀테크는 AI 디지털교과서이다. AI 디지털교과서는 해당 교과의 효과적인 학습을 도울 수 있도록 교과 특성에 맞는 AI 기술을 적용한 형태가 된다. AI가 보조교사로서 학생들에게는 학습 수준을 사전에 진단해 그에 맞는 설명과 문항 등 교육 콘텐츠를 제공하고, 교사에게는 실시간으로 분석한 학습데이터를 제공한다. 사용자별로 주어지는 핵심 서비스는 다음과 같다.

〈표 2-4〉 AI 디지털교과서 핵심 서비스(안)

공통(학생, 교사, 학부모)	학생	교사
• 대시보드를 통한 학생의 학습 데이터 분석 제공 • 교육 주체(교사, 학생, 학부모) 간 소통 지원 • 통합 로그인 가능 • 쉽고 편리한 UI/UX 구성 및 접근성 보장(보편적 학습설계 UDL, 다국어 지원 등)	• 학습 진단 및 분석 • 학생별 최적의 학습경로 및 콘텐츠 추천 • 맞춤형 학습지원(AI 튜터)	• 수업설계와 맞춤 처방(AI 보조교사) • 콘텐츠 재구성 추가 • 학생 학습이력 등 데이터 기반 학습관리

출처: 교육부, 한국교육학술정보원(2023), 「2023디지털교육백서」, p. 72.

이를 통해 학생은 자신의 역량과 학습 수준에 최적화된 수업을 받을 수 있어 이해도가 제고되며, 교사는 학생들의 학습데이터를 기반으로 학습 성과를 최대화할 수 있는 학습 코칭과 멘토링을 하는 데 도움받을 수 있을 것으로 기대된다.

「디지털 인재 양성 종합방안」(관계부처 합동, 2022. 8)과 「디지털 기반 교육혁신 방안」(교육부, 2023. 2) 등에 따르면, 에듀테크는 교사와 학생이 선택적으로 활용하는 교수학습 도구가 아닌 필수 교수학습환경이자 도구로 사용될 전망이다. 코로나19 이후 학교의 에듀테크 활용에 대한 공감대가 형성되었지만, 에듀테크 활용의 효과성에 대한 회의적 인식과 활용의 어려움, 준비에 대한 부담 등은 부정적으로 작용할 가능성이 있어 인식의 전환이 필요하다.

5) AI 디지털교과서를 활용한 맞춤형 교육: 하이터치 하이테크 교육

학교는 오랫동안 평균의 함정에 빠져 있었다. 표준화된 교육과정이 학습자의 수준이나 속도와 무관하게 연령에 따라 규정되기 때문이다. AI 기반의 지능형 튜터링 시스템(Intelligent tutoring system)은 평균의 함정으로부터 벗어날 수 있는 대안으로 주목받고 있다. 새로운 교육 모델로 주목받고 있다. 이는 벤자민 블룸(Benjamin Bloom)의 완전학습 모형에 기반해 학습자의 수준을 진단하고 각각의 학습목표를 달성할 수 있도록 지원하는 방식이다(정제영 외, 2023, p. 126).

블룸은 학생들에게 맞춤화된 학습 기회를 제공하면 모든 학생이 학습에 성공할 수 있다는 '완전학습 이론'을 제시하였다. 완전학습 이론은 모든 학생이 동등한 학습 기회를 가질 수 있도록 하는 것을 목표로 학습에 필요한 시간을 체계적으로 분석해 최소화하는 것이다. 기존의 교육 방식은 모든 학습자에게 동일한 시간을 할애하도록 하는 형태이지만, 학습자의 학습 속도와 방식이 다르므로 동일한 시간 내에 동일한 내용을 완전히 이해하기는 어렵다는 것을 가정한다. 따라서 학습자 개개인에게 학습에 성공할 수 있는 충분한 시간을 제공하는 것을 원칙으로 한다. 이는 각 학생이 주어진 교육 내용을 완전히 이해하고 습득할 수 있도록 하려는 것이고, 완전학습의 궁극적인 목표는 모든 학생이 학습 목표를 달성하는 데 있기 때문이다.

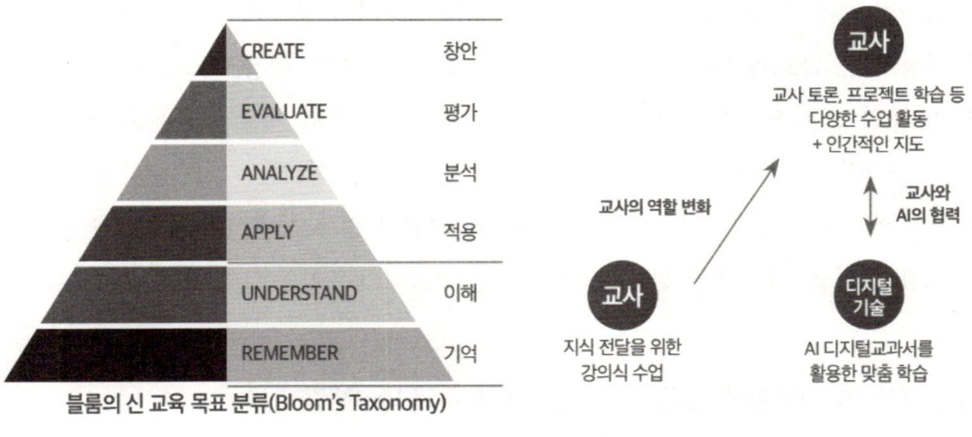

[그림 2-4] AI 디지털교과서 도입과 하이터치 하이테크 교육

출처: 교육부, 한국교육학술정보원(2023), 「2023디지털교육백서」, p. 27.

한편, 디지털 기반 교육혁신은 독립된 첨단의 디지털 기술을 교육에 도입하는 것으로 완결되는 형태가 아니라, 교사들이 이를 선정·활용하면서 자신의 역할과 수업방식을 변화시키는 일련의 과정으로 이루어진다. 교사는 AI 디지털교과서를 활용한 수업에서 학생들의 학습 과정과 결과 데이터를 분석해 개인화된 맞춤형 교육을 지원하는 역할을 하는데, 이것이 미래교육 모델의 한 형태로 평가받는 '하이터치(High-Touch) 하이테크(High-Tech) 교육'이다. 이를 '교사와 함께하는 하이터치 교육'과 '에듀테크 기술을 활용한 하이테크 교육'의 '결합'으로 정의하기도 한다(정제영 외, 2023, pp. 132-133).

기억이나 이해로 분류되는 지식은 에듀테크(AI 디지털교과서)의 도움을 받으며 스스로 학습하고, 교사들은 보다 다양한 수업 활동을 통해 학생들의 고차원적인 역량을 향상시키는 한편, 교사와 학생들 간의 긴밀한 소통과 상호작용이 이루어지도록 사회・정서적인 지도를 강화하는 형태다.

3. 디지털 기반 교육혁신을 위한 교사 역할

디지털 전환 시대의 교육혁신은 교사의 역할 변화나 역량 개발에 대한 인식 없이는 불가능하다. 학교의 디지털 전환은 수업, 학급운영, 상담, 행정, 학교문화, 지역사회 협력 등의 모든 영역에서 총체적인 변화를 일으킬 것으로 예상되기 때문이다. 모든 학교 구성원들은 디지털 전환의 영향을 받게 될 것이다. 학교는 디지털 전환을 수행하는 하나의 팀이 되며, 모든 교사들은 자신의 수업과 업무 등에서 에듀테크를 활용한 디지털 전환을 시도하게 될 것이다(이은상, 2023, p.192).

3.1 지능형 학습생태계에서 요구되는 교사 역량

하나의 테크놀로지가 '에듀테크'가 되기 위해서는 교육과 기술을 효과적으로 통합하는 역량이 필요하다(이은상, 이동국, 김동건, 2021). 교육 시 활용하는 테크놀로지가 대부분 교육을 목적으로 개발된 것이 아니기 때문에 교사는 교과내용을 잘 이해할 뿐 아니라, 교수・학습에 적절한 에듀테크를 선정, 통합할 수 있어야 한다. 이에 Mishra와 Koehler(2011)가 언급한 테크놀로지 교수내용지식(Technology Pedagogical Contents Knowledge, 이하 TPACK) 개념이 강조되고 있다.

TPACK 개념은 교사교육 분야에서 '무엇을 가르칠 것인가'에 관한 지식과 '어떻게 가르칠 것인가'에 관한 지식이 분리된 것에 대해 위험성을 인지하고 이를 통합한

Shulman의 교수내용지식(Pedagogical Content Knowledge, 이하 PCK) 개념을 확장한 것이다. 이는 교사가 테크놀로지를 효과적으로 수업에 통합하기 위해 필요한 지식을 설명하는 이론적 틀로서 주요 구성 요소는 다음과 같다.

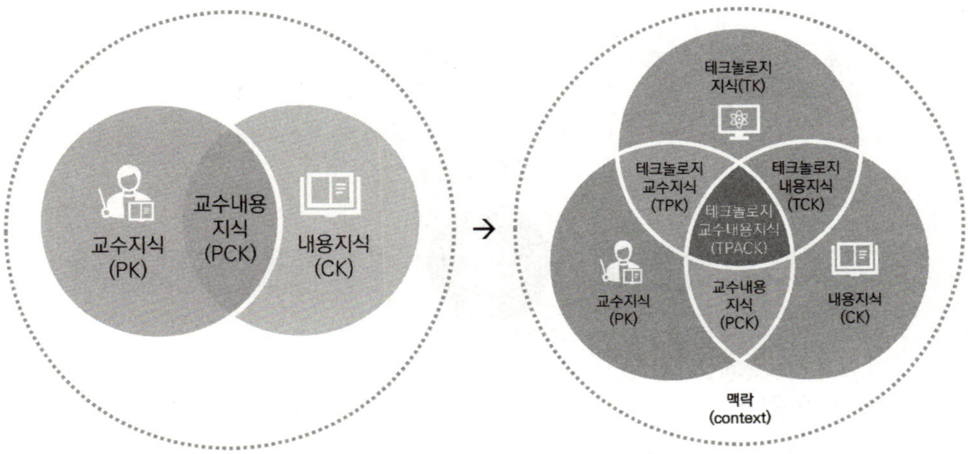

[그림 2-5] 지능형 학습생태계에서 요구되는 교사 역량

출처: http://tpack.org 참고하여 재도식화함

TPACK 프레임워크는 교사들이 자신의 강점과 약점을 파악하고 개선할 영역을 식별할 수 있도록 해준다는 점에서 유용하다. 그러나 생성형 AI를 비롯한 지능화된 학습생태계를 고려한다면 맥락적 지식(ConteXt Knowledge, XK)의 개발에 더 많은 초점을 둘 필요가 있다(정영식, 2023, p. 180). 이는 교수·학습을 둘러싸고 있는 맥락(교실, 학교, 지역사회, 메타버스 등)을 고려하여 학습자들이 자신과 연결된 다양한 자원을 효과적으로 활용할 수 있도록 확장된 학습환경을 설계해야 하기 때문이다.

3.2 교육혁신을 위해 요구되는 교사 역량

디지털 기반 교육혁신을 위해 교사에게 요구되는 역량은 '디지털 교육공간에서 교사로서의 직무 수행에 필요한 역량' 외에 '학생들의 디지털 리터러시를 함양할 수 있는 역량'을 모두 포함한다.

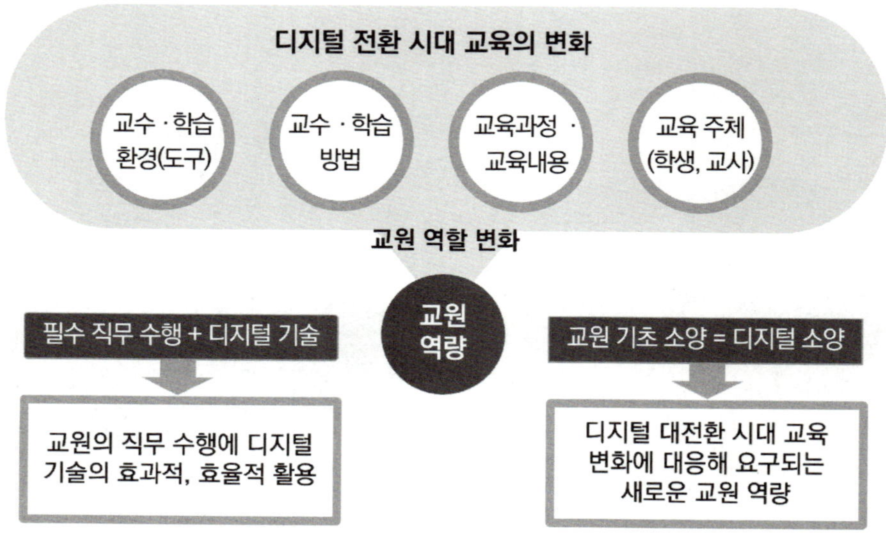

[그림 2-6] 디지털 전환 시대 요구되는 교사 역량

출처: 전제상 외(2023), p. 34을 재도식화함

3.3 시사점

교육 분야에서의 새로운 기술은 교수·학습 차원의 변화를 논의하는 수준을 넘어 미래교육을 새롭게 그리는 여정이다. 따라서 시스템이나 환경의 변화가 없는 디지털 교육혁신이 제한적일 수 있으나 기술과 얽힌 관계 속에서 혁신해가는 여정이라는 점에서 늦출 수 없는 오늘이기도 하다.

디지털 기반 교육혁신은 단순한 기술 도입을 넘어서는 포괄적 변화 과정이다. 이는 새로운 교육적 가치를 창출하고 교육 체계와 구성원 전체의 변화를 유도한다. 따라서 이 과정에서 교육 공동체 구성원들의 공감과 합의가 중요한 요인이 된다.

또한 급속히 발전하는 AI·디지털 기술은 공교육의 질적 향상을 위한 다양한 가능성을 제시하는 동시에 여러 가지 우려도 제기하고 있다. 이는 디지털 교육 접근성의 격차, 교사 역할 변화에 따른 혼란, 그리고 어린 학습자들의 발달에 미치는 잠재적 영향 등을 포함한다.

교육부의 핵심 이 정책이 교육 현장에 성공적으로 안착하고 구성원들의 폭넓은 지지를 얻기 위해서는 균형 잡힌 접근이 필수적이다. 이는 디지털 기술이 제공하는 혁신적 가능성과 잠재적 우려를 동시에 고려하는 신중하고 통합적인 전략을 의미한다.

[참고] '인공지능 교육'은 '인공지능 융헙교육', '인공지능 활용교육'과 어떻게 다른가요?

- 인공지능 (이해)교육은 융합교육, 활용교육과 다른 개념이지만 중복되기도 함
- 인공지능 (이해)교육은 인공지능 자체에 대해 배우는 것으로, 인공지능의 지식, 방법, 문제해결, 사회적 영향력 등에 대해 학습하여 인공지능 기반의 창의 · 융합적 사고역량 습득과 혁신적 태도를 기르는 것을 목적으로 함
- 인공지능 활용교육은 인공지능의 도구(서비스나 제품)을 교육의 효율성을 위하여 사용하는 것으로서 학습의 효율을 높이는데 사용될 수 있고(구글 번역기, 발음교정기 앱, 문법 교정기 같은 도구를 영어 수업에 활용), 교사의 업무에 사용(성적 처리, 학생 지도 등)할 수 있음 → 인공지능 기반 교육이라고도 함
- 인공지능 융합교육은 인공지능의 교과와 다른 교과 과목과의 융합을 의미함. 일반적으로 융합은 데이터를 기반으로 시작할 수 있는데, 예를 들어 사회나 과학 과목에서 데이터를 분석하여 추론하는 형태임

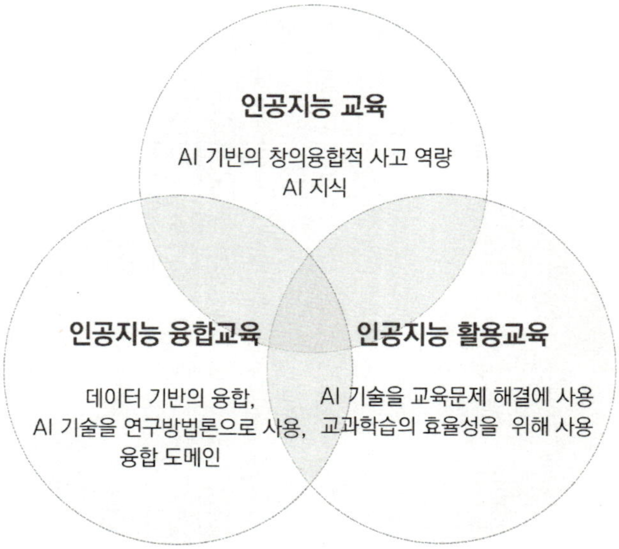

[그림 2-7] 인공지능 관련 교육의 관계

출처: 서울특별시교육청(2023), p. 16

[참고] 디지털 기반 교육 관련 주요 용어

용어	의미
컴퓨팅 사고	• 컴퓨터 과학의 원리를 적용하여 문제를 해결하고자 하는 사고'로서, 일상의 모든 문제를 컴퓨터 과학자들처럼 컴퓨터의 시각으로 바라보는 사고방식
AI 기반 코스웨어	• 학습자 진단 및 수준별 학습 콘텐츠를 제공하는 AI 기반의 교과과정 프로그램(Course + Software)
머신러닝(Machine Learning)	• 인공지능의 한 분야로서. 컴퓨터에 데이터를 입력해 학습하게 함으로써 새로운 지식을 얻어내게 하는 분야
SW · AI교육	• 소프트웨어와 인공지능 기술에 대한 교육으로, 컴퓨팅 사고력과 인공지능 알고리즘에 대한 이해와 활용 방법을 가르치는 교육
AI 튜터	• AI를 이용하여 학생의 학습상태를 분석하여 부족한 부분의 원인을 찾아 이를 개선할 수 있는 전략을 조언해 주는 서비스
에듀테크	• 교육(Education)과 기술(Technology)의 합성어로, AI, AR, VR, 빅데이터 등 최신 기술을 활용한 교육 서비스, 소프트웨어, 앱 등을 총칭한 용어
플랫폼	• 응용 프로그램이 실행될 수 있는 기반을 이루는 컴퓨터 시스템. 공급자와 수요자 등 다양한 그룹이 참여하여 각 그룹이 얻고자 하는 가치를 공정한 거래를 통해 교환될 수 있도록 구축된 환경
표준 API (Application Programming Interface)	• 응용 프로그램과 응용 프로그램 사이의 통신 규격으로, 다양한 서비스와 데이터를 보다 쉽게 이용할 수 있도록 해주는 표준화된 인터페이스
SaaS(Software as a Service)	• 로컬 장치에 소프트웨어를 설치하는 대신 클라우드 기반의 소프트웨어 제공 모델(사용한 만큼 이용료 과금)
디지털 원패스	• 하나의 아이디를 활용하여 다양한 서비스를 안전하고 편리하게 이용(로그인)할 수 있는 인증 서비스
스크래치 (Scratch)	• MIT 미디어랩에서 개발한 교육용 프로그래밍 언어
가상현실 (Virtual Reality)	• 컴퓨터를 통해 생성한 몰입형 상호 작용 공간
증강현실(Augmented Reality)	• 평범한 물리적 세계가 가상 객체에 의해 증강된 세계로, 부분적으로는 가상이며, 부분적으로는 물리적인 세계
무크 (MOOC)	• 무크(MOOC, Massive Open Online Course)는 원격교육이 진화한 형태로, 웹 서비스를 기반으로 수강인원 제한 없이 누구나 수강할 수 있는 대규모 온라인교육. 예) Kmooc(한국), Udacity, Coursera, edX 등

활동지

1. 소셜 빅데이터 분석 기술 중 '감성분석'은 SNS에 올린 의견이나 특정 주제에 대한 감성을 자연어 처리 기술을 이용해 긍정 · 부정 · 중립 등으로 분류하는 기술입니다. 다음의 사이트(some.co.kr)에서 '디지털 기반 교육혁신'과 관련된 주요 용어 중 사람들의 감성을 확인하고 싶은 용어(예: 맞춤형 교육, AI 디지털교과서, 에듀테크 등)를 검색, 분석해봅시다.

(1) 로그인 〉 분석 센터 〉 언급량 분석(기본 1개월)

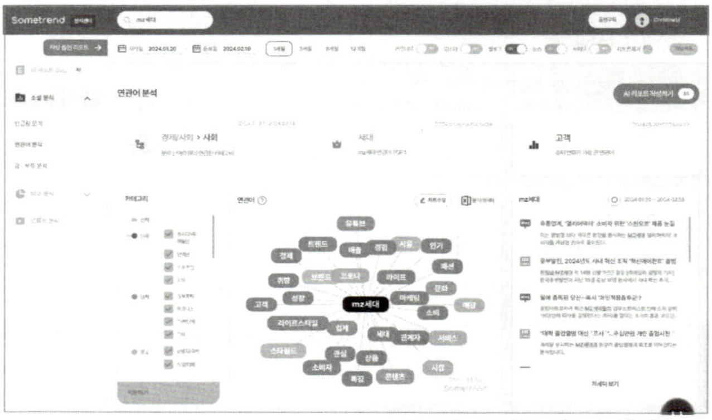

(2) 연관어 분석

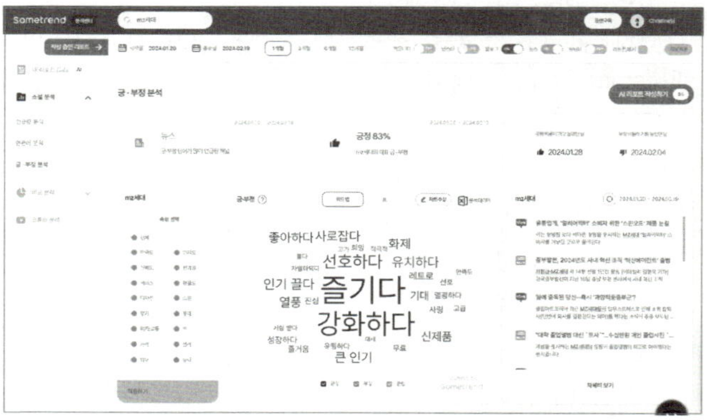

(3) 긍 · 부정 분석 (4) AI 분석 보고서 요청

(1) **[검색어] 및 언급량 분석 결과:**

(2) **연관어 분석 결과:**

(3) **긍 · 부정 분석 결과:**

(4) **AI 분석 보고서를 읽고 난 소감:**

2. 살 칸만(Sal Khan)은 "How AI could save (not destroy) education"이라는 강연에서 칸 아카데미가 학생들의 학습을 지원하기 위해 AI 튜터를 설계, 개발한 목적과 과정을 상세히 설명합니다. 예비교사로서 (1) 강연을 시청한 후 (2) 칸미고(Khanmigo)가 모두를 위한 맞춤 교육을 실현하는 데 도움이 되도록 다음과 같이 피드백에 참여해봅시다.

- 강연 링크
  https://www.ted.com/talks/sal_khan_how_ai_could_save_not_destroy_education

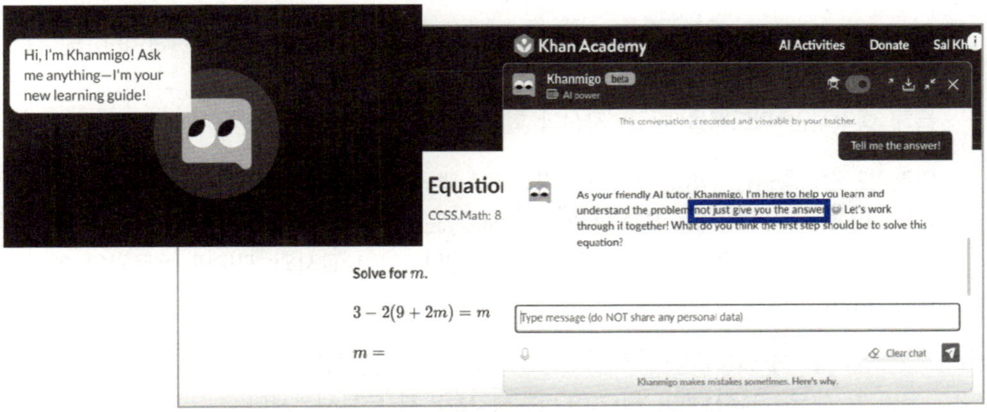

이미지 출처: 강연 영상 화면 캡처

(1) **I like("좋아요"는 긍정의 피드백):**

(2) **I wish("나는 바란다"는 건설적인 비판의 피드백):**

(3) **What if("만약에"는 가능한 대안을 제시하는 피드백):**

3. 다음의 문제 상황 시나리오를 읽은 후 소그룹(4~5명)으로 나누어 토론해 봅시다.

시나리오 제목: 미래학교 디자인

- 미래학교인 '에듀테크 하이스쿨'에서는 AI 기반 맞춤형 교육 시스템이 도입되어 모든 학생이 각자의 학습 속도와 스타일에 맞춘 교육을 받고 있다. 이 시스템은 학생들의 학습 데이터와 성취 수준을 실시간으로 분석하여 개별 학습 계획을 제공하고, 학생들은 AI 튜터와 상호작용하면서 학습한다. 교사들은 주로 AI 시스템의 관리와 학생들의 정서적 지원을 담당한다.

- 미래인1 재기발랄인: 학습 속도가 빠르고 자기주도적 학습을 선호하는 학생이다. AI 기반 교육 시스템 덕분에 자신의 학습 능력을 최대한 발휘할 수 있었다고 느낀다. 그녀는 AI 튜터를 통해 즉각적인 피드백을 받고, 자신의 학습 성과가 눈에 띄게 향상되었다고 생각한다.

- 미래인2 감성충만인: 학습 속도가 느리고 교사와의 상호작용을 통해 동기부여를 받는 학생이다. AI 튜터가 제공하는 맞춤형 학습이 처음에는 흥미로웠지만, 시간이 지날수록 AI와의 상호작용에서 인간적인 면이 부족하다고 느낀다. 그는 교사의 지도와 동료와의 협력을 더 선호한다.

위와 같은 문제를 최소화하고 AI 기반 맞춤형 교육의 장점을 최대화하기 위해 어떤 교수전략이나 교육환경, 혹은 교육정책이 필요하다고 생각하는지 토론해봅시다.

참고문헌

관계부처 합동(2022.8.). 디지털 인재양성 종합방안 기본계획.

교육부(2021.11.). 2022 개정 교육과정 총론 주요사항(시안).

교육부(2023.2). 2023 디지털 기반 교육혁신 방안.

교육부, 한국교육학술정보원(2022). 2022 교육정보화 백서.

교육부, 한국교육학술정보원(2023a). 2023 디지털교육 백서.

교육부, 한국교육학술정보원(2023b). 디지털 기반 교육혁신을 위한 에듀테크 활성화 종합방안. 대구: 한국교육학술정보원.

권희경(2023). 챗GPT가 학교의 변화에 미치는 영향. 대구: 한국지능정보사회진흥원.

김보배(2022). 2025 미래 교육 대전환: 입시교육의 붕괴와 고교학점제, 특별한 교육만 살아남는다. 서울: 길벗.

서정희, 김현진, 정영식, 소효정, 곽병일, 김은지, 최미애(2023). 교육 디지털 전환 기본계획 수립을 위한 기초 연구. 대구: 한국교육학술정보원.

온정덕(2023). "2022 개정 교육과정과 디지털 교육." e디지털 교육 트렌드 리포트 2024 (pp. 57-76). 서울: 테크빌교육.

이은상(2023). "디지털 전환 시대의 학교 그리고 교사." e디지털 교육 트렌드 리포트 2024 (pp. 267-296). 서울: 테크빌교육.

전제상, 도재우, 김지선, 서명희(2023). 디지털 대전환시대의 교원역량 개발을 위한 원격교육연수 발전방향. 대구: 한국교육학술정보원.

정제영(2023). 디지털 대전환에 대응한 미래교육의 방향. 교육개발 (pp. 16-21), 229. 진천: 한국교육개발원.

정제영, 조현명, 황재운, 문명현, 김인재(2023). 챗GPT 교육혁명: ChatGPT를 활용한 하이터치 하이테크 미래교육. 서울: 포르체,

황용석(2023). 디지털 대전환 기술과 보다 나은 민주주의를 위한 디지털 시민성. 대구: 한국지능정보사회진흥원.

Kosslyn,S. & Nelson, B. (2021). 김필성, 강현석 역. 미네르바의 탄생, 교육의 미래: 대학 혁신의 날개를 휘젓다. 서울: 공감플러스.

TPACK http://tpack.org

참고사이트

EBSi 인공지능 DANCHOO ai.ebsi.co.kr
에듀넷 · 티-클리어 www.edunet.net
교육디지털원패스 edupass.neisplus.kr
소셜 트랜드 분석 플랫폼 썸트렌드 some.co.kr
한국형 온라인 공개강좌(K-MOOC) www.kmooc.kr

제 3 장 모두를 위한 AI · 디지털 리터러시[1)]

학습목표

- 디지털 리터러시의 개념과 구성요소를 설명할 수 있다.
- 미디어 비판적 이해 원리에 따라 메시지를 분석할 수 있다.
- 허위조작정보를 가려내기 위한 팩트체크 원리를 나열할 수 있다.
- 디지털 시민성 교육을 위한 수업을 디자인할 수 있다.

주요용어

미디어, 리터러시, 디지털미디어 리터러시, 비판적이해, 허위조작정보, 팩트체크, 디지털 시민성

'모두를 위한 AI · 디지털 리터러시'는 우리 사회에서 살아가는 데 있어 필수적으로 갖춰야 하는 소통 능력으로서 리터러시를 포괄적으로 살펴본 것이다. 이 장에서는 AI · 디지털 기술을 '디지털 미디어'로 간주하여 디지털 미디어 리터러시의 개념과 구성 요소, 미디어 콘텐츠에 대한 비판적 이해와 허위 정보 대처 방법, 디지털 시민성에 대해 알아본다.

1. 디지털 미디어, 리터러시, 그리고 디지털 미디어 리터러시

미디어 리터러시는 '미디어(Media)'와 '리터러시(Literacy)'로 구성된 합성어이다. 미디어 리터러시의 개념을 이해하기 위해 우선 미디어와 리터러시에 대해 이해할 필요가 있다.

---

1) 이 장에서 AI를 하나의 미디어로 간주하여 AI · 디지털 리터러시는 디지털 미디어 리터러시 혹은 미디어 리터러시로 사용하였다.

1.1 디지털 미디어와 커뮤니케이션

미디어는 사전적으로 '어떤 작용을 한쪽에서 다른 쪽으로 전달하는 역할을 하는 것'으로 정의된다. 미디어의 어원은 라틴어 Medius이며, 이는 영어로 between의 의미를 갖고 있다. 즉, 미디어는 중재하다, 매개하다의 의미를 내포하고 있는 단어로서, 무언가를 전달하는 '매개체'이다. 미디어는 사람과 사람을 연결하고, 사람과 콘텐츠를 연결하며, 사람과 기계를, 기계와 기계를 연결하는 모든 것이라고 할 수 있다. 예를 들면, 책은 작가와 독자를 연결하므로 미디어이다. SNS(Social Network Service)도 콘텐츠를 공유함으로써 사람과 사람을, 사람과 콘텐츠를 연결하게 되므로 미디어이다. TV, 영화, 광고, 컴퓨터, 인터넷, 게임 등과 이에 관련된 콘텐츠 등을 포괄하는 미디어는 인간 사회에서 사람과 사람 사이를 연결하는 데 있어 다양한 기호(글자, 소리, 동작, 그림, 이미지, 영상 등)를 활용하여 메시지(의미)를 주고받을 수 있도록 전달하는 것이다. 디지털 기술의 발달과 함께 미디어의 개념과 종류는 계속 확장되고 있다.

디지털 미디어는 0과 1로 표시된 데이터를 정보로 해석하여 디지털 정보로 표현한 것이다. 디지털이 모든 정보를 0과 1로 구성함에 따라 디지털 방식으로 저장된 정보들은 이질적인 형태더라도 질적으로 동일한 형태로 전환될 수 있으며, 저장된 모든 종류의 정보에 대해 수시로 검색할 수 있고, 실제와 거의 같은 완벽한 복사를 할 수 있으며, 시공간의 제약이 없다는 특징을 갖게 된다. 기존의 아날로그 미디어와 달리 디지털 미디어는 미디어들을 하나로 통합할 수 있게 되었다. 대표적인 디지털 미디어는 오디오, 영상, 그림, 이미지, 전화, 계산기, 컴퓨터 등을 통합한 스마트폰이다. 디지털화되었다는 것의 의미는 정보처리 방식의 변화뿐만 아니라 정보를 처리하는 미디어의 변화도 의미하는 것이다.

디지털 미디어의 발달에 크게 영향을 미친 요인은 개인용 컴퓨터의 고성능화와 대중화, 인터넷을 포함한 네트워크의 고속화와 광대역화, 다양한 휴대용 디지털 기기의 보급 활성화 등이라고 볼 수 있다(권영부 외, 2022). 디지털 미디어는 이동성, 상호연결성, 상호작용성, 비동시성 등의 특징이 있는데, 이는 디지털 미디어를 통한 사람들간의 커뮤니케이션 방식에도 큰 변화를 가져왔다. 1:1, 1:다수, 양방향 커뮤니케이션을 넘어 다변화된 미디어 커뮤니케이션 양식이 등장하였고, 참여, 공유, 개방의 가치를 표방한 웹 2.0 기술의 발전은 소셜 미디어 플랫폼을 확산시키게 되어 사람들의 능동적 참여와 공유에 의한 콘텐츠 생산과 아젠다 생성 등의 의사소통을 손쉽게 만들었다. 사람들은 미디어 제작자로부터 전달받은 정보를 수용하는 입장에서 벗어나 스스로 제작자이자 이용자가 되어 수평적인 커뮤니케이션을 할 수 있게 된 것이다. 기존의 영상미디어 시대의 '수용자'는 소비와 생산을 모두 할 수 있는 '생비자(prosumer)'로 변화하게 되었다.

〈표 3-1〉 미디어 기술 환경 변화에 따른 커뮤니케이션 방식의 변화 경향

주요 미디어 환경	테크놀로지의 특징	커뮤니케이션의 특징
아날로그 시대의 영상 미디어	• 생산자와 소비자 간 경계 형성	• 영상 제작 전문가에 의한 콘텐츠 생산 • 영상 언어의 보편화와 미디어 콘텐츠 소비의 대중화
디지털 시대의 영상 미디어	• 장비 및 설비의 저렴화, 경량화 • 장비 및 설비 활용 용이성(사용자 친화성) • AR-VR 기반의 입체 영상	• 기능과 역할에 따른 경계 와해(생산자와 소비자, 전문가와 비전문가 등 생산과 수용간의 결합에 입각한 생비자(프로슈머) 개념 등장) • 영상 콘텐츠 생산의 저변 확대
인터넷 기반의 멀티미디어	• 미디어 콘텐츠의 보편적 유통 환경 형성	• 미디어 콘텐츠 유통에서의 수용자 참여 활성화 • 인터넷 사용자 간의 정보 및 의견 교류 활성화 • 오프라인 공간과 온라인 공간 간의 융합현상 가속화
모바일 기반의 소셜미디어	• 시간과 공간 극복에 입각한 개인적 유통 환경 형성	• 미디어 접근 및 활용의 개인화/대중화 • 개인과 각 사회 분야 간 직접적인 소통 기능 • 사적 이용과 공적 영향력 간의 상호작용 가능성 부각

출처: 권장원(2021). 「영상을 통한 소통과 미디어 리터러시」, p. 125.

1.2 (디지털) 미디어 리터러시

리터러시(literacy)의 사전적 의미는 글을 읽고 쓰는 능력이다. 글을 읽고 쓴다는 것은 곧 소통을 한다는 의미이며, 소통은 사회 구성원에게 요구되는 필수 생존 능력이다. 우리는 언제부터 리터러시에 관심을 갖게 되었을까? 누구에게나 리터러시가 필요했을까? 왜 리터러시가 필요해졌을까?
역사적으로 리터러시는 특정 계층만이 갖고 있는 능력이었다. 서양의 중세 시대에는 사제나 제한된 사람들만이 글을 읽고 쓸 수 있었으며, 이러한 능력은 성경을 읽고 해석하여 대중들을 다스리는 데에 사용되었다. 시민혁명 이후 근대 교육제도가 만들어지고, 인쇄술이 발달하여 문자 언어의 인쇄가 가능해지면서 시민의 참정권 행사나 경제적 활동을 위해 리터러시는 시민들에게 필수적인 능력으로 자리잡기 시작했다. 이처럼 리터러시는 단지 글을 읽고 써서 소통하는 능력에 그치는 것이 아니라 사회 환경과 상황의 본질을 이해할 수 있는 능력이며 사회구성원이 사회의 정치, 경제, 문화생활을 향유할 수 있는 기능을 포함한다(UNESCO, 1947).

미디어 리터러시를 리터러시의 사전적 정의에 빗대어 말하자면, 미디어를 읽고 쓸 수 있는 능력으로 정의할 수 있다. 미디어를 읽는다는 것은 미디어로부터 전달받는 정보를 이해한다는 의미이며, 미디어를 쓴다는 것은 미디어를 통해 정보를 생산한다는 의미일 것이다. 결국 미디어 리터러시는 미디어를 통해 메시지를 주고받는 커뮤니케이션 능력으로 본다. 일반적인 리터러시와 마찬가지로 미디어 커뮤니케이션에는 사회구성원으로서 사회 환경과 상황의 본질에 따라 정치, 경제, 문화 생활을 향유하는 데 있어 미디어를 활용하는 능력을 내포하고 있는 것으로 볼 수 있다. 미디어 리터러시는 사람들이 후천적으로 습득하게 되는 능력이므로 적절한 교육이 수반되어야 한다. 미디어의 종류가 다양해지고 이용자들의 커뮤니케이션의 방식이 달라지면서 미디어와 이에 대한 교육의 초점도 달라질 수밖에 없다. 이러한 상호 관계 속에서 미디어 리터러시의 개념도 확대되었다.

인쇄 기술이 발전하면서 문자화된 기록물을 통해 지식과 정보를 습득하는 능력이 중요해졌고, 텔레비전이나 영화 등의 전파기술을 이용한 영상 언어가 대중화되면서 수용자들이 영상미디어 콘텐츠를 수동적으로 받아들이지 않고 비판적으로 시청하기 위한 기술을 갖추는 것이 필요하게 되었다. 미디어 리터러시는 비판적 시청 기술에 관심을 가지면서 초기 개념을 확립하게 된다. 비판적 시청 기술 중심의 미디어 리터러시 교육은 보호주의적 관점을 갖고 있으며, 선별적으로 미디어를 수용하고, 메시지를 분별하는 것이 중요했다. 영상 언어는 문자 언어보다 현실적인 시각화가 강력히 이루어지므로 폭력적이거나 선정적인 현실 재현이 어린이와 청소년에게 미칠 부정적 영향력을 최소화하기 위함이었다.

이후 인터넷과 같은 네트워크 기술의 확산과 컴퓨터를 통한 상호작용 미디어 기술 발달은 수동적인 소비자로서 수용자가 아니라 능동적인 이용자로서의 입장으로 변화를 유도하였으며, 컴퓨터 리터러시, 정보 리터러시, 디지털 리터러시 등과 같은 용어가 다양하게 등장하게 되었다. 디지털 기술의 발달과 함께 미디어 이용과 커뮤니케이션 방식에 혁신적 변화가 발생하였으며, 이용자들이 정보를 소비만 하는 것이 아니라 직접 생산할 수 있게 되면서 적극적으로 미디어를 활용하여 사회적으로 참여하는 것이 중요해졌다. 또한 디지털 격차 해소를 위한 접근성을 포함해 미디어에 대한 접근, 미디어 메시지에 대한 비판적 해석, 미디어 생산에 주목했고, 미디어 리터러시는 "다양한 맥락에서 커뮤니케이션 상황에 접근하고(access), 이해하며(understand), 창작하는(create) 능력"(Ofcom, 2004)으로 정의되었다. 능동적으로 환경과 상호작용하여 올바르게 정보를 선택하고, 스스로 정보를 생산하고 유통하게 되는 것뿐만 아니라 사람들과 연대하여 문제를 해결하는 사회적 실천을 강조하면서도 개인의 자율적인 조절과 규제 능력 습득을 통해 미디어 이용 과정에서 과몰입이나 중독과 같은 부정적 측면을 최소화하는 것이 중요해졌다.

최근에는 인공지능 기술의 발달로 데이터 리터러시에 대한 관심이 높아지고 있다. 데이터를 잘 다룬다는 것은 곧 수익 창출과 연결기도 하고, 경쟁력 자체가 될 수 있다. 데이터를 기술적으로 처리하는 능력과 더불어 데이터를 해석하고 잘 시각화하여 전달하는 것도 중요하다.

커뮤니케이션 기술 변화에 따른 리터러시의 개념 변화를 표로 제시하면 다음 〈표 3-2〉와 같다.

〈표 3-2〉 커뮤니케이션 기술 변화에 따른 리터러시의 개념

커뮤니케이션 기술 환경	시대별 리터러시	사회적 환경	리터러시의 개념적 특징	교육의 목적
인쇄술, 신문	언어 리터러시	농업 경제 시대	• 인쇄술, 활자 발명 • 글을 읽고 쓰는 능력 • 문자 텍스트에 대한 문해력	• 산업 노동력 확보
영화, 텔레비전	시각 리터러시	산업 경제 시대	• 영상 언어의 등장 • 미디어 리터러시 개념의 본격 등장 • 비판적 이해 강조	• 보호/예방
컴퓨터, 인터넷	컴퓨터 리터러시 / 디지털 리터러시	지식 경제 시대	• 컴퓨터와 관련된 다양한 리터러시 개념 등장 • 이용자 개념 등장 • 디지털 격차를 둘러싼 접근 강화 개념이 리터러시에 도입 • 미디어 접근, 분석, 생산, 참여 중요 • 디지털 시민성 강조	• 개인의 자율적 규제 • 환경과의 상호작용
인공지능	데이터 리터러시	데이터 경제 시대	• 데이터가 사람, 자본 등 기존의 생산 요소를 능가하는 핵심 자원으로 부상 • 데이터를 읽고 해석하고 창조하고 의사소통할 수 있는 능력 중요	• 인간 능력 (Human Power)

출처: 김봉섭(2021).「인공지능 기술 시대의 핵심 역량」, p. 69. 재구성

유네스코는 점점 더 복잡해지는 미디어 커뮤니케이션 환경을 탐색하고, 디지털 AI 기술이 삶의 양식을 급격히 바꿔놓는 현 시점에서 시민들이 디지털 미디어 관련 지식과 참여 의식을 기반으로 비판적으로 사고하며, 창의적이고 윤리적으로 디지털 기술을 이용할 필요성을 강조하기 위하여 '미디어 · 정보 리터러시'라는 용어를 사용하고 있다. 미디어 · 정보 리터러시는 '미디어 리터러시', '정보 리터러시' 뿐만 아니라 '디지털 리터러시'를 포괄한 개념이다(UNESCO, 2021).

초기 정보 리터러시는 정보에 접근하는 것을 우선으로 하여 정보를 평가하고 윤리적으로 활용하는 것을 강조하는 데 중점을 두었다. 전통적으로 미디어 리터러시에서도 정보 접근과 표현의 자유를 강조하고 있으며, 미디어의 상업성을 전제로 이를 비판

적으로 어떻게 평가하여 이용할 것인가에 관심을 두고 있다. 디지털 리터러시는 정보와 미디어 관련 역량의 경계를 넘어선 관점으로 보고 있는데, 하드웨어적 기술 측면뿐만 아니라 디지털 이슈와 관련되는 소프트웨어적 요소에도 관심을 두는 것으로 본다. 인터넷의 활용도가 높아짐에 따라 디지털 리터러시에서는 디지털 기술을 활용한 글쓰기, 이미지, 비디오, 디자인 등의 생산 능력을 더욱 강조하게 되었다(UNESCO, 2021, p. 9).

〈표 3-3〉 유네스코의 미디어 · 정보 리터러시 개념화를 위한 구성요소 비교

<table>
<tr><th colspan="7">정보 리터러시</th></tr>
<tr><td>정보 필요성을 정의하고 설명</td><td>정보를 찾아내고 접근</td><td>정보를 평가</td><td>정보를 구조화</td><td>정보를 윤리적으로 활용</td><td>정보를 소통</td><td>ICT를 활용하여 정보를 처리</td></tr>
<tr><th colspan="7">미디어 리터러시</th></tr>
<tr><td>민주주의 사회에서 미디어와 인터넷 통신 기업의 역할과 기능 이해</td><td>미디어의 기능이 적용되는 조건 이해</td><td>미디어 기능을 중심으로 미디어 콘텐츠를 비판적으로 평가</td><td>미디어를 활용하여 자기표현과 민주적 사회 참여</td><td colspan="3">콘텐츠 생산에 필요한 기술 검토</td></tr>
<tr><th colspan="7">디지털 리터러시</th></tr>
<tr><td>디지털 기술 도구를 활용</td><td>디지털 정체성 이해</td><td>디지털 권리 인식</td><td>AI 관련 쟁점 파악</td><td>디지털 소통 방식 향상</td><td>디지털 건강 관리</td><td>디지털 보안 및 안전 실천</td></tr>
</table>

출처: UNESCO(2021). 「비판적으로 사고하고, 현명하게 클릭하기!」, p. 9.

유네스코에서 개념화한 미디어 · 정보 리터러시와 유사하게, 캐나다의 미디어 리터러시 교육단체인 '미디어 스마트'에서도 2022년부터 '미디어 리터러시'와 '디지털 리터러시'를 구분하지 않고 '디지털 미디어 리터러시'로 통합한 용어를 사용하고 있다. 디지털 기술도 미디어의 속성에 근거하여 이해하여야 하므로 디지털이 미디어를 대체하거나 병렬적으로 존재하는 용어가 아니라고 본 것이다. 다만 디지털 기술의 핵심 속성인 네트워크는 디지털 미디어 리터러시를 정의할 때 중요한 의미

를 갖는다고 보았다. 따라서 디지털 미디어 리터러시를 “모든 종류의 미디어를 비판적이고, 효과적이고, 책임있게 접근, 이용, 이해, 참여하는 능력”으로 정의했다(McAleese & Brisson-Boivin, 2022). ‘미디어 리터러시’와 ‘디지털 리터러시’는 어느 한쪽이 상위 개념이 아니라 독자적 개념으로 디지털 환경의 확대로 두 개념의 교집합이 점차 확대되는 추세이다(정현선 · 장은주, 2021).

미디어 리터러시는 미디어에 대한 비판적 이해를 전제로 ‘리터러시’라는 용어 앞에 어떤 미디어 기술이 결합되느냐에 따라 다양한 유형으로 구분할 수 있다. 그럼에도 불구하고 이들의 공통점은 그 모든 기술들이 ‘미디어’라는 것이다. 미디어 리터러시는 일상과 공동체, 사회에서의 정보 습득, 의사소통 및 문화 향유를 매개하는 미디어를 비판적으로 이해하고, 이를 창의적으로 활용할 수 있는 능력이다(UNESCO, 2021). 우리나라 교육부에서는 미디어 리터러시 교육을 ‘미디어로 필요한 정보를 찾고 제공되는 정보를 비판적으로 이해하는 데서 나아가, 미디어를 활용하여 정보와 문화를 생산하고 사회에 참여하는 역량을 기르는 교육’으로 규정하고 있다(교육부, 2019).

이상의 내용을 살펴볼 때, 미디어 리터러시는 미디어 기술을 활용한 커뮤니케이션 능력에 해당하는 것이며, 미디어 기술의 발전에 따라 다양한 미디어 리터러시의 개념 확장이 이루어졌다. 미디어가 디지털 기술을 기반으로 발전하고, AI 기술이 급격히 발전하고 있는 현 시점에서 사람들의 삶의 방식과 커뮤니케이션 방식도 달라지고 있으며, 이에 따라 디지털 미디어 리터러시의 중요성도 매우 높아지고 있다는 것을 알 수 있다.

2. 비판적 이해와 콘텐츠 평가

2.1 미디어 메시지의 비판적 이해

미국 미디어 리터러시센터(Center for Media Literacy)는 미디어 리터러시를 '인쇄 미디어에서 비디오 그리고 인터넷까지에 이르는 다양한 미디어의 메시지에 접근하고 분석, 평가하며 이를 바탕으로 제작하고 참여하는 능력'으로 정의하면서 미디어 리터러시와 미디어 리터러시가 아닌 것을 구분해 제시하고 있다(권영부 외, 2022, p. 82).

첫째, 미디어 리터러시는 미디어에 대한 비판을 포함하고 있지만 미디어에 대한 맹목적 비난을 하고자 하는 것이 아니다. 즉 미디어 리터러시 교육의 내용을 미디어 메시지나 콘텐츠 그리고 그 메시지가 생산되는 메커니즘에 초점을 맞춰야 한다.

둘째, 미디어 리터러시에는 미디어 제작과 상호작용 활동 그리고 미디어 프로젝트가 포함되지만 단순히 제작활동만 하는 것은 미디어 리터러시가 아니다. 즉 제작 중심으로 미디어 리터러시 교육을 진행한다면 그것은 미디어 리터러시 교육이 아니다.

셋째, 비디오, 인터넷 등을 포함 미디어 콘텐츠를 단순히 교실에서 활용하는 것은 미디어 리터러시가 아니다. 미디어 리터러시는 우리 문화 속에서 미디어 및 미디어 메시지의 속성과 미디어가 미친 영향을 비판적으로 탐구하는 것을 핵심으로 한다.

넷째, 단순히 정치적 아젠다, 스테레오타입, 오류를 찾는 것은 미디어 리터러시가 아니다. 미디어 메시지들을 비정상적으로 만드는 시스템에 대한 탐구가 전제되어야 미디어 리터러시라고 할 수 있다.

다섯째, 미디어 메시지나 활동을 한 가지 관점에서만 탐구하는 것은 미디어 리터러시가 아니다. 미디어 메시지는 복합적인 관점에서 조사되어야 하기 때문이다.

이미 미디어의 개념을 살펴본 바와 같이, 미디어는 중재를 하는 매개체로 실제의 세계를 그대로 보여주는 것이 아니라 실제의 세계를 재구성하여 전달한다. 미디어는 실감 나는 영상과 자막, 상황에 알맞은 배경음악과 효과음을 사용하여 사실감 있게 상황을 재현한다. 이 과정에서 메시지 생산자의 의도에 따라 현실을 재창조하여 전달하게 된다. 이러한 원리를 알고 비판적으로 사고하는 것이 미디어 리터러시의 핵심 원리이다.

다음의 그림을 보면, 실제로는 오른쪽 사람이 왼쪽 사람을 공격하고 있지만, 카메라 화면은 상황의 특정 부분을 절묘하게 담아서 정반대의 상황을 연출하고 있다. 미디어 속의 메시지는 실제 세계를 그대로 보여주는 것이 아니라 인위적으로 만들어진 구성물이라는 것을 항상 잊지 말아야 한다.

[그림 3-1] 미디어의 재현

출처: https://9gag.com/gag/4015509

미디어 리터러시의 핵심 원리는 미디어 속에 존재하는 모든 메시지는 구성한 사람의 의도가 담겨 재현되었다는 것이다. 미디어 리터러시의 핵심 원리가 되는 메시지 구성의 특징을 나열하면 다음과 같다.

첫째, 모든 미디어 메시지는 누군가가 만든 것이다.(저자)

둘째, 미디어 메시지는 그 자체의 언어적 표현 기법을 사용한다.(포맷)

셋째, 동일한 메시지라도 받는 사람에 따라 다르게 인식한다.(수용자)

넷째, 모든 미디어 메시지는 특정 관점과 가치를 지니고 있다.(콘텐츠)
다섯째, 미디어 메시지에는 어떤 형태로든 목적이 있다.(목적)
위에 제시한 메시지 구성원리별로 구체적인 탐색 질문을 살펴보자(황치성, 2021).

1) 누가 만들었는가?

- 메시지의 출처가 있는가? 있다면 확인 가능한가 ?
- 메시지가 게시된 웹사이트 주소나 URL 절차는 정확한가?
- 메시지 제작자는 신뢰할 수 있는가?
- 미디어는 자신의 이력 사항을 투명하게 밝히고 있는가?
- 메시지 내용이 SNS에만 있는가, 복수의 뉴스 미디어에도 보도되는가?

2) 어떤 언어적 표현과 설득적 수사를 사용했는가?

- 메시지의 철자, 맞춤법, 띄어쓰기 등 언어 표기의 기본 형식을 지키고 있는가?
- 이미지나 동영상은 메시지 내용, 시점, 장소, 상황이 모두 일치하는가?

3) 누가 어떻게 받아들이는가?

- 암묵적 편견(인간에 대한 고정관념으로 사람들을 범주화하는 심리적 경향)
- 확증 편향(특정 사건이나 현상을 접했을 때 기존에 가지고 있던 신념체계와 모순된 입장이나 의견을 거부하면서 자신의 신념을 확인해 주는 정보를 찾을 때까지 비합리적으로 필터링하는 심리적 성향)
- 메시지에 극도의 분노나 희열, 공포 등 격한 감정의 언어를 담고 있지 않은가, 그리고 내 안의 편견이 작용한 것은 아닌가?

4) 사실인가 아닌가, 그리고 어떤 가치관이나 관점을 담고 있는가?

- 핵심내용은 사실인가 의견인가, 의견이라면 그 근거는 있는가?

- 메시지 내용이 상황과 맥락에 일치하는가?
- 핵심 주장이 관련 내용을 충분히 반영했는가? 일부만 비틀었는가?
- 핵심 주장이나 근거에 은폐되거나 생략된 것은 없는가?

5) 어떤 목적으로 만들어졌는가?

- 이 메시지로 돈을 버는 사람은 누구인가?
- 이 메시지로 인해 정치적으로 손해를 보거나 이익을 보는 사람은 누구인가?
- 메시지 제작자의 공적 주장에 개인적인 이해 관계가 없는가?

2.2 허위정보

허위정보는 처음부터 누군가 고의적으로 만들어낸 거짓 정보를 의미한다. 허위정보는 오보와는 다르다. 허위정보와 오보의 구분은 의도성 여부에 따른다. 오보는 결과적으로 보도 내용이 틀린 것으로 판명된 기사를 말하는데, 사실 확인에 오류가 있었거나, 거짓 제보로 인해서, 검증 부족 혹은 잘못된 자료 해석과 판단으로 인해 잘못 보도된 것이다. 오보는 일부러 거짓 정보를 유통하겠다는 의도로 만들어진 것은 아니므로 허위조작정보와는 이 점에서 명백히 구분된다고 할 수 있다. 언론의 오보에 대해서는 언론중재나 방송심의제도와 같은 규제 장치를 통해 정정 내지는 제재가 가능하다.

허위정보는 가짜뉴스로 불리기도 했는데, 가짜뉴스는 정치·경제적 이익을 위해 의도적으로 언론 보도 형식을 차용하여 유포된 거짓 정보를 특정한다. 가짜뉴스는 허위정보의 한 형식이라고 볼 수 있다. 그러나 가짜뉴스라는 용어를 사용함으로써 자칫 뉴스 형식에 대해 부정적 인식을 갖게 될 염려가 있어서 최근에는 가짜뉴스가 아닌 허위조작정보로 용어를 바꿔 사용하고 있다.

허위조작정보가 단절되지 않는 이유는 디지털 환경에서 금전적 이익과 연결되고 있기 때문이다. 소셜미디어는 허위조작정보 확산의 주요 통로가 되고 있다. 수많은 사람들이 소셜미디어를 이용하면서 각자의 흥미에 맞는 뉴스만 접하게끔 알고리즘을 통해 추천을 해주다보니 내용의 진위와 상관없이 편향된 정보를 이용할 가능성이 높아졌고, 지인의 영향력이 확대되면서 의심없이 사실로 받아들이거나 습관적으로 추천하고 공유하는 경우도 많다. 기사를 내보낸 언론사 대신 그 기사를 확인한 플랫폼만 기억하다보니 정확하지 않은 출처에, 내용도 충실히 살펴보지 않을 수 있다. 또한 정치적으로 보수와 진보로 구분된 각 집단에서 유사한 생각을 하는 사람들끼리 정보 교류를 지속하게 되면 더욱 한쪽으로 치우친 극단적인 견해를 갖게 되면서 집단 극단화 현상으로 변질되며, 그들이 생산해내는 허위 정보가 공유와 공감의 방식으로 집단의 동질성을 강화하는 데 이용되고 있기도 하다. 허위정보는 혐오문화나 사회적 갈등을 야기할 수 있으므로 정확한 사실 확인을 통해 허위정보를 유통하거나 생산하지 않아야 할 것이다.

정확한 메시지 이해를 위해 비판적 사고를 할 필요가 있다. 캐나다 온타리오주의 미디어 리터러시 수업 모델 중 비판적 사고를 통한 메시지 파악 과정을 살펴보자 (McAleese & Brisson-Boivin, 2022).

첫째, 사실과 의견을 구분한다. 정보전달을 위한 콘텐츠에서 내용이 사실인지, 의견인지 확인하여야 한다. 예를 들어 누군가를 인터뷰한 내용이 포함되었을 때, 직접한 말을 옮겨 적었으면 '사실'로 봐야 하고, 이에 대한 해석이 있다면 '의견'이다. '의견'은 편집을 통해서도 만들어질 수 있다.

둘째, 주장이나 정보원의 출처를 확인한다. 소셜 네트워크를 통해 수많은 정보가 공유되면서 출처가 명확하지 않은 정보들이 떠돌아다니고 있다. 정보의 종류에 따라 공신력 있는 출처를 확인할 수 있는지 살펴보고 출처가 명확하지 않은 정보는 함부로 공유하지 않아야 한다.

셋째, 진술의 정확성을 평가한다. 이는 출처 확인과 관련이 되는데, 메시지의 내용이 과학적 근거가 있는 것인지, 관련 사례가 있는지 등을 확인해야 한다.

넷째, 주장이나 진술의 편견 여부를 확인한다. 메시지에 어떤 의도가 담겨 있는 것은 아닌지 검토하고, 다른 입장에 처한 누군가 불편한 것은 아닌지 생각해본다.

다섯째, 논리적 비일관성을 평가한다. 메시지의 핵심이 무엇인지를 파악하고, 그 주장에 따른 흐름의 논리성과 주장의 근거, 맥락 등을 판단한다.

여섯째, 주장의 강도를 평가한다. 중요한 메시지가 무엇인지, 그 메시지를 중요하게 강조하는 의도는 무엇인지 파악하여 해당 주장에 동의할지 결정한다.

이와 같은 비판적 사고 과정을 통해 우리는 좀 더 정확하고 타당하게 메시지를 이해하고 미디어를 통해 합리적으로 소통할 수 있게 될 것이다. 이러한 노력이 허위조작정보를 가려내는 데에 도움이 될 것은 자명하다. 권영부 등(2022)이 제시한 비판적 메시지 이해 과정을 그림으로 제시하면 다음과 같다.

숨고르기 ➔	• 확실하지 않은 정보를 듣거나 보았을 때, 만약 당신이 그 정보를 믿기로 결정하거나 다른 사람과 공유하기로 마음먹었다면 행동으로 옮기기에 앞서 잠시 판단을 멈추고 그것에 대해 생각해 본다.
질문하기 ➔	• 콘텐츠가 어떻게 당신의 기분을 바꾸는지 생각해본다. • 콘텐츠를 만든 사람이 우리에게 원하는 것이 무엇일지 스스로에게 질문하는 자세가 필요하다.
점검하기 ➔	• 누가 콘텐츠를 제작했는지, 자료를 게시한 뉴스 회사나 사람에 대해 신뢰할 수 있는지, 이 콘텐츠는 다른 웹사이트에서는 어떻게 다뤄지고 있는지, 전문가의 말을 인용하거나 공식적인 정보원을 사용하는지 점검해 본다. • 미디어를 통해 얻는 정보들이 모두 진실이 아닐 경우가 있으므로 반드시 다양한 관점을 가진 정보나 콘텐츠를 비교 · 분석하여 진위여부를 가릴 수 있어야 한다.
결정하기 ➔	• 여러 가지 방법으로 콘텐츠를 확인한 후 사실로 판단되면 해당 콘텐츠를 공유할지 소장할지 여부를 결정해야 한다. • 콘텐츠를 누구에게 어느 정도만큼 공유할 것인지 스스로 결정한다.

[그림 3-2] 비판적 메시지 이해 과정

출처: 권영부 외(2022). 「미디어 교육사」, p. 279.

허위조작정보를 판별하기 위한 팩트체크에 대해 페이스북과 팩트체크 기관인 풀팩트(Full Fact)가 함께 제안한 허위조작정보 판별법을 제시하면 다음과 같다(권영부 외, 2022, pp. 141-142)

① 제목 비판적으로 읽기

• 기사의 내용뿐 아니라 제목도 주의 깊게 봐야 한다. 가짜 뉴스나 부실한 뉴스의 제목은 기사 내용을 충실하게 요약하기보다 선정적 표현으로 독자의 눈길을 끄는 데 주력한다. 제목에 '충격', '경악', '격분' 등의 극단적이고 감정적인 표현이나 느낌표, 물음표 같은 문장 부호를 남용하는 기사일수록 각별히 주의해야 한다.

② 인터넷 주소(URL) 자세히 살펴보기

• 전자 금융 사기가 가짜 사이트를 이용하듯 가짜 뉴스도 비정상적 사이트를 이용할 수 있으므로 주소를 잘 살펴봐야 한다. 만약 출처가 처음 들어 본 언론사라면 홈페이지를 찾아 그동안 보도한 뉴스를 확인한다.
특히 모바일이나 소셜 미디어로 뉴스를 전달받을 때는 주소가 바로 드러나지 않으므로 더욱 신경 써야 한다.

③ 뉴스의 출처(취재원) 확인하기

• 뉴스의 사실성을 검증하는 기본 방법은 정보원과 출처를 확인하는 것이다. 기사에 육하원칙이 명확하게 드러나 있는지 확인하고, 누가 말한 것인지 따져 봐야 한다. 취재원의 실명이나 직위를 확인하고, 취재 기자의 이름과 이메일은 물론 콘텐츠 책임자의 연락처도 확인한다.

④ 문법적 오류 확인하기(맞춤법, 어색한 문장 등)

• 본문에 주술 호응이 맞지 않는 문장이 많거나 오탈자 등의 오류가 많으면 의심해 봐야 한다. 뉴스는 객관성과 신뢰성을 위해 감정적 표현을 잘 사용하지 않는다. 기사에 분노나 놀라움과 같은 감정을 부추기는 표현이 많다면 가짜 뉴스일 가능성이 높다.

⑤ 사진 면밀하게 살펴보기

• 기사에 사진이나 동영상이 있으면 신뢰도가 높아지기 때문에 가짜 뉴스 역시 조작

된 사진과 영상을 첨부하는 경우가 많다. 사진이 첨부되어 있다고 무조건 믿기보다 조작을 의심하고 면밀하게 살펴봐야 한다.

⑥ 기사의 발행일 확인하기

• 가짜 뉴스는 날짜와 장소를 조작하거나 없애 버린 경우가 많다. 가짜 뉴스 생산자들은 오래전 사건을 방금 일어난 것처럼 만들어 소셜 미디어로 유포하기도 한다. 기사 등록과 수정 시각이 사건 발생보다 이르면 가짜 뉴스일 수 있다. 똑같은 일이라도 언제 어떤 상황에서 발생했느냐에 따라 다른 의미를 갖는다는 것을 기억해야 한다.

⑦ 주장의 근거 확인하기

• 통계와 그래프가 제시되었다고 무조건 신뢰하면 안 된다. 동일한 통계를 다양하게 해석하는 것도 가능하며, 질의응답 항목 설계와 설문 대상 구성에 따라 여론 조사 결과가 달라지기도 하기 때문이다. 제시된 통계가 의심스러울 때는 직접 검색하여 확인해 보는 것이 좋다.

⑧ 관련한 다른 기사 찾아보기

• 언론사 간 경쟁이 치열한 상황에서 수많은 언론사들이 동시에 취재하고 보도하는 사안은 가짜 뉴스일 가능성이 매우 낮다. 하지만 한 곳에서만 주장하는 내용은 의심해 보아야 하고, 해당 언론사나 기자를 추가적으로 검색해 기존의 보도를 점검해 보는 것도 유용하다.

⑨ 유머 또는 패러디와 구분하기

• 외국에서는 권위 있는 신문들도 4월 1일 자 신문에 만우절 특집 기사를 싣곤 한다. 해당 기사가 만우절용이라는 것을 알아차리지 못하고 그대로 보도한 한국 언론의 오보 사례도 흔하다. 따라서 독자들도 기사에서 언급한 내용이 진짜인지 아니면 유머와 패러디인지 판별할 줄 알아야 한다.

⑩ 의도적인 가짜 뉴스인지 의심하기

• 사람은 자신이 기대하는 정보를 이용할 때 만족감을 느낀다. 가짜 뉴스 생산자들도 이러한 사람들의 성향을 이용해 많은 이들이 기대할 만한 뉴스를 만들어 확산시킨다. 자신이 기대하던 뉴스와 정보를 만날수록 냉정하고 비판적으로 진위를 검토하는 태도가 요구된다.

3. 디지털 시민성

3.1 디지털 시민성의 개념과 요소

미디어 리터러시 교육은 현재 전 세대에게 걸쳐 디지털 시대를 어떻게 살아가는지, 디지털 기술을 통해 어떻게 의사소통하고 환경과 시대의 변화에 맞춰 무엇을 배워야 하는지 등과 관련된 생애주기적 소양교육으로 인식되고 있다(권영부 외, 2022). 미디어 리터러시 교육의 목적은 미디어에 대한 소양과 역량을 가진 바람직한 시민으로서 디지털 시대를 건강하게 살아갈 수 있도록 도와주는 것이며 비판적 사고, 소통, 협동 능력을 갖추고 창의력 있는 사람으로 살아갈 수 있도록 지원하는 것이다.

디지털 시민성은 전통적인 의미의 시민과 밀접하게 연관되어 있다. 시민은 도시 지역 및 국가 구성원으로서 정치적인 권리를 갖고 있는 주체이자 자유민주주의 사회의 구성원을 의미한다(위키백과). 시민은 자발적이고 주체적으로 공공정책 결정에 참여하는 사람이다. 마찬가지로 디지털 미디어 사회에서 디지털 시민은 비판적으로 미디어를 사용하고 능동적으로 참여하는 사람이다. 디지털 시민성은 '디지털 시대에 시민들이 더 책임감 있고 역동적으로 참여할 수 있는 역량'을 말한다. 디지털 시민성은 디지털 미디어를 통한 소통을 포함하고 있다는 점에서 일반 시민성과 차이점이 있다. 디지털 시민은 소비자로서, 온라인 커뮤니티의 구성원으로서, 국가의 시민으로서, 그리고 인간으로서 보유하고 있는 권리를 알고 행사할 수 있도록 미디어 및 디지털 리터러시와 관련된 모든 기술을 갖출 필요가 있다.

유네스코(2021)에서는 디지털 시민성을 디지털 사회의 시민으로서 마땅히 요구되고 갖추어야 하는 자질 혹은 자격으로 규정하고, 온라인 사회에 참여할 수 있는 능력 혹은 정보통신기술의 사용과 관련된 행위 규범을 포함한다고 보았다. 이에 디지털 시민은 효과적으로 정보를 찾고, 접근하고 사용하고 생성할 수 있는 역량, 비판적이고 민감하고 윤리적인 방식으로 타인 및 콘텐츠에 참여하는 역량, 온라인 및 ICT 환경을 안전하고 책임감있게 탐색하는 역량, 자신의 권리를 인식하는 역량 등을 보유하여야 한다.

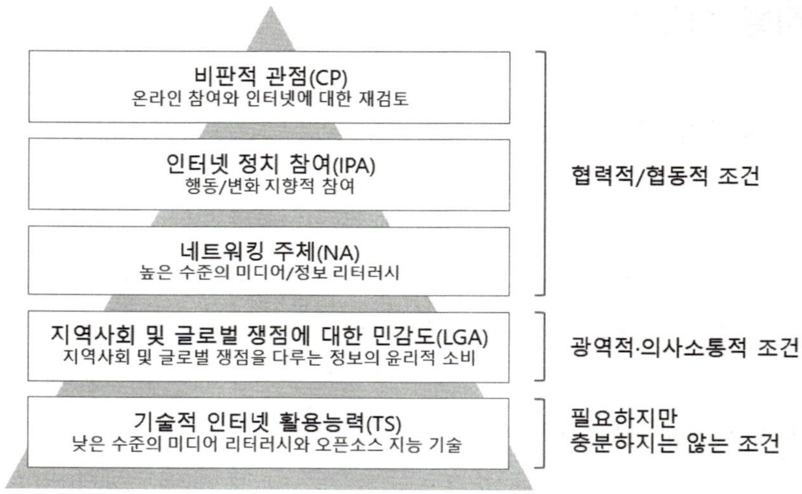

[그림 3-3] 디지털 시민의식의 세 가지 조건

출처: Choi, M., Glassman, M., & Cristol, D. (2017). What is means to be a citizen in the internet age: development of a reliable and valid digital citizenship scale. Computers & Education, 107, p. 111.

DKAP(Digital Kids Asia Pacific) 프로젝트는 아시아 태평양 지역의 학생들이 지속가능한 목표를 중심으로 디지털 시민성에 대한 전체적인 이해를 높이는 프로젝트이다(정제영, 2019). 이 프로젝트에서는 디지털 시민성의 하위 능력으로 첫째, 디지털 안전과 회복(디지털 공간에서 자신과 다른 사람들을 위해로부터 보호하는 방법을 이해하는 능력), 둘째, 디지털 참여(적절한 디지털 기술을 통해 사회와 공평하게 상호작용하고 관여하며 긍정적인 영향을 미치는 능력), 셋째, 디지털 감성 지능(개인과 대인관계 수준에서 디지털 상호작용 중에 감정을 인식하고 탐색하고 표현하는 능력), 넷째, 창의성과 혁신(ICT 도구를 활용한 디지털 콘텐츠 창출을 통해 자신을 표현하고 탐구하는 능력)으로 구성하였다.

3.2 디지털 시민성 교육을 위한 주요 주제

디지털 시민성을 갖추기 위해서 디지털 사회에 참여하는 능력이 필요하다. 디지털 세상에서 사회참여 능력을 키우는 방법을 살펴보자(김양은 외, 2019).

첫째, 다양성을 인정하는 자세이다. 인터넷과 스마트 디바이스의 발전은 전 세계 사람들이 다양한 문제에 공통의 관심을 가지고 여러 가지 방식으로 참여할 수 있게 만들었다. 온라인 청원, 온라인 투표, 챌린지 그리고 우리가 의견을 제시하거나 공감을 표시하는 것도 참여의 일부분이라고 볼 수 있다. 시민은 사회에서 나타나는 다양한 이슈들에 관심을 가지고 자신의 의견을 표현하는 가운데 세상을 조금 더 긍정적으로 변화시키는 원동력이 될 수 있다.

둘째, 집단지성을 활용한다. 이용자들은 단순히 정보를 공유하고 전달하는 과정이 아니라, 스스로 문제를 제기하고, 선택하고, 해결해 나가는 과정에서 함께 하는 사람들과 공유하고 참여하는 것이 가능하다. 집단지성을 가능하게 하는 힘은 누구에게나 열려 있는 다양성에 있으며 다양성이 존재하는 사회가 되기 위해서는 다양한 의견, 가치 등이 평등하게 공유되어야 하고 이 과정에서 다른 사람의 생각을 경청하고 사회를 바라보는 시각을 넓히는 과정이 필요하다. 집단지성의 결과로 과거 소수의견으로 취급을 받던 의견들이 디지털 사회의 참여를 통해 사회를 바꾸는 계기가 되고 있다.

셋째, 존중과 배려가 필요하다. 한 사회가 얼마나 건강한지는 그 사회가 다양성을 얼마나 인정하고 존중하는지를 보면 알 수 있다. 서로 다르지만 상대방의 다름과 차이, 가치를 인정하고 서로의 존엄성을 존중하며 자유롭게 표현할 수 있는 사회는 시민들의 다양한 삶과 문화가 공존하는 사회라 말할 수 있다. 이는 고도의 기술 발전으로 연결된 글로벌 디지털 사회가 지향해야 할 가치이며 성별, 지역, 학벌, 국경을 넘어 동등한 입장에서 상호 존중과 배려의 가치는 디지털 사회 참여의 토대가 될 것이다.

넷째, 시민 역량을 갖추는 것이다. 기존 시민교육의 역량은 내용과 방법, 가치를 담은 지향 등이 혼돈되어 활용되고 있기에 다양한 역량 간의 관계 설정을 토대로 3가지 실천 역량으로 분류할 수 있다. 시민 역량의 설정 원리는 우선, 기존 지식·내용 중심 영역을 사고력에 기반을 두고 그 역량을 설정하고자 하며 행동 영역으로 시민의 역량 가운데 가장 중요하게 다루어져야 할 사회적 실천으로서의 영역에 해당된다고 볼 수 있다. 태도나 기능 영역으로 되어 있는 것을 기능과 수단으로서의 역량으로 볼 수 있으며, 이러한 3가지의 시민 역량을 서로 다르게 존재하는 것이 아니라 서로 영향을 주고받으며 더 높은 수준의 역량을 발현할 수 있도록 도와준다. 시민 역량을 세분화하면 비판적 판단 역량, 방법적 활용 역량, 사회적 실천 역량 등으로 구분된다((사)교육디자인네트워크, 2019). 비판적 판단 역량은 사회적 현안에 대해 사실과 가치 차원에서 분석하고 성찰하여 판단할 수 있는 능력이며, 방법적 활용 역량은 사회적 현안을 이해하기 위해 자료를 분석하고 다양한 방법으로 다루면서 자신의 학습을 심화시킬 수 있는 능력이다. 사회적 실천 역량은 의견을 표현하고 타인을 설득하는 과정에서 경청과 소통의 능력을 발휘하여 합의의 과정과 타협을 통해 사회적 행동을 수행할 수 있는 역량이다.

마이크로소프트사에서는 '디지털 시민성 챌린지'를 진행하고 있다. 이 챌린지 내용을 살펴보면 디지털 시민성을 위한 교육 주제를 파악할 수 있다. 그 내용은 다음과 같다.

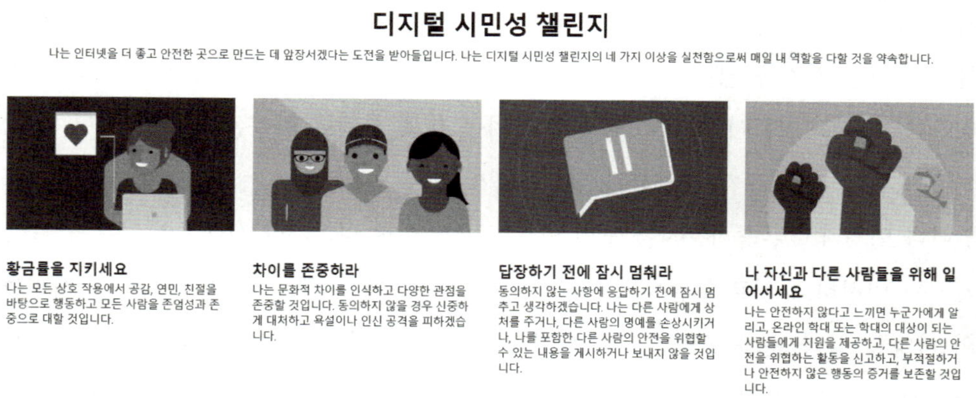

[그림 3-4] 디지털 시민성 챌린지

출처: https://www.microsoft.com/en-us/online-safety/digital-civility

디지털 시민으로 살아가야 하는 미래 세대를 위하여 디지털 시민성 교육에 대한 관심이 더 높아져야 할 것이다. 디지털 시민성교육을 위한 지침을 예로 제시하여 디지털 시민성 교육의 내용과 방향에 대해 살펴보고자 한다.

〈표 3-4〉 디지털 시민성 교수학습모형 실행을 위한 지침 및 안내

활동	내용
추구하는 역량	• 비판적 사고력 : 객관적 사실에 기초한 합리적 판단 능력 －기존에 당연시하던 것들이 맞는가? 낯설게 보고 질문 제시 및 생각 －가짜 정보(인터넷 신문, 유튜브, SNS 등을 통한)에 대한 분별력 －이념, 친분으로 감정에 사로잡히지 않고 사실에 근거, 합리적으로 판단 • 사회변화 이해력 : 고도 디지털 사회의 특징과 사회 변화 이해 －AI, 지능형 로봇 등이 일상에 미치는 영향(생산/유통/서비스 등) 이해 －소셜미디어, 플랫폼 노동, 자동화, 기본 소득 등에 대한 이해 • 공감 능력 : 타인의 마음을 헤아리고 적절하게 실천하는 능력 －무비판적 연민이 아닌 객관적 사실과 합리적 판단에 근거한 공감, 실천 －더 나은 사회를 위한 소통 창구(온라인 정책 제안)를 찾아 참여 • 창의적 문제 해결력 : 자신의 내적 고유성에 기반하는 독창적 활동 －타인의 행동이나 유행을 좇기보다 자신의 내적 고유성을 탐색 －AI나 로봇에 쉽게 대체될 수 없는 자신만의 독특한 장점, 능력 계발 －새로운 발상의 실천과 공동체적 삶의 지향을 함께 고려
모형 적용의 기본 원칙	• 고도 디지털 사회에서 요구되는 시민성 함양에 초점 －AI 등 디지털 혁신기술이 확산, 보편화하는 사회에서 건강한 시민으로 살아갈 수 있는 방향 모색 • 교과교육과 비교과교육에 모두 적용, 연계 －교과 및 비교과 시간에 교육과정 재구성을 통해 폭넓게 적용 • 시민성교육을 표방하는 별도의 교육프로그램을 운영하지 않음 －일상적인 수업과 학급 활동에서 자연스럽게 스며드는 접근
교과 수업 시간	• '추구하는 역량'을 고려하여 교육과정을 재구성 －추구하는 역량을 적절한 차시의 교과별 수업 내용과 학습활동에 반영 －첨단 디지털 기술이 초래할 수 있는 사회문제 관련 읽기 자료, 영상 활용 • 교사에게 가장 편한 수업방법으로 진행 －사전에 정해진 특정한 수업 방법이나 흐름 없이 교사별 수업 진행 • 비판적 사고력, 공감, 창의력을 촉진하는 소통과 활동을 반영 －당연시하던 것을 낯설게 보게 하는 발문 －타인 입장의 공감적 글쓰기나 상황극 활동

활동	내용
	–학생간 협력적 학습 활동
수업 외 시간 (온라인 활동, 학급활동, 동아리 활동 등)	• 훈고적 주입이 아닌 일상의 경험을 통한 성찰에 초점 –사회적 변화를 고려하며 자신의 장점과 미래를 생각, 표현하는 활동 –학급, 가정, 지역사회 구성원 등과 함께하는 시민성 개발(자치활동 등) • 학교 안에서 할 수 있는 실천 활동 –천편일률적 학교 관행을 학생 스스로 바꿔 삶의 질을 개선하는 실천 활동 –공감 능력을 계발하고 보람을 찾을 수 있는 실천 활동 –학교 안에서 잘 사용되지 않는 물건들, 공간을 활용하여 선생님, 학생들이 학교 생활을 보다 쾌적하고 즐겁게 할 수 있는 아이디어 개발 활동 • 학교 밖에서 할 수 있는 실천 활동 –학생 참여가 허락되는 온라인 정책 제안(보다 나은 사회 만들기) –개개인의 독특성, 고유성을 촉진하는 창의적 문제해결 활동

출처: 이준, 유숙경, 이윤옥(2021). 디지털 시민성교육을 위한 교수학습모형 개발연구. 한국교육문제연구, 39(1), 1-24.

활동지

1. 내가 좋아하는 유튜브 채널의 콘텐츠나 최근 관심이 있는 주제의 뉴스 영상 중 하나를 선택하여 비판적으로 메시지를 분석해 봅시다.

영상 제목	
영상 주소	
주요 내용	
시청 일자	
질문	**내용**
누가 만들었는가?	
왜 만들었는가?	
이 메시지에 무엇이 누락되었는가?	
다른 입장에 있는 사람은 이 메시지를 어떻게 해석할까?	
이 메시지를 통해 누가 이득을 보는가?	
이 메시지를 통해 누가 피해를 볼 수 있는가?	
인용된 자료의 출처가 정확한가?	

2. 디지털 시민성 교육의 원리를 정리해봅니다.
또한 특정 학년과 교과를 선정 후, 디지털 시민성 교육을 하는 1시간 분량의 수업을 디자인해 봅시다.(수업디자인 예시는 첨부된 자료를 참고하세요.)

디지털 시민성교육의 원리	
디지털 시민성 교육을 위한 수업 디자인	
과목	
수업 주제 및 목표	
학습내용 요소	
학습활동 요소	
교수학습 과정	**활동 내용**
수업주제 관련 상황인식 및 명료화	
상황에 대한 정보 수집, 분석, 탐구	
탐구 결과의 정리, 표현, 공유	
학습경험 성찰, 전이, 내면화	

디지털 시민성 교수학습모형 적용예시

과목	중학교 3학년 과학
수업주제 및 목표	우주쓰레기는 우리 인류에게 어떤 영향을 줄 수 있는지 설명할 수 있다.
학습내용 요소	디지털 기술이 사회와 자신의 삶에 미치는 영향
학습활동 요소	사회적 쟁점에 관한 정보 수집, 분석, 평가
교수학습과정	활동내용
수업주제 관련 상황인식 및 명료화	• 우주쓰레기의 심각성에 대한 상황인식을 위해 영상매체를 활용함 • 지구의 환경변화가 그러하듯 우주탐사로 인해서 우주 쓰레기가 점점 증가하고 있음. 1969년 아폴로11호의 우주인들의 비행의 목적 중 하나는 지구 밖에서 지구의 모습을 보기 위해서였다고 함 • 2020년 우리는 지구도 우주도 푸르고 아름답게 지키고 있는가? 매년 발생되는 우주쓰레기는 얼마일까?. 이런 내용을 통해 우주의 영역은 특정계층이 소유하지 못하는 공동화 현상이 발생하게 되어 우주쓰레기가 점점 증가하고 있는 실정
상황에 대한 정보 수집, 분석, 탐구	• 다음 영화를 통해 우주쓰레기의 문제에 대해 함께 생각해 보게 함 그래비티(2011), 승리호(2020) • 모듬별 활동을 통해 영화 속에서 나타난 현상을 수집해 우주쓰레기를 효과적으로 처리할 수 있는 방법에 대해 살펴봄
탐구 결과의 정리, 표현, 공유	• 팀별로 정리한 내용을 정리하여 발표 • 빠른 속도로 우주쓰레기를 없애는 방법에 대해 발표, 질의응답을 통해 그 내용을 공유함
학습경험 성찰, 전이, 내면화	• 국제 우주국에서 우주쓰레기를 효과적으로 제거하기 위한 아이디어 기술을 과학적 사고와 원리를 이용한 아이디어 구안 • 활동지를 통해 아이디어를 스케치하고 평가

출처: 이준, 유숙경, 이윤옥(2021). 디지털 시민성교육을 위한 교수학습모형 개발연구. 한국교육문제연구, 39(1), 1-24.

참고문헌

(사)교육디자인네트워크(2019). 청소년 시민교육을 위한 시민교육과정 개발.

교육부(2019). 학교 미디어 교육 내실화 지원 계획. 교육부.

권영부(2021). 미디어 리터러시교육 어떻게 할 것인가? 서울: 지식프레임.

권영부, 김경희, 김형태, 박유신, 안용순, 정지영, 최숙(2022). 미디어교육사. 서울: 한국언론진흥재단.

권장원(2021). 영상을 통한 소통과 미디어 리터러시(pp. 113~148). 권장원, 김봉섭, 봉미선, 염정윤 외(2021). 인공지능, 디지털플랫폼 시대 미디어 리터러시 이해. 서울: 한울아카데미.

김봉섭(2021). 인공지능 기술 시대의 핵심 역량(pp. 47~83). 권장원, 김봉섭, 봉미선, 염정윤 외(2021). 인공지능, 디지털플랫폼 시대 미디어 리터러시 이해. 서울: 한울아카데미.

김양은, 배은주, 박정원, 김형태, 김영환, 심성호(2019). 중고등학교 교사를 위한 디지털 시민교육 활용 가이드북. 방송통신위원회, 한국정보화진흥원.

이준, 유숙경, 이윤옥(2021). 디지털 시민성교육을 위한 교수학습모형 개발연구. 한국교육문제연구, 39(1), 1-24.

정제영(2019). 디지털 혁명시대, 디지털 시민성의 중요성. 행복한교육 2019년 5월호. https://happyedu.moe.go.kr/happy/bbs/selectHappyArticle.do?bbsId=BBSMSTR_000000005152&nttId=9197

정현선, 장은주(2021). 2022 개정 교육과정의 미디어 리터러시 교육 강화 방안. 교육부, 한국청소년정책연구원.

황치성(2021). 비판적 사고로서의 미디어 리터러시(pp. 15-46). 권장원, 김봉섭, 봉미선, 염정윤 외(2021). 인공지능, 디지털플랫폼 시대 미디어 리터러시 이해. 서울: 한울아카데미.

Choi, M., Glassman, M., & Cristol, D. (2017). What is means to be a citizen in the internet age: Development of a reliable and valid digital citizenship scale. *Computer & Education, 107*, 111.

Hobbs, R. (2010). *Digital and media literacy: A plan of action*, Aspen Institute and the John S. and James L. Knight Foundation.

McAleese, S. & Brisson-Boivin, K. (2022). *From Access to Engagement: Building a Digital Media Literacy Strategy for Canada*. Otawa: Media Smarts.

Ofcom(2004). *Ofcom's strategy and priorities for the promotion of media literacy: A statement.* London: Office of Communications(Ofcom).

UNESCO(1947). *Fundamental Education: Description and Programmers*. Paris: Author.

UNESCO(2021). 비판적으로 사고하고, 현명하게 클릭하기! 유네스코한국위원회.

참고사이트

마이크로소프트 디지털 시민성 챌린지

https://www.microsoft.com/en-us/online-safety/digital-civility

미국 미디어 리터러시 센터

https://www.medialit.org/course/on-ramp-media-literacy/#/lessons/pJYeJj33oQG_IuaIAc6VRzJcWPkK_Ty7

제 4 장

교육현장을 위한 AI · 디지털 윤리

학습목표

- 인공지능과 디지털 기술의 속성으로 인한 사회 현상을 논의할 수 있다.
- 주요 이슈로서 프라이버시, 개인정보 보호, 혐오표현, 저작권 등에 대해 설명할 수 있다.
- 인공지능과 디지털 기술을 윤리적으로 사용할 수 있는 실천 방안을 수립할 수 있다.

주요용어

디지털 기술, 인공지능, 프라이버시, 개인정보 보호, 혐오표현, 저작권, CC 라이선스

본 장은 교육현장에서 반드시 실천되어야 하는 인공지능, 디지털 기술과 관련된 주요 윤리적 이슈를 다룬다. 인공지능과 디지털 기술은 능동적인 이용자를 등장시켰지만, 그 속성으로 인해 편향성이 나타나며, 인포데믹, 필터버블, 에코챔버 등의 부정적 현상들도 대두시키고 있다. 이용자들이 주체적으로 정보와 데이터를 다룬다고 생각할 수 있지만, 실제로는 인공지능 및 디지털 기술에 의해 닫힌 사고를 하게 되고, 이로 인한 사회적 현상들은 사회적 차별과 불평등을 야기시키며, 서로의 권리와 책임을 다하지 못하게 되는 상황을 발생시키는 것이다.

프라이버시와 개인정보 보호의 개념과 방법, 차별과 폭력, 불평등을 야기하는 혐오표현의 위해성, 저작권의 개념과 CC 라이선스 등을 살펴보고, 이러한 이슈들에 대한 탐색을 통해 우리가 무엇을 어떻게 실천해야 할지 생각해보도록 한다.

1. AI · 디지털 기술의 속성으로 인한 사회 현상

UNESCO는 미디어와 정보리터러시를 '시민들이 개인적, 전문적, 사회적 활동에 참가하고 참여하기 위해 다양한 도구를 사용하여 중요하고 윤리적이며 효과적인 방법으로 모든 형식의 정보 및 미디어 콘텐츠에 접근하고 검색하고 이해하고 평가하고 사용하고 창작하고 공유할 수 있도록 하는 역량 집합'으로 정의하였다. UNESCO는 21세기에 표현의 자유와 정보의 자유라는 인간의 기본권을 유지시키기 위해서 시민들의 정보 리터러시 향상이 필요하다는 점을 인식하고 기존 미디어 리터러시 교육에서 미디어와 정보리터러시를 융합한 교육으로 변화를 주었다.

디지털 미디어는 무선 네트워크를 활용하여 이동 환경에서도 소통이 가능하고, 사람들간의 공통 네트워크를 통해 각 개인이 서로 연결되면서 상호작용할 수 있는 공간을 형성해 준다. 이러한 상호작용은 미디어 수용자 개념을 능동적 이용자 개념으로 변화시켰다. 디지털 미디어 이용자는 자신의 필요에 따라 원하는 정보를 선별하여 취득하고, 자신이 직접 메시지를 생산하기도 한다. 디지털 기술의 속성에 의해 디지털 미디어는 컨버전스되었으며, 미디어 콘텐츠의 소비뿐만 아니라 생산도 하는 생비자(prosumer)가 등장하였다.

누구나 정보를 제공할 수 있고, 누구나 방대한 정보를 자유롭게 활용할 수 있게 되면서 역작용도 생겨났다. 정보의 홍수 속에서 객관적인 사실이나 진실보다 개인의 신념이나 감정이 여론형성에 더 큰 영향을 미치는 탈진실 현상이 발생하였다. 특히 코로나 19 시기에는 많은 사람들이 대비하기 어려웠던 팬데믹으로 인해 인포데믹 현상이 나타나 세계보건기구에서도 인포데믹을 주의하라고 경고하기도 했다. 인포데믹은 정보(information)와 전염병(epidemic)의 합성어로 인터넷이나 다른 여러 커뮤니케이션 채널을 통해 타당하거나, 혹은 타당하지 않은 수많은 정보가 한꺼번에 사회적으로 확산되는 현상을 의미한다.

뿐만 아니라 정보를 이용하는 과정에서 이용자가 좋아하는 내용 위주로 걸러진 정보를 접하게 되는 필터 버블(filter bubble) 현상도 발생한다. 소셜 미디어에서는 이용자들간에 상호 친구를 맺고 정보를 공유하게 된다. 상호 친구가 누구냐에 따라 똑같은 현상을 두고도 다른 정보를 얻고, 이런 현상이 반복되다보면 특정 정보 유형에 갇히게 되는 것이다. 알고리즘에 영향을 받아 이용자의 검색 결과나 많이 본 기사, 가치관 등을 반영한 콘텐츠를 계속 추천하게 되고, 이용자들은 자신이 정보를 스스로 선택했다고 생각하지만 대부분의 경우 맞춤형 필터가 걸러 낸 결과만을 제공받았을 확률이 높다. 그 결과, 이용자는 점점 더 필터 버블(filter bubble) 속에 갇히게 된다. 필터 버블 현상은 이용자가 객관적 사실 인식에서 멀어지게 만들어 중요한 뉴스와 정보를 접하지 못하게 할 수 있으며, 편향된 인식을 형성할 위험이 높다.

필터 버블에 갇힌 이용자들은 유사한 정보와 의견에 과다 노출되면서 특정 현상을 과대평가하게 될 수 있다. 이러한 현상을 울림통(echo chamber) 효과라고 한다. 마치 메아리가 방 안에서 실제보다 훨씬 크게 울리는 것과 같다는 의미이다. 이용자의 가치관에 부합하는 정보 위주로 노출된 결과로 이용자들은 객관적 현실 인식이 어려워지고, 자신의 생각과 말만 옳다는 극단적 의견을 갖게 되어 사회적으로 갈등 조정이 어려워지게 될 수 있다. 다양한 생각을 지닌 사람들이 서로 존중하면서 토론을 통해 합의를 만들어 가는 민주주의 사회에서는 바람직하지 않은 현상인 것이다.

이처럼 디지털 기술의 속성으로 인해 사회에서 나타나는 문제점들을 살펴보면 다음 표와 같다.

〈표 4-1〉 디지털 기술의 속성으로 인해 사회에서 나타나는 문제점

디지털 사회의 문제점	내용
개인 자유에 대한 지나친 강조	디지털 공간에서는 공동체보다 개인을 강조하고 있기 때문에 이와 같은 특성이 개인의 자유에 대한 지나친 강조로 나타남
공동체 의식의 감소	공동체 소속감이 약화됨에 따라 공동체를 위한 책임의식, 의무감 등도 감소
타인에 대한 공감능력 부족	개인주의적 행위 양식과 비대면적 상황에서의 관계가 보편화되면서 타인이 고통에 대해 무감각해지는 현상 발생
일방향적 소통 증가	개인의 가치가 강조되면서 타인의 권리에 대한 중요성이 감소하고 따라서 타인의 권리에 대한 침해 사례가 빈번히, 무의식적으로 발생
부정확한 정보와 지식의 손쉬운 확산	온라인 상에서 습득한 지식과 정보에 대한 확인 작업 미비로 인해 부정확한 판단 증가, 잘못된 정보의 손쉬운 공유

디지털 사회의 문제점	내용
정체성 혼란	온라인과 오프라인 정체성 간의 구분에 의해 다중 정체성이 가능해지고, 경우에 따라 정체성 혼란으로 연결됨

출처: 최원기, 노명순, 조민식(2022). 「2022 디지털 시민성 함양을 위한 시대적 합의 연구」, p. 53.

디지털 사회에서는 개인 이용자들의 자율적 활동 범위가 넓어지기 때문에 공동체보다는 개인을 강조하게 되고, 개인의 자유가 우선시 되면 공동체를 위한 책임의식이나 의무감 등이 약화될 것이다. 또한 개인의 가치가 강조되면서 타인을 배려하는 소통이 아닌 일방향적 소통이 증가할 가능성이 높아질 것으로 예상된다. 온라인과 오프라인의 경계가 모호해지면서 각 공간에서 형성하고 있던 정체성이 혼합되어 다중 정체성으로 인한 혼란이 발생할 가능성도 높아진다. 이에 책임지는 자유, 관용과 배려, 효과적인 커뮤니케이션 기술, 디지털 정보의 올바른 활용과 판별, 공감 등이 디지털 사회의 시민으로서 요구되는 자질이다.

결국, 디지털 기술을 제대로 이용하기 위해서는 디지털 기술이 미치는 긍정적·부정적 영향에 대하여 명확히 인지하고, 디지털 기술을 비판적으로 이용할 수 있어야 한다. 최근에는 디지털 기술이 인공지능 기술로 대변되고 있는데, 인공지능은 우리가 기술을 통해 수행하고자 하는 대부분의 일들, 데이터의 저장과 처리, 분석을 통해 인간이 어떤 결정을 내릴 때 도움을 주거나 스스로 결정을 내리기도 한다. 인공지능은 하나의 도구가 아닌 소프트웨어와 하드웨어, 알고리즘, 네트워크 등의 집합체로서 기존 디지털 기술보다 훨씬 복잡한 이슈를 생성한다. 인공지능에 대해 이해하고 비판적으로 사고하는 것과 관련하여 인공지능 리터러시에 대해 살펴보면 다음과 같다(Long & Magerko, 2020).

첫째, '인공지능은 무엇인가?'(What is AI?)에 대한 것이다. 구체적으로는 인공지능이 될 수 있는 것과 될 수 없는 것을 식별하는 역량, 기계지능에 대한 이해 역량, 다양한 인공지능 응용에 대한 이해 역량, 일반적인 인공지능과 좁은 인공지능에 대한 이해 역량 등을 의미한다.

둘째, '인공지능이 할 수 있는 것은 무엇인가?'(What can AI do?)와 관련된 것이다.

인공지능의 강점과 약점에 대한 이해 역량, 미래 인공지능의 응용에 대해 예상할 수 있는 역량 등이 포함되어 있다.

셋째, '인공지능은 어떻게 작동하는가?'(How does AI work?)에 대한 것이다. 여기에는 지식의 표현에 대한 역량, 컴퓨터의 의사결정에 대한 이해 역량, 컴퓨터의 의사결정에 대한 이해 역량, 기계학습의 단계적 과정에 대한 이해 역량, 인공지능 사회에서 인간의 역할을 설명하기 위한 역량, 데이터 리터러시 역량, 컴퓨터가 데이터로부터 학습하는 과정에 대한 이해 역량, 학습의 예시를 적절하게 설명하기 위한 역량, 현실에서 구현가능한 AI에 대한 이해 역량, 학습을 위한 다양한 데이터를 생성할 수 있는 센서에 대한 이해 역량 등이다.

넷째, '인공지능은 무엇을 해야 하는가?'(What should AI do?)에 대한 것이다. 다양한 관점에서 AI 기술에 대한 비판적 시각을 가질 수 있는 역량, 에이전트는 프로그래밍이 가능하다는 것을 이해하는 역량 등이다.

유네스코(2021)에서는 실제 인공지능과 소셜미디어 이용으로 제기되는 우려와 이에 관련된 미디어·정보 리터러시 역할과 내용 요소를 제안하였다. 소셜미디어의 이용뿐만 아니라 인공지능 기술도 엄청난 양의 데이터를 손쉽게 수집하고 수집한 데이터를 활용하여 정보를 처리하고 학습 능력을 갖추고 있는 상황에서 기술로 인한 우려점을 명확히 알고 대처 방안을 갖추고 있을 필요가 있기 때문이다. 여기에서는 유네스코가 제안한 12개의 우려점 중 일부만 발췌하여 제시하였다.

〈표 4-2〉 인공지능과 소셜미디어 이용으로 발생되는 우려와 미디어 · 정보리터러시 활용

인공지능과 소셜미디어 발생되는 우려	미디어 · 정보리터러시 역할
우리의 데이터가 수집되고 활용되는 방식	정보에 효과적으로 접근하고 활용하는 방법을 알기 / 저작권, 지적재산권 등 개인의 권리 알기
동의와 프라이버시 침해에 대한 대안	개인과 타인의 프라이버시 보호 및 데이터 보호를 보장하기 위한 방법 알기
익명성	익명성이 보호되어야 하거나 배제되어야 하는 사례와 이유를 알기

인공지능과 소셜미디어 발생되는 우려	미디어 · 정보리터러시 역할
코드 작성자나 데이터 자체에 존재하는 편향성이 컴퓨터 프로그램이나 알고리즘에 그대로 영향을 미치는 경우	정보와 메시지에 존재하는 편향성을 분별하기 / 정보를 제작한 주체의 목적과 배제하고자 하는 대상은 누구인지, 누가 정보로 인해 이득을 얻었는지, 누가 불리해지고 영향을 받는지 등을 알기
다양하고 다원적인 환경	다양한 인종, 문화, 사회집단의 목소리가 잘 반영되고 있는지 이해하고 분석하기
사회경제적 불평등	다양하고 다원적인 환경과 연결하여 디지털 기술에 내포된 성차별 및 인종 차별적 요소를 분별하기 / 편견에 맞서고 검증된 정보를 취하기
안전과 보안	잘못된 정보, 부적절한 콘텐츠, 타인의 권리를 침해하고 해하는 정보와 콘텐츠 뿐만 아니라 특히 어린이를 대상으로 하는 부적절한 광고를 구분하기
딥페이크와 조작된 정보	인공지능 기술의 남용과 오용 가능성에 대해 알기
인권 원칙 존중	인공지능의 윤리적 활용 방안과 사회에 주는 시사점을 이해하고 개선하기
소수 회사의 인공지능 독점, 통제, 지배	디지털 기술의 소유권과 통제가 사람의 표현의 자유, 정보 접근성, 목소리와 콘텐츠의 다원성 등에 영향을 미친다는 것을 알기

출처: UNESCO(2021). 「비판적으로 사고하고, 현명하게 클릭하기!」(pp. 302-304) 중 일부 발췌

인공지능 기술에 대하여 국내에서도 적극적인 대비를 하고 있다. 국내 인공지능 관련 전문가들이 모여 결성한 IAAE(국제인공지능&윤리협회: International Association for Artificial Intelligence and Ethics)는 인공지능 기술과 인공지능 윤리의 조화로운 발전과 진흥, 인공지능 기술과 윤리 교육, 인공지능 기술과 윤리 인증, 인공지능 거버넌스 및 정책 등의 사업을 통해 AI가 진정 인류와 인간에게 행복과 편익을 가져다주는 혁신 기술로써 기여할 수 있도록 도모함을 목적으로 설립되었다. IAAE에서는 인공지능 윤리 헌장을 제정하였는데, 일부 내용을 제시하면 다음과 같다.

〈표 4-3〉 인공지능 윤리 헌장(일부 발췌)

제 2장 선하고 안전한 인공지능

제8조. 전쟁과 인명 살상 목적의 인공지능은 절대 만들어서는 안 된다.
제9조. 인공지능 기술과 알고리즘은 인류 보편의 가치에 반할 수 없다.
제10조. 인공지능 기술과 알고리즘에 불안전한 요소가 발견 시 즉각 수정되어야 한다.
제11조. 인공지능 기술과 알고리즘은 기록과 문서화에 의해 투명하게 관리되어야 한다.
제12조. 인공지능 기술, 알고리즘, 데이터들은 외부 공격에 방어할 수 있는 강력한 보안체계를 유지해야 한다.
제13조. 인공지능에 학습되는 빅데이터는 신뢰할 수 있고, 편향적이지 않으며, 합법적이어야 한다.
제14조. 빅데이터 수집 시 합법적인 절차에 따라야 하며 개인의 프라이버시를 침해하지 않아야 한다.
제15조. 인공지능 사용 환경에 노출 시 자율적 선택권이 보장되어야 하며 종속되거나 강제되지 않아야 한다.
제16조. 인공지능 제품과 서비스에는 비상용 킬스위치를 반드시 내장해야 한다.
제17조. 인공지능 제품과 서비스는 출시 전 충분히 반복된 품질검사를 거쳐야 한다.
제18조. 인공지능 제품과 서비스는 출시 전 중립적인 인공지능윤리위원회의 검수 및 검증을 거쳐야 한다.
제19조. 인공지능 제품과 서비스는 사후 모니터링 시스템에 의해 철저히 관리되어야 한다.
제20조. 인공지능이 고장나거나 장애를 일으킬 경우 그 원인을 파악할 수 있어야 한다.

출처: https://iaae.ai/aicharter

디지털 기술 및 인공지능 기술에 대한 리터러시 차원에서 이러한 기술들과 관련하여 우리가 사회적 책임을 가지고 살아가기 위해 필요한 윤리적 차원의 이슈들에 대해 살펴보고자 한다.

2. 프라이버시와 개인정보 보호

프라이버시는 사생활, 남에게 침해받지 않을 자유 등으로 해석된다. 일종의 '혼자 있을 권리'를 의미하는데, 디지털 사회에서 프라이버시는 자신의 정보에 대해 관리하고 통제할 수 있는 권리, 즉 개인정보 자기결정권으로 이해할 수 있다. '자신에 관한 정보가 언제 누구에게 어느 범위까지 알려지고 또 이용되도록 할 것인지를 정보주체가 스스로 결정할 수 있는 권리, 즉 정보주체가 개인정보의 공개와 이용에 관해 스스로 결정할 권리'로서 프라이버시 권리는 국민의 기본권으로 인정되고 있다(헌재 2005.5.26. 99헌마513 결정).

현재 디지털 사회는 데이터가 집약되고 과잉연결되고 상업화된 환경이어서 개인 컴퓨터, 스마트폰, AI 스피커와 같은 디지털 기기뿐만 아니라 SNS, 스마트 가전 등 네트워크화와 자동화된 시스템 등으로 인해 개인의 행동, 개인에 관한 정보가 대규모로 수집·추적되고, 알고리즘을 기반으로 이용자를 분류, 제안, 추천하고 있는 상황이다(이선민 외, 2021). 이러한 상황에서 프라이버시는 개인정보를 어떻게 공개할지에 대한 '의사결정권'에 해당하는 것이며, 프라이버시를 지키기 위하여 디지털 사회에서 개인정보의 유형과 기술적 사용 과정 등에 대해 명확히 이해할 필요가 있다.

개인정보란 살아있는 개인에 관한 정보를 말한다. 「개인정보 보호법」에서는 개인정보를 3가지 유형으로 정의하고 있다. ① 성명, 주민등록번호 및 영상 등을 통하여 개인을 알아볼 수 있는 정보가 대표적인 개인정보이다. ② 이러한 정보만으로는 특정 개인을 알아볼 수 없더라도 다른 정보와 쉽게 결합하여 알아볼 수 있는 정보도 개인정보에 포함된다. 다른 정보와 쉽게 결합할 수 있는지의 여부는 다른 정보의 입수 가능성 등 개인을 알아보는 데 소요되는 시간, 비용, 기술 등을 합리적으로 고려해서 결정하게 된다. ③ 또한 앞서 언급한 개인정보를 가명처리함으로써 원래의 상태로 복원하기 위한 추가 정보의 사용·결합 없이는 특정 개인을 알아볼 수 없는 정보(가명정보)도 개인정보에 해당한다. 개인정보의 주체는 자연인이어야 하며, 법인 또는 단체의 정보는 해당되지 않는다. 개인정보는 개인의 성명, 주민등록번호 등 인적 사항에서부터 사회·경제적 지위와 상태, 교육, 건강·의료, 재산, 문화 활동 및 정치적 성향과 같은 내면의 비밀에 이르기까지 그 종류가 매우 다양하고 폭이 넓다. 또한, 사업자의 서비스에 이용자(고객)가 직접 회원으로 가입하거나 등록할 때 사업자에게 제공하는 정보뿐만 아니라, 이용자가 서비스를 이용하는 과정에서 생성되는 통화내역, 로그기록, 구매내역 등도 개인정보가 될 수 있다.

개인정보 보호는 개인이 자기 자신에 대한 개인적 정보를 관리하고 필요에 따라 노출시키지 않는 것을 의미한다. 일상 언어에서 개인정보 보호를 위해 이용자들의 행태에 기반한 원칙을 살펴볼 필요가 있다(Potter, 2019).

첫째, 개인은 자신에 대한 모든 정보를 다른 사람과 공유하고 싶어 하지 않는다는 것이다. 자기 자신에 대해 자기 스스로 지키고 싶어 하는 정보들이 있다. 나를 대변할 수 있는 정보, 나를 특정할 수 있는 대부분의 정보들을 우선적으로 지키고자 하는 경향이 있다.

둘째, 개인정보는 가변적 조건이다. 즉, 사람은 어떤 사람들과는 정보를 공유하지만 다른 사람들과는 공유하지 않을 수도 있다. 예를 들어 개인 전화번호는 친구들과는 공유하지만 텔레마케터나 광고주들에게는 무작위로 공개하지 않는다. 개인의 의료 정보의 경우, 의사들에게는 제공하지만 경우에 따라서 가족이나 친구에게도 알리고 싶지 않을 수 있다.

셋째, 개인은 자신에 대한 정보를 소유하고 그것을 통제할 수 있어야 한다. 자의적으로 개인의 정보의 노출과 공유 수준을 결정할 수 있어야 한다. 만약 이것이 지켜지지 않는다면 이것은 개인정보 침해 사안이 된다.

넷째, 개인정보를 다른 사람과 공유하는 데 있어 경계를 설정하면, 해당 사용자는 그 경계를 존중해야 한다. 특정 친구에게 나의 정보를 제공했을 때, 우리는 그 친구가 나의 허락을 받지 않고 그 정보를 제3자에게 공유하지 않을 것이라는 기대를 갖게 된다. 인터넷 상거래에서도 마찬가지로 판매자들이 나의 거래 관련 정보를 다른 사업자와 공유하지 않기를 기대하는 것이다.

그러나 이러한 원칙들이 광범위하게 위반되고 있는 현실을 목도하게 된다. 이렇게 되는 이유는 다음과 같이 볼 수 있다. 첫째, 컴퓨터와 인터넷 기술의 발달로 모든 사람들이 쉽게 정보를 수집하고, 저장하고, 변형하고, 사용하고 다른 사람들과 거래할 수 있게 되었다. 둘째, 개인정보를 보호하기 위한 규정과 법률은 자신의 개인정보를 보호하고자 하는 소비자보다 개인의 정보를 얻고자 하는 기업에 더 우호적이다. 셋째, 개인정보 보호에 대한 대중의 인식 수준이 매우 낮은 편이다. 자신의 개인정보가 얼마나 많이 침해되어 있는지를 잘 이해하는 사람이 거의 없다.

개인정보에 대한 광범위한 위협의 유형은 범죄에 해당하는 것과 범죄는 아니지만 개인정보를 위협하는 유형으로 구분할 수 있다. 우선 범죄에 해당하는 것은 개인정보를 도용하거나 컴퓨터를 해킹하거나 바이러스를 이용해 정보를 파괴하는 것이다. 개인정보 도용은 직접 도용과 간접 도용으로 나뉜다. 직접 도용은 주로 피싱(phising)과 스파이웨어(spyware)로 발생한다. 피싱은 주로 이메일이나 메신저를 통해 가짜 웹사이트에 개인정보를 입력하도록 유도하여 개인정보를 탈취하고 범죄에 이용하는 것이다. 스파이웨어는 컴퓨터나 모바일 기기에 심어서 개인정보에 접근할 수 있는 프로그램을 말한다. 보통 전자메일 첨부파일을 열 때 컴퓨터에 자동으로 다운로드되도록 설정되어 있다. 개인정보의 간접 도용은 거대한 데이터베이스를 해킹하여 수많은 사람들의 개인정보를 훔쳐가는 경우이다. 이미 우리는 은행이나 카드회사의 데이터베이스가 해킹되었던 여러 사례를 알고 있다. 해킹으로 훔쳐간 개인정보는 경제적 목적 혹은 정치적 목적으로 주로 다크웹에서 매매되고 있다는 사실은 이미 잘 알려져 있다.

다음으로 범죄는 아니지만 합법을 가장하여 경제적 목적으로 개인정보를 활용하는 경우도 많다. 우리가 컴퓨터를 사용하는 매 순간마다 나의 활동은 모니터링되고 있다. 방문한 웹사이트 정보, 해당 사이트에 머문 시간, 이동 경로 등이 누적되어 데이터로 생성되는 것이다. 이러한 모니터링을 통해 매우 성장한 인터넷 기업은 Facebook(현재는 X로 이름이 변경되었다)이다. Facebook은 모든 사용자가 자신들의 서비스를 이용하여 게시판 모든 내용을 복사하여 저장하며, 모든 의사표현을 모니터한다. 실제 이러한 정보들을 이용하여 Facebook이 이용자들을 대상으로 감정실험을 진행하였고, 이것이 개인의 권리 침해에 해당하여 제재를 받게 된 사실도 있다. 이렇게 수집된 정보는 다른 회사의 마케팅 담당자에게 판매되고 Facebook은 자신들의 콘텐츠는 하나도 없이 이용자들의 정보만 가지고 막대한 이윤을 내고 있는 기업이 된 것이다.

개인정보 수집을 위해 사용되는 기술은 쿠키(cookie)이다. 쿠키는 아주 작은 컴퓨터 파일인데, 우리가 여러 웹 사이트에 접속하는 동안 나의 하드드라이브에 생성된다. 이 쿠키는 나의 인터넷 활동을 모니터할 수 있는 정보를 만드는 것이다. 실제 인터넷 쇼핑을 위해 한 번 검색했던 어떤 물건이 이후 인터넷을 사용하면서 지속적으로 광고에 등장했던 경험을 한 적이 있을 것이다. 이는 쿠키 정보가 기록되었기 때문에 가능한 일이다. 최근 쿠키 사용에 동의하는지를 묻는 절차가 활성화되었으나 대부분의 이용자들이 쿠키가 무엇인지 잘 모른 채로 동의하거나 반대로 동의하지 않으면 이용자들을 번거롭게 만드는 사이트들도 다수 운영되고 있다.

이와 같이 이용자에 대한 많은 정보를 수집하고 구입하는 이유는 그 정보를 이용해 이용자들의 생각과 행동에 대한 통제권을 행사할 수 있기 때문이다. 가장 정교한 '구매 유도' 알고리즘은 Google이 개발했다. 우리가 Google에서 검색할 때, 우리가 입력한 검색 키워드에 가장 적절한 정보를 Google이 제공하고 있다고 생각하지만, 실제로는 유료 배치(paid placement)에 의해 결정된 소수의 사이트 목록으로 연결된 것이다. 판매 업체가 Google에 더 많은 비용을 지불할수록 그 회사는 검색 결과의 맨 위에 배치될 가능성이 높다.

이상에서 살펴본 바와 같이 불법으로, 또는 합법이지만 이용자가 원치 않는 방법으로 개인정보를 사용하는 경우들이 매우 많음을 알 수 있었다. 그렇다면 이용자는 어떻게 해야 할 것인가? 결국 이용자 스스로 자신의 개인정보를 지키기 위한 적극적인 노력을 해야 한다.

개인정보를 잘 관리하려면 우선 컴퓨터와 인터넷 사용시 적극적인 조치를 취할 필요가 있다. 불법적으로 개인정보 도용을 막기 위해서는 확인되지 않은 사이트나 메시지에 대해서 경계심을 갖고 함부로 클릭 혹은 설치하지 않기 위한 민감성을 갖추고 있어야 한다. 반면 컴퓨터나 인터넷을 사용하면서 당연히 생성될 수밖에 없는 쿠키에 대해서는 주기적으로 쿠키를 삭제하거나 주로 사용하는 사이트 이외의 경우에는 쿠키를 허용하지 않는 등의 조치를 할 필요가 있다.

한편, 아동 · 청소년의 경우에도 온라인 활동에 참여하는 시기가 점점 빨라지고 있으며, 이에 따라 어린 시절부터 온라인 서비스 이용 과정에서 제공한 개인정보가 장기간 축적되어 지속적으로 영향을 미칠 수 있다는 점에서 더욱 경각심을 가져야 한다. 디지털 네이티브로서의 아동 · 청소년은 교육 · 문화 · 여가 · 대인관계 등 일상생활 전반에서 온라인을 기반으로 활동하는 경우가 많아지고 있어 대규모 개인정보가 집적될 가능성이 높은 것이다.

이와 관련하여 아동 · 청소년 개인정보 보호 가이드라인에서는 법령상 보호 대상인 만 14세 미만 아동뿐만 아니라 만 14세 이상 만 18세 미만 청소년까지 고려하여 개인정보 보호를 위한 정책과 방안을 수립하고 있다. 예를 들면, 2023년 4월부터 정부(개인정보보호위원회)가 아동・청소년의 디지털 잊힐 권리 실현을 지원하는 "지우개 서비스"를 시범 운영하고 있다. 30세 이하 누구나, 18세 미만의 어린 시절 온라인에 게시한 글・사진・영상에 자신의 개인정보가 포함된 경우, 삭제 또는 검색배제를 도와준다. 특히 너무 어릴 적 만든 계정이라 ID/PW를 찾을 수 없을 때, 사이트를 탈퇴해서 게시물을 삭제할 수 없을 때, 댓글(답글)이 달려 게시물을 삭제할 수 없을 때 신청이 가능하다.

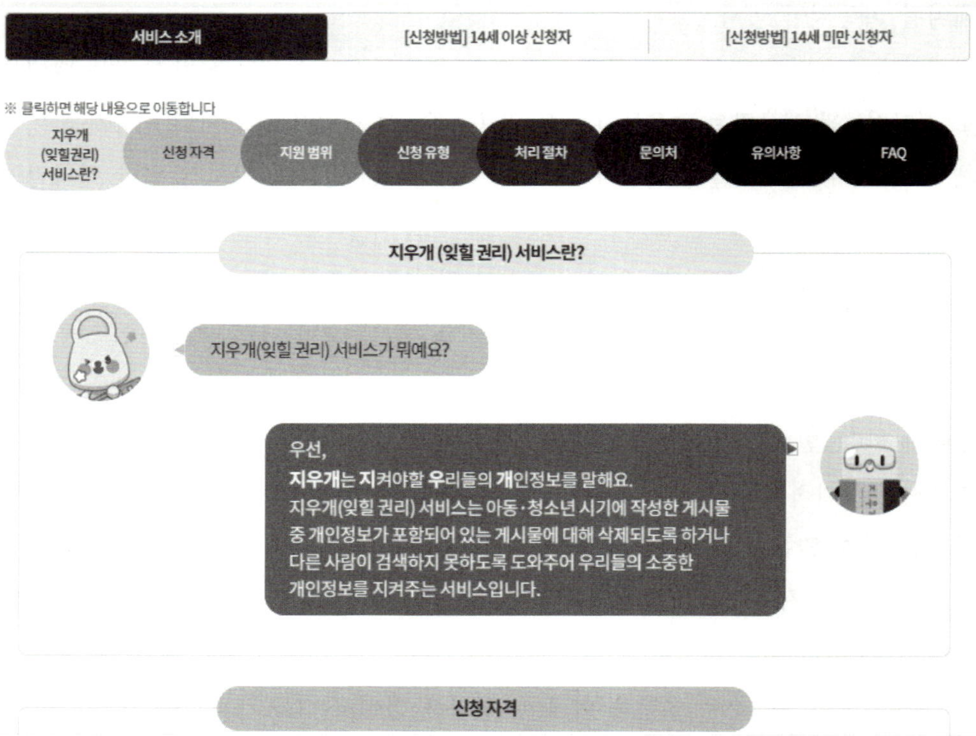

[그림 4-1] 지우개 서비스 소개 화면

출처: 개인정보포털 https://www.privacy.go.kr/front/contents/cntntsView.do?contsNo=260

디지털 플랫폼은 개인 정보, 각종 플랫폼의 계정 정보, 온라인 거래 정보와 같이 개인의 민감한 정보가 가득하다. 해킹과 같은 범죄 수법이 나날이 교묘해지는 것도 있지만 디지털 리터러시가 부족한 개인의 경우에는 큰 피해를 보기도 한다. 영국의 비영리단체 차일드넷(https://www.childnet.com)에서는 어린이들이 온라인상에서 디지털 발자국을 보다 긍정적으로 관리해야 함을 강조하고 있다. 안전한 디지털 발자국을 남기기 위한 방법을 살펴보자.

첫째, 온라인에서 자신을 검색하여 어떠한 내용이 노출되는지 확인한다. 페이스북이나 트위터 같은 소셜 미디어에 작성한 내용이 부적절하게 이용되고 있다면 해당 내용을 지우는 것이 좋다.

둘째, 자신이 이용하고 있는 소셜 미디어의 개인 정보 공개 수준을 점검하고 민감한 정보는 지우거나 비밀로 하여야 한다.

셋째, 무엇이건 쓰기 전에 그 내용이 어떤 영향을 줄지 생각하여야 한다.

넷째, 어떤 플랫폼을 오랫동안 사용하지 않게 되면 방치하지 말고 계정을 비활성화시켜야 한다. 올렸던 내용도 되도록 지우는 게 좋다.

다섯째, 긍정적인 디지털 발자국을 남기도록 노력한다. 디지털 발자국은 지워지기 어렵다는 점을 인지하고 미리 잘 관리하는 것이 좋다.

3. 혐오

유네스코에서도 지속적으로 우려하고 있는 것처럼 디지털 정보 기술이 발달하면서 사회적 불평등이 심화되었고, 차별과 배제 속에서 인권이 무너지는 경우들도 다수 발생하고 있다. 실제 페이스북 메신저를 통해 일상적인 대화를 나눌 수 있는 AI 챗봇 '이루다' 서비스는 출시 3주만에 성희롱, 장애인 · 동성애 혐오, 개인정보 유출 등 논란이 확산되며 서비스를 중단하기에 이르렀다(조선비즈, 2021). 특히 개인의 표현의 자유라는 미명하에 타인을 혐오하여 차별하고 배제하는 현상들이 두드러지고 있어 이에 대한 대처가 필요한 상황이다.

혐오표현은 인종 · 국가 · 민족 · 지역 · 나이 · 장애 · 성별 · 성적지향이나 종교 · 직업 · 질병 등(이하 '특정 속성'이라 한다)을 이유로, 특정 집단이나 그 구성원에 대하여 차별을 정당화 · 조장 · 강화하거나 폭력을 선전 · 선동하는 표현을 의미한다(혐오표현

자율정책 가이드라인, 2023). 여기에서 차별은 특정 속성(인종・국가・민족・지역・나이・장애・성별・성적지향이나 종교・직업・질병 등)을 이유로 특정 집단이나 그 구성원을 분리・구별・제한・거부하거나 불리하게 대우하거나 이에 관해 주장하는 것도 포함된다.

국가인권위원회의 「혐오표현 리포트」에서는 혐오표현의 개념요소를 세 가지로 정리하고 있다(조아미, 정희진 등, 2021, p. 13). 첫째, 혐오표현의 대상은 특정한 속성을 가진 집단이며, 이때 대상 집단은 사회가 특정 속성 자체 또는 그 집단에 부여한 관념에 따라 구성된 집단이라 이해할 수 있다. 혐오표현의 대상 집단에 부여된 속성은 개인의 자발적인 선택이 아니거나, 인격적 훼손 없이 자신의 의지로 바꿀 수 없는 특징을 가진다(이승현 등, 2019).

둘째, 혐오표현은 표적이 되는 대상 집단에 관해 부정적 관념, 편견을 담고 있다. 부정적 관념이나 편견은 오랜 기간에 걸쳐 형성된 고정관념에서 나오는데, 여성 집단이 열등하다는 식의 편견을 대표적인 예로 들 수 있다. 이러한 부정적 관념과 편견은 그럴듯한 사상이나 이론을 통해 정당화되기도 하며, 가짜 뉴스를 통해 확산되기도 한다(이승현 등, 2019). 실제로 부정적 관념과 편견은 혐오표현 대상 집단을 단순히 묘사하거나 중립적으로 설명하는 것이 아니다. 이는 사회에서 오랜 기간 걸쳐 형성된 고정관념에서 기반 한 의식을 바탕으로 한다. 혐오표현은 특정 집단에 대한 편견과 적대성을 공개적으로 표출하는 언동으로 나타나고, 여기에는 글, 몸짓, 기호, 그림 등을 통해 표현하는 것도 포함될 수 있다.

셋째, 혐오표현은 차별을 조장하는 효과를 가지고 있다. 구체적으로는 차별에 대한 정당화, 조장, 강화하는 효과를 가지며 기존의 차별 상황을 재생산하고 강화하는 효과, 대상 집단 구성원이 자신에 대한 부정적 관념과 편견에 노출되면서 스스로 자신을 부정하고, 일상화된 차별 상황을 수용, 대항하기 어렵게 만드는 효과를 가진다. 혐오표현은 특정 집단에 관한 자신의 생각이나 의견을 표현하는 형태뿐만 아니라, '사실'을 명시하는 형태로도 이루어질 수 있다. 통계, 수치 등 객관적인 것처럼 보이는 사실관계를 있는 그대로 명시하고 있는 경우라도 대상 집단에 대한 부정적 관념과 편견이 개입된 혐오표현이 되는 경우가 있다(국가인권위원회, 2020).

(사)한국인터넷자율정책기구(2023)에서 발표한 혐오표현 자율정책 가이드라인에 따르면, 혐오표현 판단을 위해선 △특정 속성에 대한 표현 △특정 집단이나 그 구성원을 대상으로 하는 표현 △차별을 정당화·조장·강화하거나 폭력을 선전·선동하는 표현 등 요건을 충족해야 한다. 다만 특정 속성을 이유로 특정 집단이나 구성원에 대해 비하·조롱하는 표현도 조치할 수 있도록 했다. 또한 혐오표현을 기계적으로 판단하는 게 아니라 단어가 쓰인 맥락을 고려한다. 그러나, 혐오표현의 예외도 있다. △국가기관·지방자치단체나 정무직 공무원 등 공인의 공적인 업무 관련 표현 △공직자·언론사 등의 업무에 관한 것으로 공적 관심사에 대한 표현 △국민의 기본적 권리와 관련한 정치적 견해에 대한 표현 △특정 집단이나 그 구성원을 대상으로 하지 않은 기타 표현은 제외한다. 즉 정치인의 업무와 관련해 비난하거나 조롱하는 표현은 혐오표현으로 인정하지 않는다.

이처럼 혐오표현에 대해 관심을 갖고 있는 것은 특정 집단이 혐오표현으로 인하여 차별·배제되지 않도록 보호해 우리 사회의 다양성을 보장하고, 혐오표현으로 인한 이용자의 피해를 예방하며, 건강한 인터넷 문화를 조성하는 데 있어 매우 중요한 요소이다.

학교에서도 인권존중과 평등 실천을 위하여 혐오표현 대응에 대해 구체적 교육을 실시하고 있다. 이를 절차로 나타내면 다음 그림과 같다.

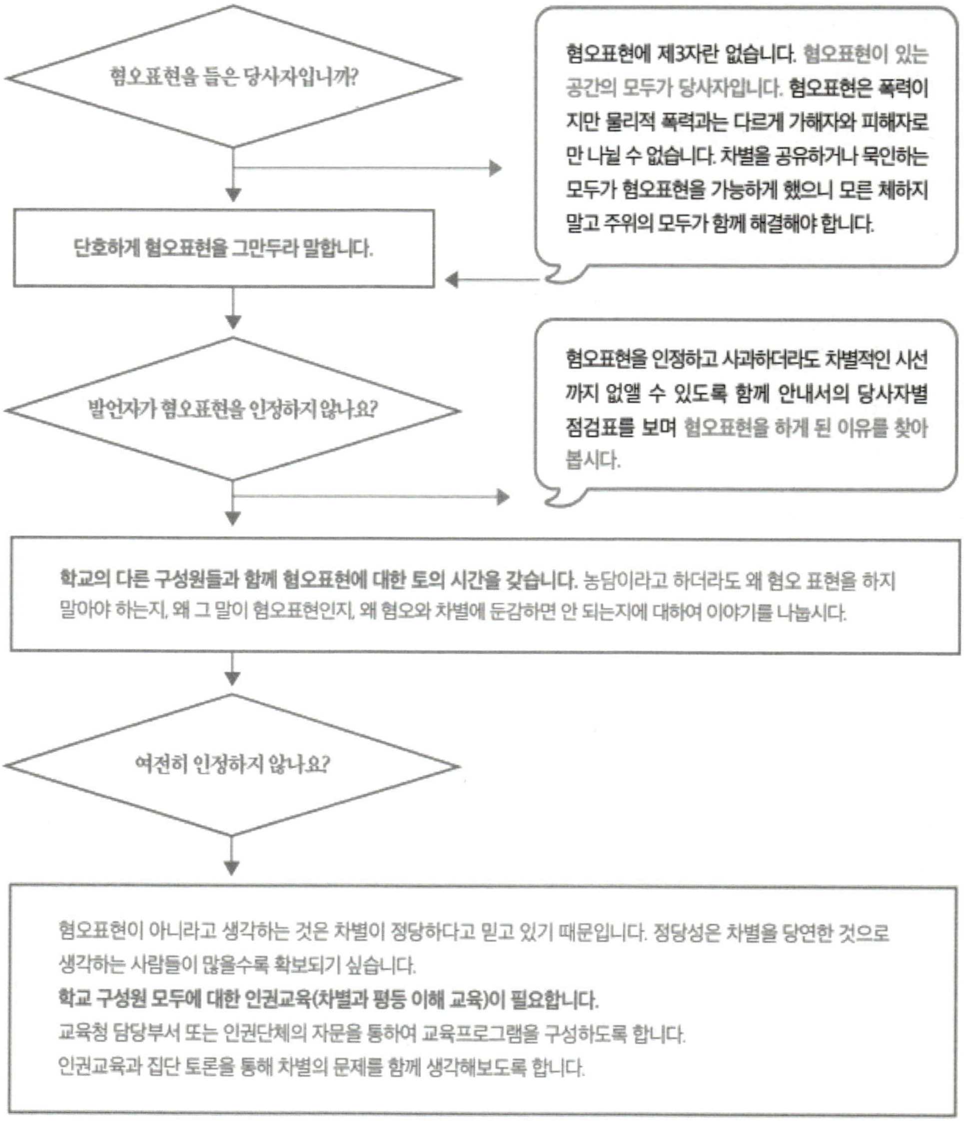

[그림 4-2] 혐오표현 대응 절차

출처: 인권존중 학교를 위한 평등실천 혐오표현 대응 안내서(p. 14)

[그림 4-3] 혐오표현 대응 실천 행동 포스터(국가인권위원회 제공)

출처: http://www.humanrights.go.kr/upload_file/images/000024/MDIwMjA3.jpg

4. 저작권

저작물이란 인간의 사상 또는 감정을 표현한 창작물로, 현행 저작권법에서는 저작권자의 허락을 받지 않고 저작재산권 또는 저작인격권을 침해하는 방법으로 저작물을 이용하는 행위를 저작권 침해로 간주하고 있다. 저작재산권이란 저작물을 일정한 방식으로 이용하는 것으로부터 발생하는 경제적인 이익을 보호하기 위한 권리를 의미하며, 복제권, 공연권, 공중송신권, 전시권, 배포권, 2차적저작물작성권, 대여권 등이 있다. 저작인격권이란 정신적인 노력의 산물로 만들어낸 저작물에 대해 저작자가 인격적으로 갖는 권리로서, 공표권, 성명표시권, 동일성유지권 등이 있다.

현행 저작권법에서는 저작물의 창작 및 공표에 따른 일정한 기간동안 저작권이 보호되도록 규정하고 있다. 보호기간이 지난 저작물은 저작권이 소멸되어 누구나 자유롭게 이용할 수 있다. 사람이 저작자인 경우는 저작물 창작 이후부터 저작자 사후 70년간 저작권을 보호하며, 법인이나 단체가 저작자인 경우 저작물이 공표된 다음해부터 70년간 저작권을 보호한다. 그러나 공공의 이익을 위한 저작물, 예를 들어 국가 또는 지방자치단체가 작성한 정책자료 등은 '보호받지 못하는 저작물'로 지정되어 있다.

안전한 저작물 이용을 위해서는 아래의 5단계를 확인해야 한다.

1단계는 어떤 저작물을 이용할 것인지 결정하는 것이다.

2단계는 그 저작물이 보호받는 것인지 확인하는 것이다. 저작물 이용전, 저작권에 제약없이 자유롭게 이용할 수 있는 자료인지 확인해야 한다. 보호기간이 지났는지, 저작권법에서 정하고 있는 보호받지 못하는 저작물인지 확인하여 보호받지 못하는 경우는 이용해도 좋다.

3단계는 저작물 이용 방식이 저작권법상 허용되는 방식인지 확인한다. 저작권법에서 정하고 있는 저작권자의 허락이 없어도 이용할 수 있는 경우의 조건에 맞는지 확인하고 허용되는 방식이라면 이용해도 좋다.

4단계는 저작권자에게 저작물 제목과 이용하려는 방법 등을 자세히 알리고 허락을 받는 것이다. 이 때 저작권신탁관리단체나 저작권대리중개업체의 도움을 받을 수 있다.

5단계는 허락을 받은 범위내에서만 이용하는 것이다. 저작자 표시, 출처표시 등을 명확히 하고 사용해야 한다.

저작물 이용시 올바른 출처 표기는 필수이다. 또한 이미지나 폰트 등을 사용할 때에도 허용범위를 확인하고, 가급적 "상업적 이용이 가능"한 저작물을 이용하도록 한다.

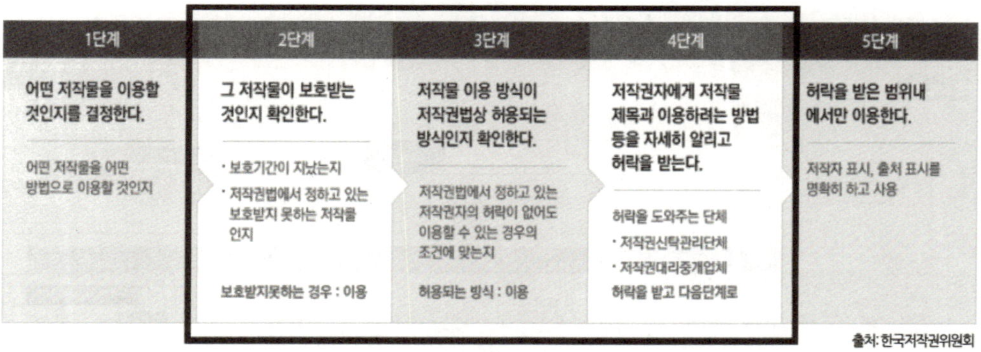

출처: 한국저작권위원회

[그림 4-4] 안전한 저작물 이용 단계

구체적으로 저작물 이용과 관련된 사례를 살펴보자. 다른 사람이 만든 사진이나 이미지를 허락없이 무단으로 사용하는 경우가 있다. 상업적으로 개발된 사진이나 이미지는 반드시 저작권자에게 허락을 받아야 하며, 이미지나 사진을 사용할 때는 저작권에 제약이 없는 무료/공공 이미지를 사용해야 한다. 실제 방대한 무료 이미지를 제공하는 사이트로는 픽사베이(https://pixabay.com/ko), 언스플래시(https://unsplash.com/) 등이 있다.

또한 인기 드라마나 영화의 장면을 캡쳐하여 인터넷에 게시하는 것도 저작권법에 위배된다. 영화 감상을 목적으로 콘텐츠를 만들거나 정보를 공유할 경우 영상 화면이 그대로 자료에 포함되지 않도록 주의해야 한다.

배경음악을 포함한 콘텐츠를 저작할 때 저작권이 이미 소멸된 유명한 클래식 음악을 배경음악으로 사용하는 것은 가능하지만, 최신 유행곡이나 아직 저작권이 유효한 음악을 삽입하는 것은 안된다. 그러나 첨부나 삽입이 아니라 연결하여 재생하는 경우 통상 20초까지는 가능하다. 즉, 저작물을 업로드하지 않고 링크로 연결하는 것은 가하지만 저작권자의 허락없이 프레임링크나 임베디드 링크를 삽입하는 것은 안된다.

한편 폰트에도 저작권이 있다. 문서를 작성할 때 임의로 다운로드 받은 유료 폰트를 사용하면 안된다. 저작권에 제약없이 자유롭게 활용할 수 있는 무료 폰트를 사용하도록 한다. 무료 폰트를 제공하는 사이트는 공공저작물에 대해 자유이용이 허락된 공공누리(https://www.kogl.or.kr/index.do)를 이용할 수 있다.

[그림 4-5] 공공저작물 제공 사이트 '공공누리'의 폰트 페이지

출처: https://www.kogl.or.kr/search/search.do

저작권은 보호개념만 있는 것이 아니다. CC 라이선스(Creative Commons License)는 저작자가 일정한 조건하에서 자신의 저작물을 다른 사람들이 자유롭게 이용할 수 있도록 허락하는 라이선스이다. 일상적으로 디지털 저작물을 쉽게 만들고 공유할 수 있는 시대에는 1차 저작물뿐만 아니라 2차 저작물도 손쉽게 만들고 공유할 수 있고, 어떤 저작물들은 더 많은 사람들이 사용하는 것을 의도할 수도 있다는 점을 고려하여 대두된 약속이다. 저작권의 기본 개념은 원칙적으로 다른 사람의 이용을 금지하되

개별적인 계약으로 특정인에게만 이용을 허락하는 형태이기 때문에 자신의 창작물을 다른 사람들과 자유롭게 공유하는 데에는 많은 제약이 있는 것이 사실이다. 이로 인해 저작권이 창작물의 자유로운 공유와 새로운 창작의 기회를 막기도 한다. 이런 문제를 해결하기 위해 CC 라이선스가 고안되었다. CC 라이선스가 적용되면 기본적으로 자유로운 복사와 배포, 게시가 가능하며, 창작자가 선택한 추가적인 이용허락 조건에 따라 이용자들이 할 수 있는 것과 할 수 없는 것을 명확히 지킬 수 있다는 장점이 있다.

CC 라이선스에는 4개의 이용허락조건들로 구성된 6 종류의 라이선스들이 있다. 원하는 이용허락조건들로 구성된 CC 라이선스를 선택 후 CC 라이선스 표기 가이드에 따라 자신의 저작물에 선택한 CC 라이선스를 표기하도록 한다.

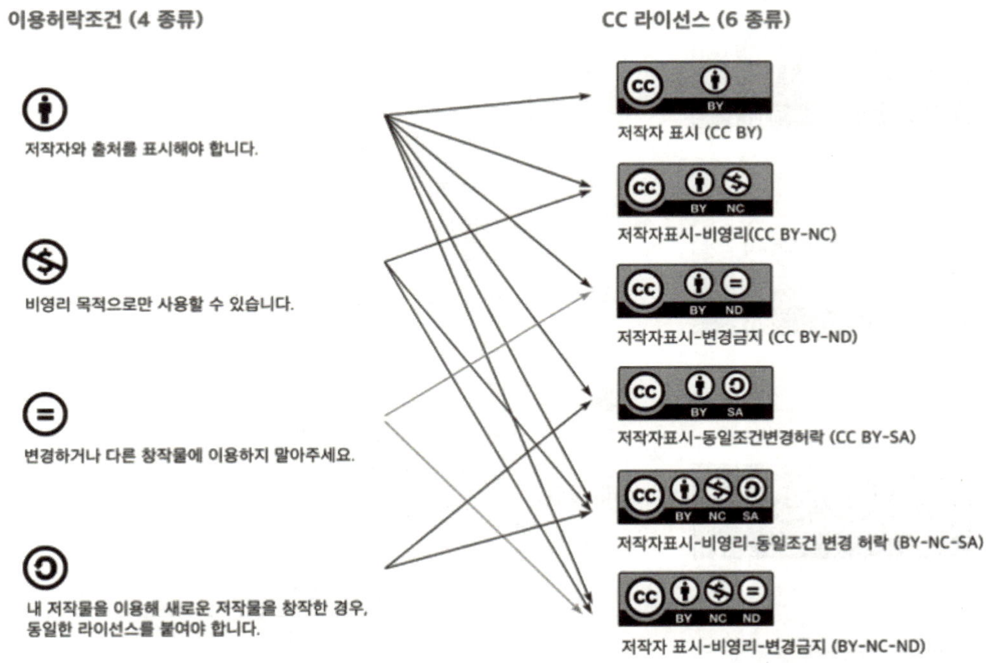

[그림 4-6] 이용허락조건과 CC 라이선스 종류

출처: https://ccl.cckorea.org/about/

〈표 4-4〉 CC 라이선스 종류와 사용 조건

CC 라이선스	명칭	사용 조건
CC BY	저작자 표시	• 복사 및 배포 가능(반드시 저작자 및 출처 표시) • 상업적 이용 가능 • 변경 및 2차 저작물 생성 가능(반드시 원저작자 및 출처 표시) • 2차 저작물의 라이선스를 자유롭게 선택 가능 ▶ 저작자 및 출처만 표시한다면 제한없이 이용
CC BY NC	저작자표시-비영리	• 복사 및 배포 가능(반드시 저작자 및 출처 표시) • 변경 및 2차 저작물 생성 가능(반드시 원저작자 및 출처 표시) • 2차 저작물의 라이선스를 자유롭게 선택 가능 ▶ 상업적 이용 불가능
CC BY ND	저작자표시-변경금지	• 복사 및 배포 가능(반드시 저작자 및 출처 표시) • 상업적 이용 가능 ▶ 이 저작물을 변경하거나, 이용해 2차 저작물을 만들어서는 안됨
CC BY SA	저작자표시-동일조건 변경허락	• 복사 및 배포 가능(반드시 저작자 및 출처 표시) • 상업적 이용 가능 • 변경 및 2차 저작물 생성 가능(반드시 원저작자 및 출처 표시) ▶ 2차 저작물에 원저작물과 동일한 라이선스를 적용
CC BY NC SA	저작자표시-비영리-동일조건 변경허락	• 복사 및 배포 가능(반드시 저작자 및 출처 표시) • 변경 및 2차 저작물 생성 가능(반드시 원저작자 및 출처 표시) ▶ 상업적 이용 불가능 ▶ 2차 저작물에 원저작물과 동일한 라이선스를 적용
CC BY NC ND	저작자 표시-비영리-변경금지	• 복사 및 배포 가능(반드시 저작자 및 출처 표시) ▶ 상업적 이용 불가능 ▶ 이 저작물을 변경하거나, 이용해 2차 저작물을 만들어서는 안됨

활동지

1. 다음의 주제로 토의를 해봅시다.
   1) 타인의 정보나 영상, 사진 등을 공유하는 것이 괜찮을 때는 언제일까?
   2) 나는 누구와 비밀을 공유하는가? 그 외의 사람과 비밀을 공유하지 않는 이유는 무엇인가?
   3) 내가 보호할 필요가 있는 정보는 무엇일까? 온라인에 공개하고 싶지 않거나 타인에게 알려주고 싶지 않은 개인 정보는 무엇인가?
   4) 나의 이름과 자주 사용하는 이메일 아이디를 구글, 네이버, 엣지 등에서 찾아보고, 그 결과를 비교해 보자. 다르게 나온 정보가 있는가? 그 정도가 인터넷에 존재하게 된 경로는 무엇인가?

2. 혐오표현이 드러난 게시물을 찾거나 내가 경험한 혐오표현을 공유해 봅시다. 이 때 나는 어떻게 대응하였는지, 어떤 대응이 필요한지 논의합니다.

3. 인공지능 챗봇 이용자로서 어떤 점을 주의해야 할지 정리해봅시다. (관련 정보를 찾아보고 협력하여 정리합니다.)

참고문헌

국가인권위원회(2020). 인권존중 학교를 위한 평등 실천 안내서: 우리학교는 혐오표현으로부터 안전한가요?. 전국시도교육감협의회.

이선민, 장여경, 김법연, 오병일, 김상현(2021). 디지털 환경에서 아동・청소년 프라이버시 권리를 위한 교육방안과 제도개선 연구. 시청자미디어재단.

이승현(2016). 혐오표현에 대한 헌법적 고찰. 연세대학교 박사학위 논문.

조아미, 정희진, 한숙희, 박수경, 이승훈(2021). 차별・혐오표현 예방 가이드라인 마련을 위한 기초 연구. 서울특별시교육청교육연구정보원 교육정책연구소.

(사)한국인터넷자율정책기구(2023). KISO 혐오표현 자율정책 가이드라인 발표. (사)한국인터넷자율정책기구(www.kiso.or.kr) 보도자료.

최원기, 노명순, 조민식(2022). 2022 디지털 시민성 함양을 위한 시대적 함의 연구.

Long, D., & Magerko, B. (2020). What is AI literacy? Competencies and design considerations Proceedings of the 2020 CHI conference on human factors in computing systems (2020, April), pp. 1-16.

Potter, W. J.(2019). Media literacy(9th). 김대희, 전미현(역)(2020). 미디어 리터러시 탐구. 서울: 소통.

UNESCO(2021). 비판적으로 사고하고, 현명하게 클릭하기! 유네스코한국위원회.

AI 챗봇 '이루다', 개인정보유출 논란 속 결국 사실상 폐기(2021. 01. 15) https://biz.chosun.com/site/data/html_dir/2021/01/15/2021011501141.html

참고사이트

(사)국제인공지능&윤리협회 https://iaae.ai/aicharter

(사)한국인터넷자율정책기구 https://www.kiso.or.kr/정보센터/kiso-정책/guideline/

개인정보포털 https://www.privacy.go.kr/

개인정보보호위원회 https://www.pipc.go.kr/

Creative Commons License https://ccl.cckorea.org/about/

영국 차일드넷 https://www.childnet.com/blog/create-a-positive-digital-footprint-online

제 5 장

에듀테크의 이해와 실제

학습목표

- 에듀테크의 개념과 동향에 대해 설명할 수 있다.
- 에듀테크 활용 교육에서 고려해야 할 점에 대해 발표할 수 있다.
- 국내외 에듀테크 정책을 살펴 보면서 에듀테크의 미래를 토론할 수 있다.

주요용어

에듀테크, 이러닝, 스마트 러닝, 정보통신기술, 교육 정보화 기본계획, 에듀테크 활용 유형, 에듀테크 활용 효과, 에듀테크 평가, 보편적 학습 설계, 디지털 격차

면대면 중심의 전통적인 교육 방법의 한계를 극복하고자 다양한 교육 방법이 제시되고 있다. 새로운 정보통신기술의 계속 등장하면서 에듀테크라는 용어가 주목 받고 있다. 본 장은 에듀테크의 개념과 발전 동향을 알고 다양한 교육 상황에서의 에듀테크를 찾아봄으로써 미래 교육의 관점에서 에듀테크 활용 교육에서 고려해야 할 점에 대해서 생각해 볼 기회를 갖고자 한다.

1. 에듀테크의 개념과 동향

에듀테크(EdTech/ EduTech, Educational Technology[1])라는 용어는 교육(Education)과 기술(Technology)의 융합을 뜻하는 것으로, 교육 현장에서 학습을 촉진시키기 위

1) 'Educational Technology'는 일반적으로 '교육공학', '교육 기술'로 번역되나, 본 장에서는 '에듀테크'로 사용한다.

해서 활용되는 다양한 교수학습과 관련된 도구, 기기 또는 장비(instructional tools, devices or instrument)와 교육 방법을 의미한다(Sullivan et al, 2018). 이를 활용함으로써 보다 매력적이고 포괄적이며 개별화된 학습 경험을 제공하고(Builtin, 2021), 학습자의 능력과 수준에 따라 맞춤형 교육의 가능성을 보여주기도 하며(Jake, 2020), 빅데이터 분석을 사용하여 개인의 성장에 도움이 되는 가장 효과적인 방법을 파악할 수도 있다(Benjamin, 2021). 따라서 에듀테크를 언급할 때는 단순히 새로운 기술을 도입한 온라인 교육의 의미를 넘어서 콘텐츠, 솔루션, 하드웨어, 시스템 등에 접목한 방식의 전체 서비스를 포괄한다(Department of Education, UK, 2019). 또한 '교육기술' 또는 '교육 공학'으로 불리는 'Educational Technology'이나 이러닝(e-learning), 스마트 러닝(smart learning) 등이 유사한 개념으로 사용되기도 하나 보다 데이터와 소프트웨어 활용에 중점을 둔다.

〈표 5-1〉 이러닝, 스마트, 에듀테크의 개념 비교

구분	개념	강조점
이러닝	• 전자적 수단, 정보통신 및 전파・방송 기술을 활용하여 이루어지는 학습 • 인터넷과 컴퓨터에 교육을 접목한 온라인 교육	학습수단(인터넷, 컴퓨터, 스마트기기)에 중점
스마트러닝	• 스마트폰, 태플릿PC, E-book 단말기 등 스마트 디바이스와 이러닝 신기술이 융합된 개념 • 스마트기기를 활용한 교육	
에듀테크	• 교육에 ICT기술을 접목해 기존 서비스를 개선하거나 새로운 서비스를 제공하는 것 • 데이터와 소프트웨어 기술 기반 교육	데이터와 소프트웨어 활용에 중점

출처: 김성희(2021); 공영일(2020)을 재구성하였음.

지금까지의 내용을 종합해보면, 에듀테크는 '인간의 성장과 발달을 위해 온・오프라인 교육에 활용하는 신기술과 그것을 적용하는 교육 방법'을 전체적으로 아우르는 개념으로 볼 수 있다.

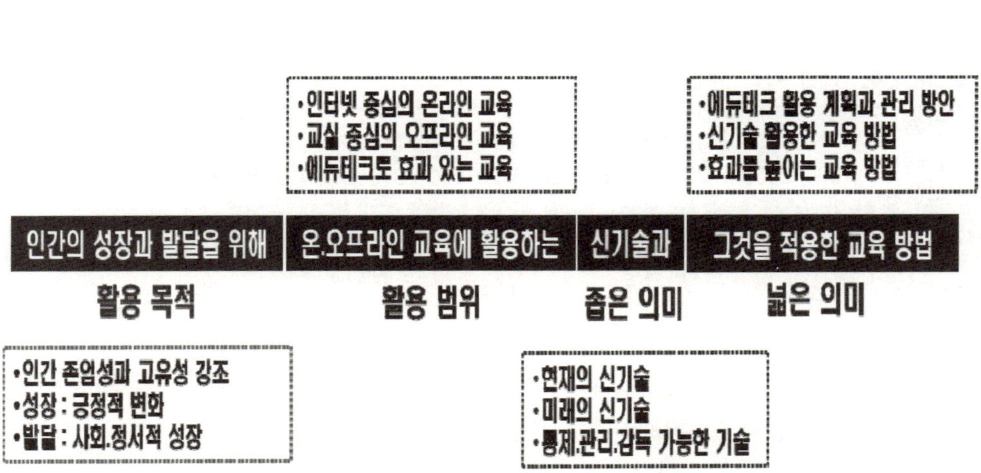

[그림 5-1] 에듀테크의 개념 정의

출처: 교육부・한국교육학술정보원(2023: 10)

비약적인 정보통신기술의 발전에 따라 주목되는 에듀테크도 빠르게 변화되고 있다. 다양한 교육과 결합하면서 보다 개인 맞춤 학습을 실현하는 도구로 발전하고 있다. 2020년대 들어와 인공지능(Artificial Intelligence, AI)을 통해서 학습자의 평가, 교육과정 자동 생성과 교육과정에 따른 콘텐츠 추가 지원, 학습분석(Learning Analytics)과 같은 교육과정 개인화 등을 지원할 수 있게 된다. 체험 학습이나 실습에 대한 수요가 증가하면서 가상현실에 대한 관심이 늘어나게 되었고, 빅데이터를 기반으로 하는 학습 분석(Learning Analytics)도 교육 서비스에서 중요한 요소가 되었다. 뿐만 아니라 학습 과정에 게임 요소를 접목함으로써 학습자의 집중력과 재미를 향상시키는 노력도 늘고 있다.

이와 같이 에듀테크는 정보 사회에서 요구하는 인재를 육성하기 위한 핵심적인 용어로 자리 잡으면서 학습자 개개인의 능력과 급변하는 환경을 고려한 맞춤형 교육에 주목하고 있다(김용, 2020). 국내의 에듀테크 발전 동향은 교육부의 교육 정보화 기본계획을 통해서 뚜렷하게 파악된다. Weller(2020)가 제시한 1998년부터 2017년까지 시기별 대표적인 에듀테크의 연대기에서도 빠른 변화를 볼 수 있다.

〈표 5-2〉 에듀테크 방식 변화

교육 정보화 기본계획	1차 (1996-2000)	2차 (2001-2005)	3차 (2006-2010)	4차 (2010-2014)	5차 (2014-2018)	6차 (2019-2023)
추진 방향	ICT 활용 교육	e-러닝	u-러닝, m-러닝	스마트 교육	소프트웨어 교육	AI · SW 교육, 메이커 교육
에듀테크	데스트톱 PC, 원격화상교육, CD-Rom	인터넷 PC, 사이버가정 학습, 인터넷수능 강의	전자칠판, PDA, PMP, 모바일콘텐츠	스마트폰, 태블릿, PC, 디지털교과서	무선인터넷망, 클라우드 환경, 개인용 단말기, 온라인 플랫폼	클라우드PC, 지능형학습 플랫폼, AR/VR, AI 솔루션, 서비스

출처: 교육부(2023); 김진옥(2022); Weller(2020)를 재구성하였음.

기존의 이러닝 중심의 전통적인 방식에 비해서 최신의 ICT를 융합한 에듀테크는 보다 다양한 기술과 융합하려는 시도를 한다. 인공지능 기반 교육, 혼합현실 교육, 게임기반 교육, 인지 교육, 모바일 교육, 위치기반 교육, 교육 로봇 등이 대표적이다.

〈표 5-3〉 전통적 에듀테크와 ICT 융합 에듀테크 비교

구분		주요 내용
전통적 에듀테크	자가학습 이러닝 (Self-paced eLearning)	규격화된 콘텐츠, 설치용 학습 관리 플랫폼·서비스를 바탕으로 하는 교육용 프로그램
ICT 융합 에듀테크	인공지능 기반 교육 (AI-based learning)	디지털 교육 콘텐츠 내에 인공지능 기술을 접목시켜 맞춤형 교육서비스를 제공해주는 프로그램
	혼합현실 교육 (Mixed Reality Learning)	시뮬레이션 기반 교육 기법으로 가상현실(VR) 및 증강현실(AR) 보다 한 단계 진화된 기술인 혼합현실(MR)을 활용한 교육 프로그램
	게임기반 교육 (Game-based learning)	게임기법을 사용한 교육방식으로, 자신 또는 타인의 경쟁을 통한 '게임 플레이'를 활용하는 교육 프로그램 (게임과 동일한 보상/패널티 시스템을 포함함)
	인지 교육 (Cognitive learning)	통찰력, 기억력, 이해력, 공감능력, 문제해결능력, 추론능력 등의 향상을 목적으로 하는 행정 수정을 위한 교육 프로그램
	모바일 교육 (Mobile learning)	교육 목적으로 모바일 장치를 통해 접하는 지식 전달 이벤트, 콘텐츠, 도구 및 응용 프로그램
	위치 기반 교육 (Location-based learning)	실제 공간정보와 AR, VR 등 가상공간에 대한 시뮬레이션 기술을 활용한 교육 프로그램
	교육 로봇 (Educational Robot)	프로그래밍 교육 로봇, 인공지능 기반 로봇 등 로봇을 활용한 교육 프로그램

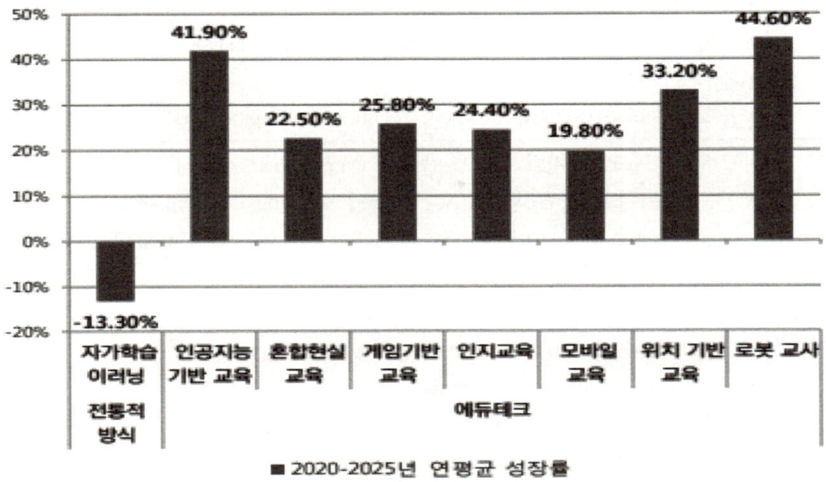

출처: 대한무역투자진흥공사(2020)의 내용을 수정·보완하였음

기술트렌드 조사 기관에서 주목되는 10개의 에듀테크를 제시하였다. 예를 들면, 미국 IT 분야 시장조사기관인 가트너(Gartner)는 매년 발표하는 신기술 전망 예측을 보여주는 하이프 사이클(Hype Cycle for Emerging Tech)을 제시하고 있다. 2017년에는 AR(Augmented Reality: 현실의 배경이나 화면에 3차원의 가상 이미지를 겹쳐 하나의 영상으로 보여주는 기술)은 환멸 단계(Trough of Disillusionment: 시장에서 관심이 시들해짐), VR(Virtual Reality: 가상현실, 컴퓨터를 통해 가상을 현실처럼 체험하게 해주는 첨단기술)은 계몽 단계(Slope of Enlightenment: 2-3세대 제품들이 출시)로 제시되었다. 2022년에는 처음으로 '메타버스' 라는 용어가 등장하였고, 사이버보안(Cyber security), 디지털 휴먼(Digital Humans) 은 '향후 10년 이상 주목할 기술'로 보고 있다.

〈표 5-4〉 최신 주목되는 에듀테크

구분	최신 주목되는 에듀테크
Technavio (2018)	• 인공지능 (Artificial Intelligence, AI) • 가상현실 (Virtual Reality, VR) • 게이미피케이션 (Gamification) • 디지털 수업 자료 (Digital Course Materials) • 모바일 기술과 사물인터넷 (Mobile Technology and IoT) • 학습 분석 (Learning Analytics) • 실감형 학습 (Immersive Learning) • 스마트 학습 환경 (Smart Learning Environment, SLEs) • 게임 이론 (Game Theory) • 융합인재교육 (STEAM: Science, Technology, Engineering, Arts, Mathematics)
Hurixdigital (2023)	• 모바일 학습과 디지털 콘텐츠 플랫폼 (Mobile Learning and Digital Content Platform) • 인공지능 활용 학습 환경 (AI-powered Learning Environments) • 증강 현실과 가상 현실 (Augmented Reality: AR and Virtual Reality: VR) • 게이미피케이션 (Gamification of Learning) • 웨어러블 기술 (Wearble Technology) • 자동화된 평가 (Automated Assessments) • 적응형 학습 (Adaptive Learning) • 클라우드 컴퓨팅 (Cloud Computing) • 소셜 미디어 활용 학습 (Social Media in Learning) • 모바일 학습 (Mobile Learning)

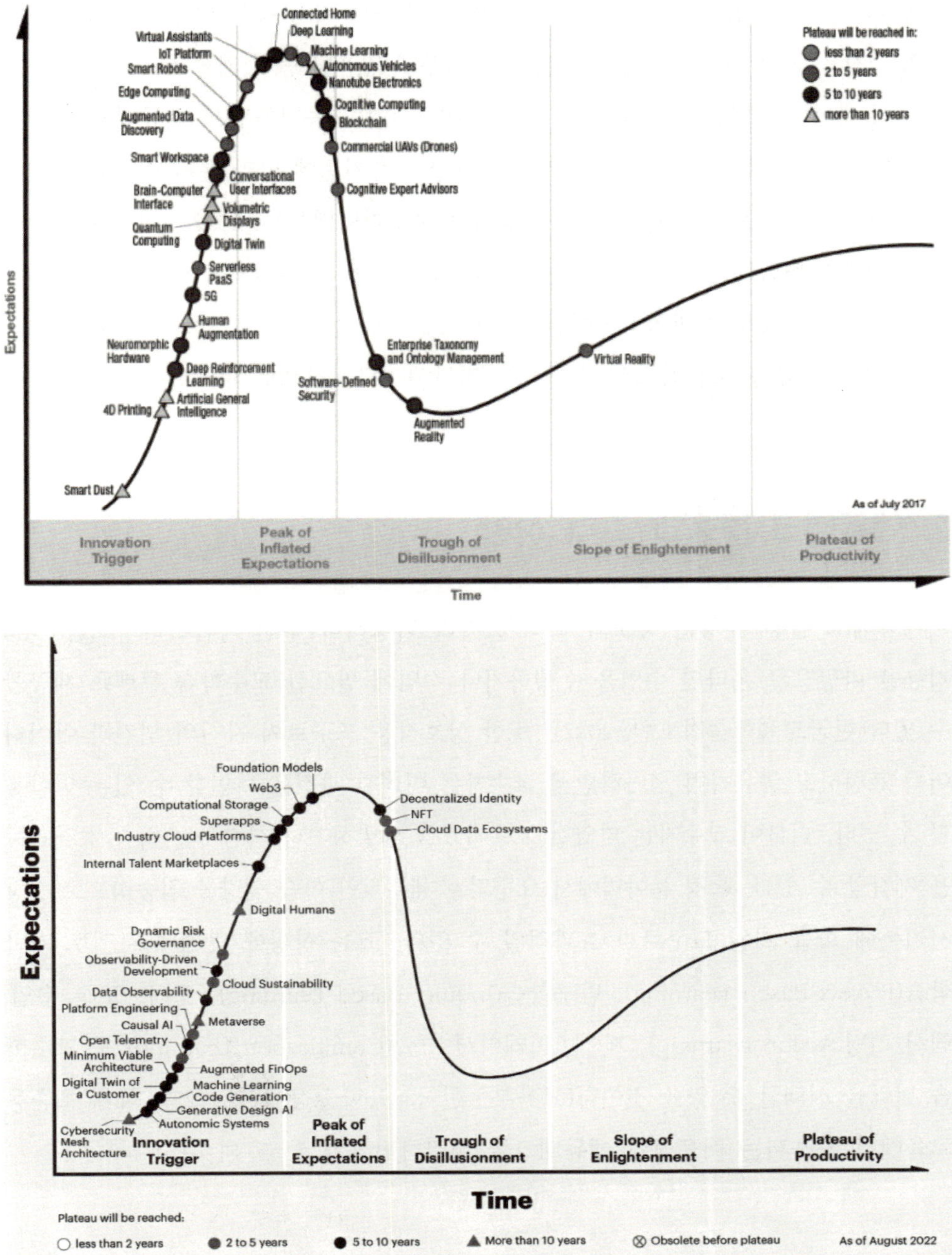

[그림 5-2] 가트너의 신기술 전망 예측(2017년, 2022년)

출처: Gartner(2017; 2022). Hype cycle for emerging technologies

정리하면, 에듀테크는 VR, AR, AI, 빅데이터, 스마트 기기 등을 활용한 실감형 콘텐츠의 성장을 높게 전망되며 데이터 분석, 클라우드 컴퓨팅 등의 기술 투자가 증가하고 있는 추세이다. 특히, 코로나 19 이후 온라인 수업이 증가하면서 에듀테크 시장은 전세계적으로 급증했으며, 스마트 기기의 보급이 증가됨에 따라 온라인 학습 플랫폼의 수요는 계속적으로 있을 것으로 전망된다(중소기업벤처부, 2022). 이렇게 에듀테크의 개념과 변화는 디지털 정보 기술의 발전과 밀접하게 관련되어 있고 그 영향력은 지속될 것으로 보인다(박아람 · 이찬, 2023). 에듀테크는 시대와 사회의 교육적 요구와 기술적 진화를 포괄적으로 주시하며 진화해 가는 것으로 파악된다.

2. 에듀테크 활용과 고려 사항

에듀테크 활용 유형은 용도와 목적에 따라 다양하나 우선 학습관리시스템(LMS) 기능을 바탕으로 온라인 수업을 수행하거나 수업에 필요한 교수학습 콘텐츠 제공할 수 있다(한국교육학술정보원, 2022). 또한 상호작용 도구로써 자신의 의견과 아이디어를 표현하고 공유하며 평가하면서 교수자는 이러한 과정을 확인할 수 있는 역할을 할 수 있다. 더불어 교수자는 다양한 교수자료를 개발하거나 학습자는 학습의 결과물을 제작할 수 있다. 특정 분야별에서 요구되는 세부적인 학습 역량을 집중적으로 신장시키는데 학습 지원 도구로써 효과적일 수 있다. 교육 상황에 맞게 프로젝트 기반 학습(Project-Based Learning), 탐구학습(Inquiry-Based Learning), 토의 · 토론 수업, 액션 러닝(Action Learning), 게이미피케이션 학습(Gamification Learning) 등 교수학습 전략을 선택할 수 있을 것이다(교육부 · 한국교육학술정보원, 2023). 국내 초중등 교육에서 활용되는 대표적인 에듀테크를 정리하면 〈표 5-5〉와 같다.

〈표 5-5〉 국내 초중등 교육에서 활용되는 대표적인 에듀테크 분야

분야	주요 내용
학습관리시스템	교육프로그램을 전달, 관리, 기록, 추적, 보고하는 SW 어플리케이션
수업지원도구	대면/비대면 환경 하에서 수업을 지원하는 SW어플리케이션
개인학습도구	학습자의 자기주도 학습을 지원하는 SW 어플리케이션
퀴즈/평가/피드백	학습자의 자기조절학습 능력을 배양시키는 SW어플리케이션
소통/협업 지원	미래학습자의 역량을 연결 짓는 소통 도구로서의 SW 어플리케이션
SW/STEM/AI	SW/AI 교육, 로봇 교육 등 STEM 교육 도구
화상수업도구	비대면 화상회의 솔루션
콘텐츠저작도구	수업에 필요한 문서, 영상, 이미지, 평가요소 등을 개발하는 SW 어플리케이션
디지털콘텐츠	수업에 활용 가능한 다양한 동영상, 클립, 콘텐츠, 숏폼 서비스 플랫폼
메타버스/XR	다양한 몰입형 및 인터랙티브 기술을 반영한 메타버스 플랫폼
인성교육	타인/공동체/자연을 매개로 한 인성교육 플랫폼
행복/정신건강	청소년 고민 데이터와 연구 자료를 기반으로 한 AI대화기술
진로/진학/입시	AI 기반 진로, 진학, 입시를 돕는 SW 어플리케이션
예체능	ICT 기술과 예체능 체험교육이 접목된 SW 어플리케이션
특수교육	청각장애, 시각장애, 자폐 등 특수교육 대상자의 교육적 수요를 충족시키는 SW 어플리케이션
학습 환경	그린 스마트 스쿨 기반의 학습 환경 구축 플랫폼
행정지원도구	가정통신문, 알림장, 설문, 학생출결 등 교사의 업무를 경감해주는 SW 어플리케이션
전문성개발	교사의 동료 간 학습을 지원하고 전문성을 향상 시킬 수 있는 교사연수 플랫폼

[그림 5-3] 국내 초중등 교육에서 활용되는 대표적인 에듀테크 회사

에듀테크 수업 활용 가이드북(한국교육학술정보원, 2022)에 따르면, 교수자는 에듀테크 활용 목적에 따라 74개의 사례 중에서 선택하여 수업 운영에 참고할 수 있다. 여기에서 에듀테크는 크게 학습콘텐츠(교과 내용 또는 교과 지식을 습득하기 위한 학습 요소 도구), 소통(내용 전달, 상호작용 요구), 창작(수업 자료나 영상을 제작하기 위한 도구), 관리(학급을 운영하거나 학생의 성취도를 판단하고 피드백을 위한 도구)의 4가지 유형으로 분류되었다.

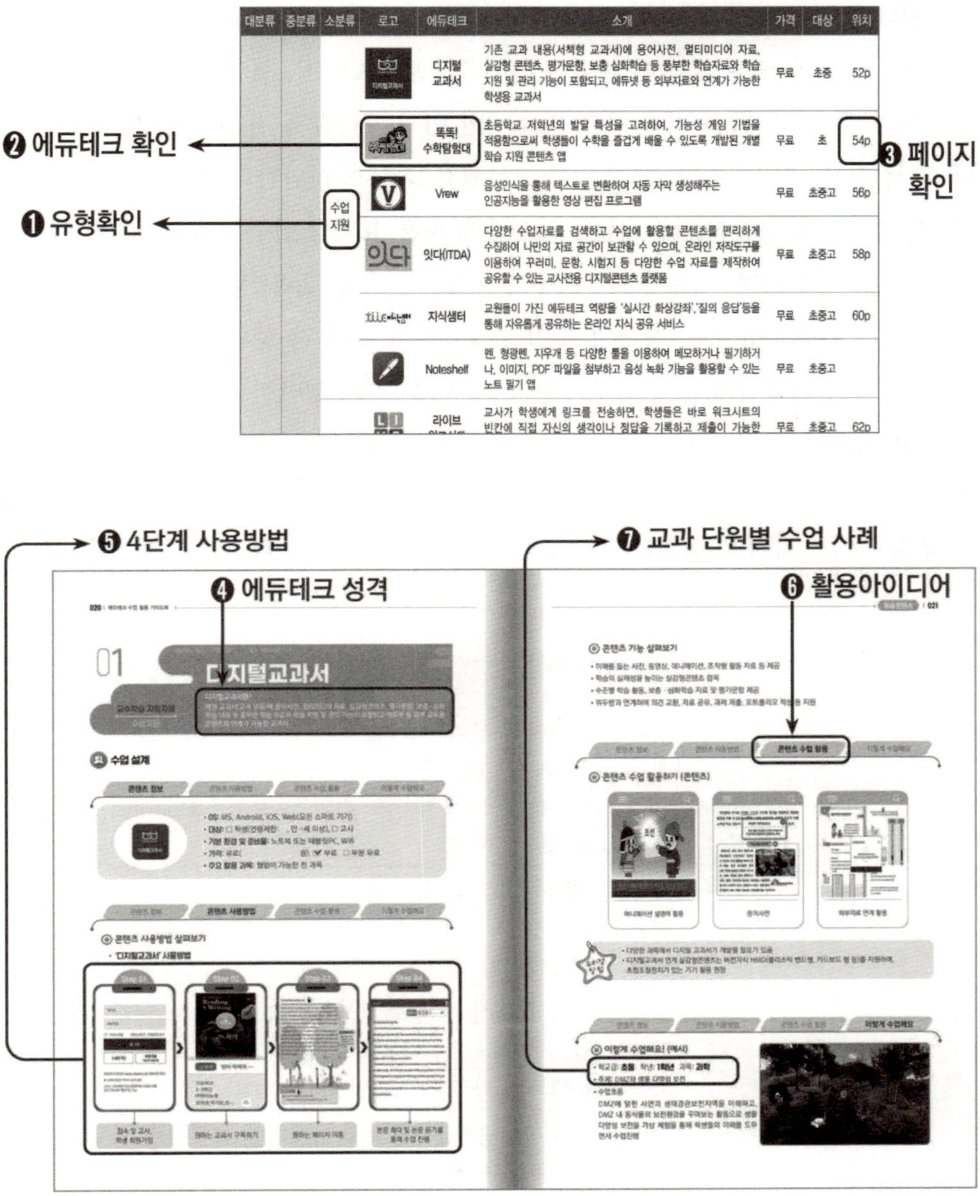

[그림 5-4] 에듀테크 수용 활용 가이드북 개요

출처: 한국교육학술정보원(2022: 6-7)

그렇다면 에듀테크 활용은 어떠한 장점을 갖고 있는가? 에듀테크 활용 효과는 학교 교육에서는 교과 또는 방과 후 수업(원격 수업, 콘텐츠 제작, 협업, 과제 제시 및 평가 피드백, 학습 도구, 학습 이력 관리)에서 뿐만 아니라 학습자 지원(학습 관리, 진로/상담, 학생 건강·안전 관리), 행정 업무(교무행정, 학부모 상담관리)의 효율화에 기여한다(교육부, 2023). 이 때문에 에듀테크 활용에 따른 효과성 연구는 지속적으로 이루어지고 있다. 예를 들면, 에듀테크가 활용되는 범위와 유형, 활용 정도에 따라 활용 결과와 성과(예: 학업 성취도, 학생의 수업 태도, 동기, 효능감 등의 정의적 영역, 메타인지 등)에 영향을 끼치는지 연구가 이루고 지고 있다. 일반적으로 에듀테크 활용은 학습자에게 학업성취도와 수준별 학습 활동 향상, 신기 효과(Novelty effects), 교사에서는 수업 전문성 강화, 학사행정업무 경험, 개별 학생 맞춤형 수업 지원, 일 목표 다 활동 지원, 디지털 전환과 미래교육 방향 제시 등의 긍정적인 효과가 보인다.

〈표 5-6〉 에듀테크 활용 효과

구분	연구 주요 내용
학업 성취도 향상	• 수업내용의 기억력 강화, 학생들의 협업 능력 강화, 문제 상황에서 가설 만들기, 과제 완수를 위한 교사와 상호작용, 동료 학생들과의 원활한 소통 등에서 유의미한 결과를 보여줌(Donelly-Hermosillo, Gerard, Linn, 2020; Wouters, et al, 2013)
수준별 학습 활동 향상	• AI 맞춤형 에듀테크를 수학 교과 활용에서 저성취 초등학생의 교과 이해도, 교과내용 기억정도에, 저성취 고등학생의 교과효능감과 교과이해도에 유의미한 결과를 보여줌(안영은 외, 2021)
신기 효과	• 일시적인 신기 효과성이 지속적인 수업 효과성으로 나타나는데 한계가 있지만, 자기효능감, 학습 흥미 유발, 지속 학습 동기로 이어지도록 에듀테크가 가교역할을 할 수 있음(Stec, 2020; Ostroff, 2016)
수업 전문성 강화	• 교사의 수업 운영, 평가, 학생 관리 등 제반 학사지원 업무 용이성을 높여 교사의 다수 학생 지도 업무를 전문적으로 이루어지게 함(Rodriguez, 2020)
학사행정업무 경감	• AI를 포함한 미래형 에듀테크는 빅데이터를 기반으로 하는 진로 지도 상담, 고교학점제 선택 과목 추천, 개별 학생 맞춤형 교육과정 설계, 시험 문제 은행 운영, 서술형 시험 채점, 학생활동 자료 축적 및 공유, 학생 포트폴리오 관리, 학생기록부 작성 지원 등의 행정업무 서비스를 지원할 수 있음(주정흔 외, 2022)

구분	연구 주요 내용
개별 학생 맞춤형 수업지원	• AI 기반 에듀테크가 지원한 반복 학습에 만족한다는 응답이 전체의 69.2% 정도로 나타남(안영은 외, 2021)
일 목표 다 활동 지원	• 개별 학생들의 관심과 흥미에 따라 동일 수업 목표 달성이 가능한 다양한 학습 활동을 제공할 수 있음(Bryant, Heitz, Sanghvi & Wagle, 2020)
디지털 전환과 미래교육 방향 제시	• 학교 교육의 기회를 놓쳤거나 제외되었던 학생들에게 학교 교육을 대체할 수 있음(구영덕, 2022)

출처: 교육부 · 한국교육학술정보원(2023)의 주요 내용을 수정 · 보완하였음

에듀테크의 활용은 초중등 교육에 국한되지 않고 평생교육 차원에서도 유연한 학습 환경, 흥미로운 학습 경험, 개인 맞춤형 학습 등의 장점이 부각되고 있다. 교육의 모든 영역에서 에듀테크를 고려한다고 볼 수 있다. 그렇다면 교육 현장에서 에듀테크를 활용할 때 무엇을 고려해야 할까? 학습자가 주도적으로 학습의 과정에 참여하며 학습 경험을 확장하면서 교수학습의 효과성과 효율성을 증진시키기 위해 판단되어야 한다. 〈표 5-7〉은 교육적 유용성, 시스템 사용성, 감성 차원에서 고려해야 할 에듀테크 평가 요소와 문항을 제시한다(윤성혜 · Ozturk, 2022).

〈표 5-7〉 에듀테크 평가 요소 및 문항

평가 요소			평가 문항
교육적 유용성	1. 학습자 수준 정합	학습의 내용과 방법이 학습자 수준에 부합하는 정도	1-1. 학습자의 일반적인 인지 수준을 고려할 때 학습 난이도가 적절한가?
			2-2. 학습자의 일반적인 인지 수준을 고려할 때 학습 시간과 분량이 적절한가?
			3-3. 학습자의 일반적인 인지 수준을 고려할 때 쉽게 이해할 수 있는 어휘인가?
	2. 학습목표	학습목표가 명확하게 설정되어 있으며, 학습 내용 및 활동과 연계된 정도	2-1. 학습내용이 학습목표와 연계되는가?
			2-2. 학습활동을 통해 학습목표를 달성할 수 있는가?
	3. 내용 품질	내용의 무결성과 전반적 품질	3-1. 학습 내용의 용어 설명, 맞춤법, 의미 표현 등이 오류 없이 정확인가?

평가 요소			평가 문항
			3-2. 학습 자료가 저작권에 문제가 없는가?
			3-3. 텍스트, 이미지, 오디오, 비디오, 인터랙티브 콘텐츠 등 멀티미디어가 학습목표 및 내용에 맞게 적절히 사용되는가?
			3-4. 텍스트, 이미지, 오디오, 비디오, 인터랙티브 콘텐츠 등 멀티미디어가 고품질인가?
	4. 내용의 조직 및 구조화	내용이 논리적, 위계적으로 적절하게 구조화된 정도	4-1. 학습 내용 구성 시 일관성을 고려하였는가?
			4-2. 학습 내용이 학습목표를 달성하도록 구조화되어 설계되었는가?
			4-3. 학습 내용이 학습을 촉진할 수 있도록 계열화되어 제시되었는가?
	5. 평가 및 피드백	학습자의 학습목표 달성 여부를 평가할 수 있는 적절한 방법과 평가 결과에 따른 피드백	5-1. 평가 내용이 학습목표 및 내용과 일관성을 유지하는가?
			5-2. 시스템이 학습자에게 피드백을 제공하거나 혹은 교수자가 학습자에게 피드백을 제공할 수 있도록 허용하는가?
			5-3. 학습 과정과 결과를 보여주는 대시보드가 제공되는가?
	6. 교수·학습 지원	수업 상황에서 활용할 수 있는 교수·학습 지원 자료의 제공 여부	6-1. 교사를 위한 교수·학습 지원 자료(예: 수업지도안, 활동지 등)가 제공되는가?
시스템 사용성	7. 사용 용이성	특별한 노력 없이 시스템을 쉽게 사용할 수 있는 정도	7-1. 사용자 화면(UI)이 쉽고 직관적인가?
			7-2. 최소한의 경험으로 능숙하게 사용할 수 있는가?
			7-3. 회원가입 및 로그인 없이도 사용할 수 있거나 회원가입 및 로그인이 쉬운가?
			7-4. 불필요한 추가 설치 없이 사용할 수 있거나 설치 과정이 간단한가?
			7-5. 사용 방법을 안내하는 가이드 혹은 교육 프로그램이 제공되는가?
	8. 시스템 안정성	오류 없이 안정적이고 빠르게 작동하는 정도	8-1. 오류 없이 안정적으로 작동하는가?
			8-2. 지연 없이 빠르게 작동하는가?
	9. 호환성	다양한 기기 및 운영체제	9-1. 다양한 기기(데스크톱, 모바일 기기 등)

평가 요소			평가 문항
		에서 작동하는지 여부	에서 작동하는가?
			9-2. 다양한 운영체제(윈도우, iOS, 안드로이드 등)에서 작동하는가?
			9-3. 화면 비율이 사용 기기(데스크톱, 모바일 기기 등)에 맞춰 전환되는가?
	10. 개인정보 보호 및 보안	개인정보를 보호하기 위한 적절한 보안 정책의 유무 및 실행 여부	10-1. 개인정보보호 및 보안 정책이 명시되어 있으며 쉽게 이해할 수 있는가?
			10-2. 무단 액세스, 공개 및 사용으로부터 개인정보를 보호하기 위한 장치가 있는가?
	11. 접근성	사용자의 다양한 특성(문해력, 장애유무 등)에 무관하게 접근할 수 있는 정도	11-1. 사용자의 다양한 특성(문해력, 장애유무 등)에 관계없이 접근할 수 있는가?
	12. 안정성	사용자의 신체 및 심리에 유해함이 없이 안전한 정도	12-1. 사용자의 건강을 저해하는 요소(예: 시력 저하 등)가 없는가?
			12-2. 사용자에게 유해한 요소(예: 폭력성, 선정성 등)가 없는가?
감성	13. 상호작용	학습자가 다양한 주체와 상호작용하고, 협력하며, 작업을 공유할 수 있는 정도	13-1. 학습자-교수자 간 상호작용을 촉진하는 환경을 제공하는가?
			13-2. 학습자-학습자 간 상호작용을 촉진하는 환경을 제공하는가?
			13-3. 여러 학습자가 공동 작업을 할 수 있는 환경을 제공하는가?
			13-4. 학습자가 자신의 작업을 쉽게 저장/확인/공유할 수 있는가?
	14. 학습자 맞춤화	학습자의 학습 정보에 따라 적응적으로 학습 내용 및 경험을 개인화/맞춤화하는지 여부	14-1. 학습자 특성(사전지식 수준, 학습 스타일 등)에 따라 맞춤형 학습 내용과 경험을 제공하는가?
			14-2. 학습자가 시스템 내에서 수행하는 학습 과정 데이터에 따라 적응적으로 맞춤형 학습 내용과 경험을 제공하는가?
	15. 동기 및 참여	학습자의 동기(motivation) 유발 및 참여(engagement) 유도의 적절성	15-1. 학습자의 적극적인 참여를 유도할 수 있는 다양한 교수·학습 방법을 사용하는가?
			15-2. 스토리나 화면 구성 등이 학습자의 흥미를 유발하는가?

평가 요소			평가 문항
	16. 다양성 및 편견 방지	종교, 지역, 이념, 성별, 사회경제적 배경, 문화 등에 대한 편견이 없이 다양성을 존중하는 정도	16-1. 종교, 지역, 이념, 성별, 사회경제적 배경, 문화 등에 대한 편견이 없는가?
	17. 심미성	색상, 일러스트, 아이콘 등 전체적인 디자인이 아름다운 정도	17-1. 색상, 일러스트, 아이콘 등 전체적인 디자인이 조화로운가?
			17-2. 색상, 일러스트, 아이콘 등 전체적인 디자인이 대상 학습자 연령에 적합한가?

출처: 윤성혜, Ozturk(2022: 557-558)

3. 에듀테크의 미래와 관련 이슈

교육과 기술의 만남, 에듀테크를 중심으로 하여 미래교육을 새로운 체제로 전환을 시도하는 노력은 전 세계에서 공통적으로 나타난다. 국내의 경우 K-12와 대학을 대상으로 한 에듀테크 중심 국가 차원의 교육 정책 연구와 자료는 대표적으로 한국교육학술정보원(Korea Education and Research Information Service, KERIS)에서 확인할 수 있다.

[그림 5-5] 한국교육학술정보원(Korea Education and Research Information Service, KERIS)

출처: https://www.keris.or.kr (검색일: 2024. 1. 31)

해외 경우 미국은 에듀테크의 최대 투자 국가이자 시장으로, 교육부 산하 에듀테크 사무국(Office of Education Technology, OET)에서는 에듀테크 관련 계획과 연구 성과를 공유한다. 2024년 1월에 발표된 국가 계획에 따르면, 에듀테크를 통한 학습 지원에 디지털 접근 격차(digital access divide), 디지털 사용 격차(digital use access), 디지털 설계 격차(digital design divide)의 세 가지 디지털 격차(digital divides)가 장벽이 되고 있다(Office of Educational Technology, US, 2024).

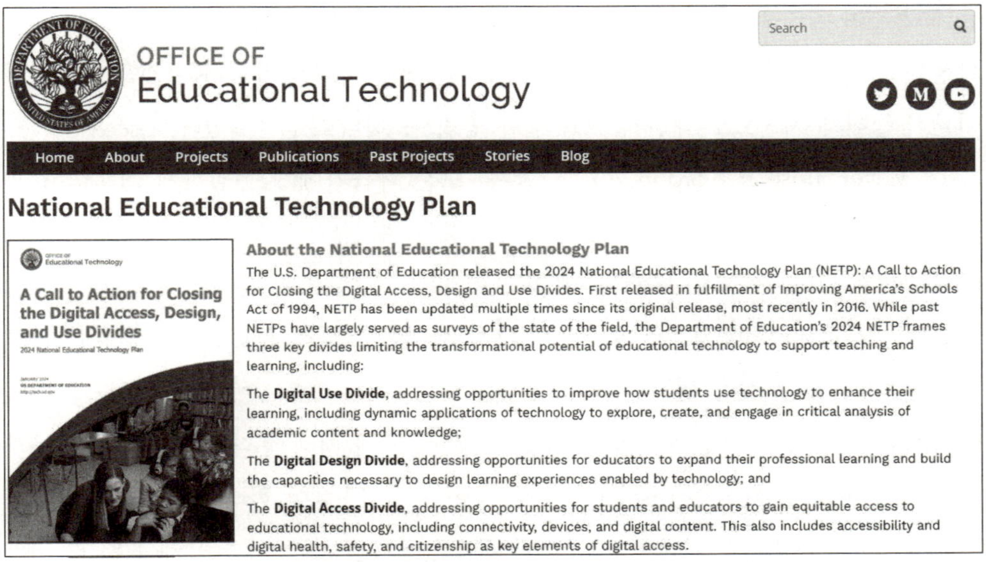

[그림 5-6] 미국 교육부 에듀테크사무국(Office of Education Technology, OET)

출처: https://tech.ed.gov (검색일: 2024. 1. 31)

디지털 접근 격차는 교육의 공정한 접근에 해당되는 것으로 디지털 기기, 콘텐츠, 연결성, 디지털 기기, 콘텐츠에 대한 교육 기회와 함께 디지털 건강, 안전, 시민성에 대한 사항을 담고 있다. 디지털 사용 격차는 학습자가 디지털 도구를 에듀테크 활용에 대한 성찰이나 참여 없이 수동적으로 답을 찾아 채우는 방식을 벗어나도록 하는 것이다. 그 대신 학습자가 비판적 사고를 하여 디지털 콘텐츠를 기획, 생산, 소통, 협력, 창조할 수 있도록 코딩, 몰입형 학습, 미디어 제작, 전문가와의 상호작용, 글로벌 차원에서 연결, 설계 및 협력 등의 활동과 같이 적극적인 사용이 권장되어야 한다.

디지털 설계 격차는 교사가 모든 학생을 고려한 보편적 학습설계(Universal Design for Learning, UDL)를 할 수 있는지에 대한 부분으로 에듀테크에 대한 교육의 전문성 신장에 해당된다. 보편적 학습설계는 미국 응용특수공학센터(Center for Applied Special Technology, CAST)에 의해서 다양성과 차이를 존중하며 모두에게 동등한 교육과정을 제공하기 위한 목적에서 개발되었다(CAST 2018). '보편적(Universal)'은 모든 사람에게 동일한 해결책을 제시하는 것이 아니라 학습자의 개별적인 특징과 차이를 고려하여 각자의 학습 능력을 최대화할 수 있는 것을 의미한다. 다양한 학습자의 특성을 고려하여 융통성있는 교수설계와 다양한 교수 자료를 제공하는 것을 포함하는 이론적 틀이자 지침으로 대안적 교육 접근 방법 중 하나로 볼 수 있다(Rose & Meyer, 2002; Meyer, Rose & Gordon, 2014). 첫째, 모든 학습자에게 동일하게 최적의 효과를 보이는 공통적인 표상은 없으므로 다양한 방식의 표상(multiple means of representation)을 제공해야 한다. 예를 들어 다른 언어 또는 문화적 관습에 익숙한 학습자는 서로 다른 방식으로 정보에 접근하는 것이 효과적이므로 학습 내용을 융통성 있게 제공하는 것을 권장한다(Hall, Meyer & Rose, 2012). 둘째, 학습자가 어떤 방식으로 학습하고 그 후에 내용을 어떻게 표현할지에 대해서 다양한 방식의 행동과 표현수단(multiple means of action & expression)을 허용해야 한다. 다시 말해 과제에 있어서 그림이나 논술, 드라마 등 다양한 방법으로 표현할 수 있도록 해야 하며, 이를 위해서 필요한 경우 보조기기 또는 자막이 제공되어야 한다. 셋째, 학습자마다 동기, 관심, 집중력의 폭이 다양하고 상이하므로 다양한 방식의 학습 참여(multiple means of engagement)가 지원되어야 한다. 즉, 일괄적인 과제 제시보다는 다양한 참여를 위해 토론, 노래와 랩, 그리고 스토리텔링 등이 제공될 수 있다.

〈표 5-8〉 보편적 학습 설계 개요

보편적 학습 설계 제공 원리	관점	학습 지원 예
다양한 방식의 표상	무엇(what)을 학습할 것인가	• 다양한 사례 • 다양한 매체와 형태 • 배경지식 및 배경맥락
다양한 방식의 행동과 표현수단	어떻게(how) 학습할 것인가	• 연습 기회 • 도움 기회
다양한 방식의 학습 참여	왜(why) 학습해야 하는가	• 내용과 도구에 관한 선택권 • 조절 가능한 도전 수준 • 보상에 관한 선택권 • 학습맥락에 관한 선택권

출처: CAST (2018).

영국은 유럽에서 에듀테크 투자가 가장 활발한 국가 중 하나로 미국과 마찬가지로 시장주도 에듀테크 정책을 펼치고 있다. 교육부(Department of Education)에서는 민간교육기업, ICT 관련 비영리기구(NGO), 지방교육청, 개별 학교 간에 여러 형태의 협력을 통해 에듀테크 프레임워크, 실행전략, 세부 과제 제시를 제시하는 것이 특징이다. 교육부 지원 하에 에듀테크 개발업체는 서비스를 제공하고 학교가 필요로 하는 에듀테크 서비스를 무료 체험하고 구매할 수 있는 플랫폼 'LendED'가 운영되고 있다.

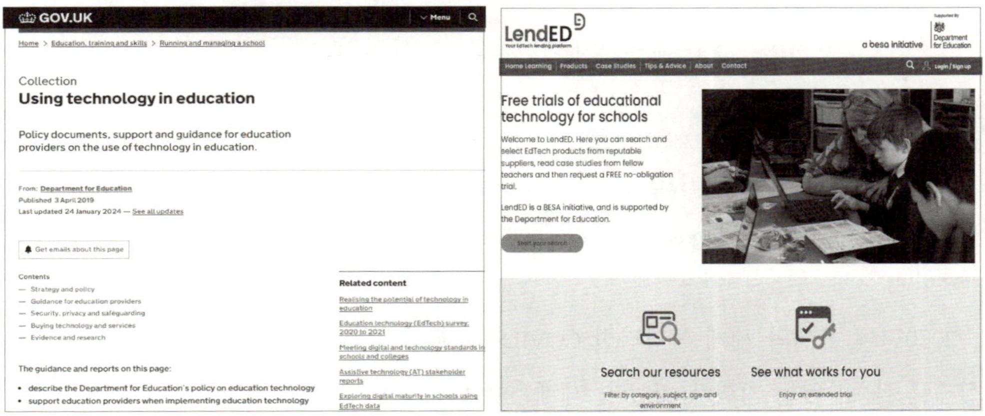

[그림 5-7] 영국 교육부(Department of Education) 및 에듀테크 플랫폼 LendED

출처: https://www.gov.uk/government/collections/using-technology-in-education &
https://www.lended.org.uk (검색일: 2024. 1. 31)

한편, 상대적으로 국가 규모가 작은 싱가포르의 경우에는 전통적으로 교육부가 중심이 되어 국가 차원에서 에듀테크 정책을 수립한다. 1997년부터 ICT 활용 교육 기본계획을 총 4차례 발표하였고, 2020년에 처음으로 에듀테크 기본계획(EdTech Plan 2020-2023)을 제시하고 2024년 기술을 통한 교육 변화(Transforming Education through Technology)을 목표로 2030년까지 추진할 기본계획(EdTech Materplan 2030) 제시하였다. 이를 위해서 학교 수준에서는 데이터 기반 의사결정력을 강화시키고 학습 공간을 변화시키는데 주력하며, 국내외 에듀테크 산업 및 연구 센터와 파트너십・네트워크를 강화하고자 한다.

[그림 5-8] 싱가포르 교육부 에듀테크 마스터플랜 2030 (EdTech Materplan 2030)

출처: https://www.moe.gov.sg/education-in-sg/educational-technology-journey (검색일: 2024. 1. 31)

2020년에 들어와 세계를 강타한 COVID-19 팬데믹은 교육 분야에서 디지털 격차의 실태를 볼 수 있는 기회가 되었다. 세계은행에서도 국제적인 차원에서 다섯 가지 에듀테크 정책 원칙을 제시하였다(World Bank, 2022).

〈표 5-9〉 세계은행에서 제시한 에듀테크 정책 원칙

원칙	주요 내용
이유 확인 (Ask why)	에듀테크 정책의 목적, 전략, 그리고 교육 비전이 개발되어야 한다
모두를 대상으로 한 설계 및 실행 (Design and act scale, for all)	에듀테크 설계는 유연하고 사용자 중심이어야 하며, 모두를 대상으로 하여 지속가능성을 실현하기 위해 평등과 포용에 중점을 두어야 한다
교사에게 권한 부여 (Empower teachers)	교사는 학습자들과 상호작용을 할 수 있도록 콘텐츠, 데이터, 네트워크에 대한 접근성을 향상시켜 학습 지원을 강화시켜야 한다
생태계와의 연계 (Engage the ecosystem)	에듀테크와 관련된 여러 이해관계자들을 참여시켜 다중적인 접근을 해야 한다
데이터 기반 의사결정 (Be data-driven)	학습과 실험 문화를 토대로 한 근거 기반 의사결정으로 책임감 있고 공정한 데이터 사용을 유도해야 한다

출처: World Bank (2022).

미래교육은 특정 국가나 교육적 지원이 가능한 일부만이 아니라 교육 환경에 관계없이 모두를 위한 디지털 에듀테크를 활용하는 것에 중점을 두고 있다. 수동적으로 정보를 검색하고 무비판적으로 활용하는 것이 아니라, 현실적인 문제를 해결하기 위해서 컴퓨터 모델, 시뮬레이션 등의 에듀테크를 적극적으로 활용하고 해당 영역의 당사자와 상호작용하고 협력에 주안점을 둘 것으로 전망된다. 따라서 에듀테크의 활용은 최신 기술의 우수성에 집중하기 보다는 교육적 효과 측면에서 구체적인 장점이 분석되어야 하고 다양한 활용 사례를 제공하여 현장 활용가능성을 높일 수 있어야 한다. 또한 학교라는 경계를 넘어서 다양한 이해관계자들과 협업을 통해서 새로운 시도로 사회적 변화의 디딤돌이 되어야 할 것이다.

활동지

1. 대표적인 에듀테크를 선정한 뒤 "에듀테크 평가 요소와 평가 문항"(윤성혜 · Ozturk, 2022)을 근거로 하여 평가하고 그 결과를 토론해 봅시다.

2. 국가차원에서 추진하려는 국내외의 에듀테크 정책을 찾아 주요 내용을 정리해 보면서 에듀테크의 미래에 대해 토론해 봅시다.

참고문헌

공영일(2020). 에듀테크 산업 동향 및 시사점, SPRi, Monthly Software Oriented Society (2020.04).

교육부(2023). 에듀테크, 교육혁신을 이끌다(Innovate Education with EdTech), 관계부처 합동 보도자료 (2023. 9).

교육부, 한국교육학술정보원(2023). 디지털 기반 교육혁신을 위한 에듀테크 활성화 종합방안. 한국교육학술정보원.

구영덕(2022). 에듀테크(Edutech) 산업 동향 및 전망, ASTI Market Insight. 한국과학기술정보원.

김성희(2021). 디지털 빅데이터 교실에서 스마트교육의 실제와 활용: 에듀테크를 활용한 학습자 중심교육, **한국엔터테인먼트산업학회, 15(4),** 279-286.

김용(2020). 포스트 코로나 시대, 평생교육 에듀테크를 품다. 국가평생교육진흥원.

김진옥(2022). 에듀테크 활용 초등교사의 인식 조사, **실과교육연구, 28(1),** 37-55.

대한무역투자진흥공사(KOTRA)(2020). 2020 에듀테크 해외 유망 시장 동향 및 진출전략. (2020. 12. 23).

러닝스파크(2022). 에듀테크 마켓맵. https://www.askedtech.com/document/689

박아람, 이찬(2023). 디지털 정보기술의 발전에 따른 에듀테크 진화와 미래교육을 위한 역할 고찰. **정보교육,** 27(1), 71-82.

주정흔, 김보경, 김아람, 임유진, 임세범(2022). 개별 맞춤형 인공지능(AI) 활용 교육의 가능성과 과제: 'AI 튜터 마중물학교' 운영 사례를 중심으로. 서울정책연구소.

안영은, 이해니, 김수진(2021). 교육청별 코로나19 대응책에 대한 동형화 현상 분석, 교육학연구, 59(4), 94-129.

윤성혜, Ozturk, Y. E.(2022). 초중등 교수-학습을 지원하는 에듀테크 평가도구 개발 및 타당화: HCI 기준을 중심으로. **교육정보미디어연구, 28(3),** 543-466.

중소벤처기업부(2022). 중소기업 전략기술로드맵(2022-2024). https://smroadmap.smtech.go.kr

한국교육학술정보원(KERIS) (2022). 수업 사례를 분석을 통한 에듀테크 활용 교수・학습 모델 개발 연구. 에듀테크 활용 교수・학습 모델 개발 연구 이슈리포트.

Benjamin, V. (2021). What is EdTech and why is it such a big opportunity?, hottopics.ht. https://hottopics.ht/insights/what-is-edtech-and-why-is-it-such-a-big-opportunity

Bryant, J., Heitz, C., Sanghvi, S., & Wagle, D. (2020). How artificial intelligence will impact K-12 teachers. Existing and Emerging Technologies Can Help Save Teacher Time—Time That Could Be Redirected toward Student Learning. But to Capture the Potential, Stakeholders Need to Address Four Imperatives.
https://www.mckinsey.com/industries/education/our-insights/how-artificial-intellig ence-will-impact-k{\tiny}12-teachers

CAST (2018). Universal design for guideline version 2.2. https://udlguidelines.cast.org/binaries/content/assets/udlguidelines/udlg-v2-2/udlg_graphicorganizer_v2-2_numbers-yes.pdf

Department of Education (2019). Realising the potential of technology in education: A strategy for education providers and the technology industry (DFE-00072-2019). Department of Education, UK. https://assets.publishing.service.gov.uk/media/5ca360bee5274a77d479facc/DfE-Education_Technology_Strategy.pdf

Donelly-Hermosillo, D. F., Gerard, L. F., & Linn, M. C. (2020). Impact of graph technologies in K-12 science and mathematics education, Computers & Education, 146, https://doi.org/10.1016/j.compedu.2019.103748

Gartner (2017). Hype cycle for emerging technologies. https://www.gartner.com/smarterwithgartner/top-trends-in-the-gartner-hype-cycle-for-emerging-technologies-2017

Gartner (2022). Hype cycle for emerging technologies. https://www.gartner.com/en/articles/what-s-new-in-the-2022-gartner-hype-cycle-for-emerging-technologies

Hurixdigital (2023). 10 Trends in Education Technology That Will Have a Major Impact in 2023. https://www.hurix.com/trends-in-education-technology-that-will-have-a-major-impact

Jake, F. (2020). EdTech Definition and Uses, Investopedia. https://www.investopedia.com/terms/e/edtech.asp

Meyer, A., Rose, D.H., & Gordon, D. (2014). Universal design for learning: Theory and Practice. Wakefield, MA: CAST Professional Publishing.

Ostroff, W. L. (2016). Culticating Curiosity in K-12 Classrooms: How to Promote and Sustain Deep Learning. ASCD.

Stec, K. (2020). Technology in EFL teaching and learning: ICT's effect on reading and writing skills and sttitudes toward ICT-a systematic literature review. https://www.diva-portal.org/smash/get/diva2:1644458/FULLTEXT01.pdf

Sullivan, A. P., Davis, G. A. & Stewart, J. C. (2018). Edtech effectivenss: using screencasts to increase learning outcomes in information systems curricula. *Issues in information Systems, 19(1),* 210-217.

Technavio (2018). Top 10 Trends in Educational Technology For 2018 https://blog.technavio.org/blog/top-10-trends-in-educational-technology

Rose D. H. & Meyer A. (2002). Teaching every student in the digital age: Universal design for learning. Alexandria, VA: Association for Supervision and Curriculum

Development.

Weller, M. (2020). *25 years of ed tech. AU Press*, Athabasca University. https://doi.org/10.15215/aupress/9781771993050.01

World Bank (2022). Education Technology of 'Edtech' (2022. 4). https://thedocs.worldbank.org/en/doc/66e45cf1304e7a326819e43a741273ac-0200022022/original/WB-EdTech-e-version-04-27-22.pdf

Wouters, P., van Nimwegen, C., van Oostendorp, H. & van der Spek E. D. (2013). A Meta-Analysis of the Cognitive and Motivational Effects of Serious Games, *Journal of Educational Psychology, 105(2),* DOI: 10.1037/a0031311

참고사이트

미국 교육부 에듀테크사무국 https://tech.ed.gov

싱가포르 교육부의 에듀테크 마스터플랜 2030(EdTech Materplan 2030) https://www.moe.gov.sg/education-in-sg/educational-technology-journey

영국 교육부 https://www.gov.uk/government/collections/using-technology-in-education

영국 에듀테크 플랫폼 LendED https://www.lended.org.uk

응용특수공학센터 CAST https://www.cast.org

한국교육학술정보원 https://www.keris.or.kr

제 6 장 메타버스 활용 교수방법의 실제

학습목표

- 메타버스의 개념과 특징을 설명할 수 있다.
- 메타버스 활용 교수방법의 핵심 원리를 설명할 수 있다.
- 다양한 교육적 상황에 활용되는 메타버스의 사용성을 평가하고 토론할 수 있다.

주요용어

메타버스, 라이브로깅, 가상세계/현실, 거울 세계, 증강현실, 아바타, 3D 공간, 경험의 원추, 실감형 기술, 게임 기반 학습, 게이미피케이션, ADDIE

본 장에서는 메타버스에 대한 개념과 특징을 알아보고 메타버스 활용 교수방법의 핵심적인 원리를 생각해 본다. 교수설계 이론의 핵심적인 내용을 토대로 한 메타버스 활용 교육의 미래와 향후 과제에 대해 생각해 볼 수 있는 기회를 제공한다.

1. 메타버스의 개념과 특징

메타버스(metaverse)라는 용어를 들으면, 복수의 서로 다른 가상공간(virtual spaces)이 결합된 온라인 3D 환경을 떠올리게 된다. 사전적으로 '초월하다'라는 메타(meta)라는 접두어와 우리가 살고 있는 '세계' 혹은 '우주'를 의미하는 유니버스(universe)라는 단어가 융합되어 현실 세계를 초월한 가상세계를 의미하기도 한다. 이 용어는 1992년 미국 소설가 닐 스티븐슨(Neal Stephenson)의 공상과학 SF 소설 '스노우 크래시(Snow

Crash)'에서 처음 등장하였다. '매트릭스(Matrix)'나 '레디 플레이어 원(Ready Player One)'와 같은 SF 영화에서도 메타버스는 현실 세계의 한계를 벗어나 상상을 초월한 세상으로 표현되었다.

[그림 6-1] 메타버스에 대한 이미지

현실 세계에서 메타버스의 초기 버전은 2000년대 초에 들어와서 활성화된 세컨드라이프(Second Life)로 인식되고 있는데, 3D 공간에서 아바타를 이용해서 다양한 활동을 할 수 있는 서비스다. 현재 메타버스에서 구현되는 형태는 다양하게 존재하나, 가장 일반적으로 증강현실과 시뮬레이션, 내재적 요소와 외재적 요소의 두 축[1]으로 총 4개의 기술 범주로 유형을 구분하고 있다(ASF, 2007).

1) 메타버스 기술을 통해 X축의 좌측은 현실세계의 사물이나 정보를 조직하는 것이고, 반대로 우측은 사적인 기술로 사용자에 초점을 맞춘 기술이다. Y축의 위쪽은 현실세계에 가상의 정보를 부분적으로 증강시킨 것이고, 반대로 아래쪽은 사용자가 보는 것이 가상이며 현실세계와는 전혀 상관없는 새로운 세상을 기반으로 하는지를 구분한다.

〈표 6-1〉 메타버스의 유형

구분	정의	교육적 시사점
라이프로깅	• 사물과 사람에 대한 일상적인 경험과 정보를 캡쳐, 저장, 공유하는 기술 • 소셜 미디어와 같인 다양한 개인의 정보의 기록을 남길 수 있는 세계와 GPS나 다양한 센서 기술을 통해 개인의 건강, 이동, 활동 등에 대한 다양한 정보를 저장하는 것을 포함 • 개인의 일상생활을 기록하고 저장하고 재현하는 기술 • 예: 소셜 미디어 (페이스북, 인스타그램, Vlog), 웨어러블 디바이스, 블랙박스	• 자신의 일상을 돌아보고 성찰하며, 적절한 방향으로 정보를 표상하고 구현하는 능력 향상, 소셜 네트워크 상에서 타인의 피드백이 강화와 보상으로 연결됨 • 다양한 정보를 비판적으로 탐색하고 집단지성을 통해 정보를 창조적으로 재구성함 • 학습과 관련된 분석 데이터(예: 대시보드)를 바탕으로 학습을 성찰하고 개선 • 교사는 학생들의 학습로그데이터를 바탕으로 맞춤화된 방향으로 학습을 촉진하고 적절한 지원을 하며 중도탈락을 방지함
가상 세계	• 사용자의 자아가 투영된 아바타간의 상호작용 활동에 기반 • 현실에 존재하지 않는 가상의 세계로 크게 게임형과 비게임형으로 나눔 • 컴퓨터 그래픽으로 실제 현장이나 환경을 구현하는 기술로 현실에는 없는 공간을 구현 • 예: 세컨드라이프(Second life), 제페토(Zepeto), 로블록스(Roblox)	• 고비용, 고위험의 문제로 연출하기 어려운 환경(예: 화재 현장, 항공 조종, 위험한 수술 등)에서 가상 시뮬레이션을 통해 실습을 할 수 있음 • 과거 혹은 미래 시대 등 현실에서 경험할 수 없는 시공간을 몰입적으로 체험할 수 있음 • 3D 가상세계 기반의 게임을 통해(설계된 게임의 특성과 유형에 따라) 전략적 종합적 사고력, 문제 해결력을 향상, 현실 세계에 필요한 능력을 배움
거울 세계	• 실제 세계를 그대로 반영하되, 외부 환경 정보를 통합하여 제공 • 현실의 세계를 비추는 것에 그치지 않고 추가적인 정보를 더욱 효율적으로 제공함 • 현실에 있는 것을 디지털로 전환하는 개념이며, 가상지도, 3D 모델링 GPS 기술을 통해 현실과 상호소통하는 개념 • 예: google earth 3D map	• 교수학습의 공간적 물리적 한계성을 극복하고, 거울 세계의 메타버스 안에서 학습이 이루어짐 • 만들면서 학습하기(learning by making)를 실현할 수 있음

구분	정의	교육적 시사점
증강현실	• 가상에서만 존재하는 대상을 현실의 배경에 더하여 현실세계의 표현력이 강해지는 결과를 가져옴 • 현실세계를 스마트폰 카메라 또는 증강현실 단말기(AR Glass)에 데이터가 중첩되는 기술 • 위치기반 기술과 네트워크를 활용해 스마트 환경 구축 • 예: 포켓몬Go	• 가상의 디지털 정보를 통해 실제 보이지 않는 부분을 시각적, 입체적으로 학습, 효과적으로 문제를 해결할 수 있음 • 직접 관찰이 어렵거나 텍스트로 설명하기 어려운 내용을 심층적으로 이해하고 학습자 스스로가 체험을 통해 지식을 구성해 나갈 수 있음 • 학습 맥락에 몰입된 상태에서 읽고, 쓰고, 말하는 등의 상호작용 경험을 할 수 있음

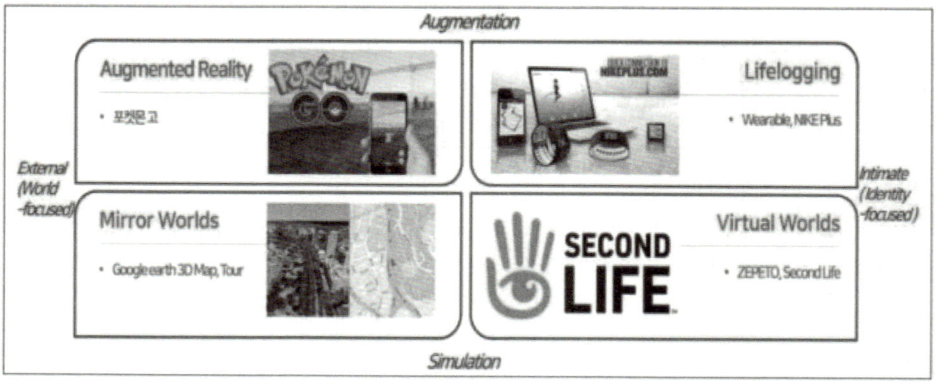

출처: ASF(2007); 김상균(2020), 이승환, 한상열(2021)의 내용을 수정 · 보완하였음.

우선 라이프로깅(Lifelogging)은 사물과 사람에 대한 일상적 경험과 정보를 캡쳐 · 저장 · 묘사하는 디지털 기술을 통해 그 내용을 서버에 저장해 정리하며 다른 사용들과 공유하는 것이 해당된다. 또한 센서가 부착된 유 · 무선 네트워크가 가능한 환경에서 사용자가 운동하면서 이동 경로, 속도, 소비된 칼로리 등과 같은 정보를 저장하고 공유하는 것도 사례가 될 수 있다. 다음으로 가상 세계(Virtual worlds)는 현실과 유사하거나 완전히 다른 대안적 세계를 디지털 데이터로 구축하는 것을 의미하며, 제페토(Zepeto), 로블록스(Roblox) 등이 대표적이다. 가상 현실(Virtual Reality, VR) 이라고 불리기도 한다. 한편, 거울 세계(Mirror worlds)는 실제 세계를 가능한 한 사실적으로,

있는 그대로 반영하되 정보적으로 확장된 가상 세계를 뜻하며 최근에는 디지털 트윈(digital twin)이라는 용어가 이 개념을 대신하고 있다. 마지막으로 증강현실(Augmented Reality)은 현실 공간에 2D 또는 3D로 표현된 가상의 물체를 겹쳐 보이게 해서 상호작용하는 환경을 뜻한다. 주로 머리에 쓰고 탑재된 안경으로 영상표시장치를 보는 헤드 마운트 디스플레이(Head Mounted Display, HMD)의 형태 Varjo XR-3, MS Hololens 등의 기기나 스마트폰 앱으로 구현한다. VR에 비해서 AR은 현실세계에 컴퓨터 그래픽을 결합하여 정보를 제공하는데, GPS 기반, QR 코드의 형태로 된 마커 기반(Imaged Based), 대학 교육 등과 같은 전문분야에서 주로 사용하는 투과형 디스플레이 기반(HMD-Based)으로 진화하고 있다(한송이, 2023).

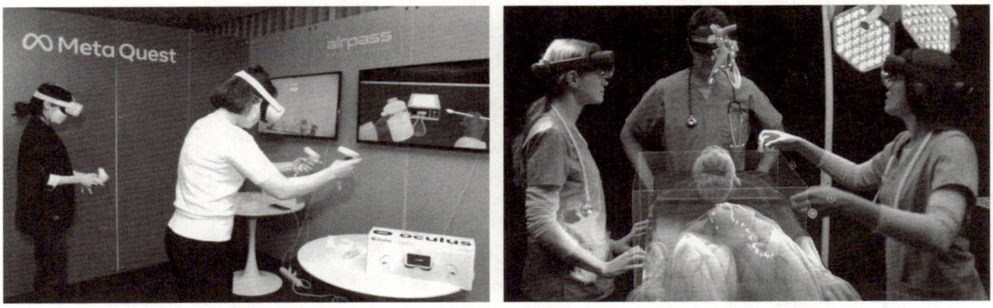

[그림 6-2] 가상현실(VR)과 증강현실(AR) 체험

출처: Meta Quest 및 Microsoft 홈페이지

다음으로 메타버스의 유형을 플랫폼에 기반으로 하여 비교해 볼 수 있다. 기존 상용화된 플랫폼을 활용하는 사용자 요구를 반영하여 자체적으로 메타버스 플랫폼을 구축하는 형태로 나눌 수 있다. 전자의 경우, 기본 틀이나 메뉴 수정은 불가능하나 빠르고 쉽게 사용할 수 있다는 장점이 있다. 반면 후자는 원하는 기능과 요소를 선택할 수 있지만 가격대고 비교적 높기 때문에 비용이 높게 들고 더 많은 전문성이 요구된다. 교육 분야에 활용하는 대표적인 메타버스 플랫폼은 게더타운(Gather.town), 제페토, 로블록스, 스팟(SPOT) 등이며, 국내에서는 젭(ZEP)을 필두로 SK텔레콤의 이프랜드(ifland)가 많이 활용되고 있다.

〈표 6-2〉 대표적인 메타버스 플랫폼

구분	특징	웹페이지
게더타운	• 가상 공간에서 사용자들이 아바타를 통해 상호작용하는 플랫폼으로 주로 회의, 네트워킹 이벤트, 원격 교육 등에 사용됨 • 비교적 단순한 인터페이스를 가지고 있어 사용자 친화적이며, 소규모 그룹에 적합하고 대규모의 복잡한 상호작용에는 제한적일 수 있음 • 동시 접속 허용 인원, 인당 사용료에 따른 구축비 외에 유지사용비가 있음	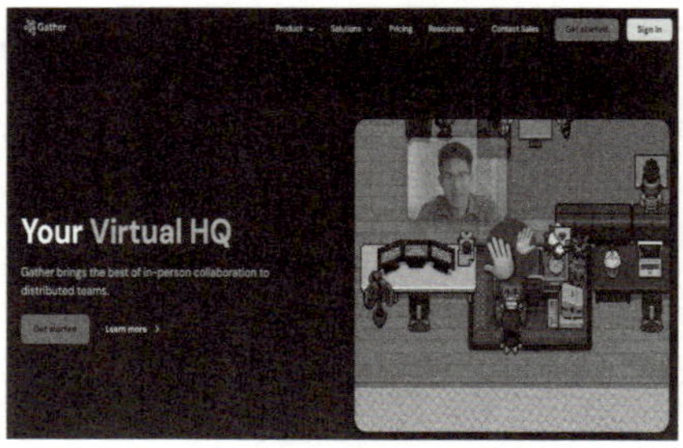
로블록스	• 스튜디오를 사용하여 자신만의 게임을 만들고 다른 사용자가 플레이 할 수 있음 • 로벅쓰(Robux)라는 가상 화폐를 통해 게임 내에서 아이템을 구입할 수 있음 • 게임 제작 도구를 기반으로 창의적인 커뮤니티를 활성화시킬 수 있음 • 주로 게임에 중점을 두고 있어서 교육적 용도로 활용하는데 어려움이 있을 수 있음	
젭	• 게더타운을 벤치마킹하여 개발되었고 자신의 아바타 설정 기능이 특화되어 있음 • 패들렛(padlet)을 비롯한 다른 프로그램과 연동, 문서 업로드, 실시간 검색, 그룹 기능 등 다양한 맞춤형 기능 활용으로 수업 확장이 가능함 • 접속 인원이나 로그인의 제한이 적어 비교적 자유로운 참여가 가능함	

구분	특징	웹페이지
이프랜드	• 3D의 장점과 함께 모바일 서비스를 기반으로 둠 • 아바타 무빙, 제스쳐의 비언어적 표현을 통한 커뮤니케이션에 특화되어 있음 • 한국 시장에 특화되고 있어 국제적인 인지도가 낮고 상대적으로 기능이 적음	
스팟	• 3D 기반 그래픽 중심으로 프레젠터 모드, 소환 기능으로 교수자의 통제가 가능함 • 소규모 업무 중심, 팀 협업과 커뮤니케이션에 특화되고 있음	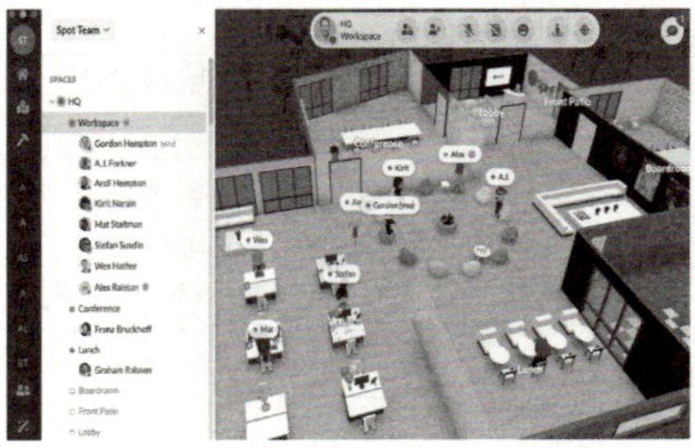

출처: 각 웹페이지의 주요 내용을 정리하였음 (검색일: 2024. 1. 31.)

기술 발전으로 이러한 메타버스 유형간 경계는 모호해지고 융복합 형태로 고도화된 새로운 형태의 메타버스가 등장할 것으로 보고 있다. 메타버스와 VR 콘텐츠를 엄밀히 비교해서 자신을 대신하는 아바타(avatar), 서비스 환경인 3D 공간, 상호작용을 동반한 활동(activity)과 같은 요소가 특징으로 분석되기도 한다(김준호 외, 2022). 즉, 사용자가 아바타를 설정하고 3D공간을 선택하여 1:N 또는 N:N 방식으로 상호작용을 하게 된다.

이에 따라 세계관(Canon), 창작자(Creator), 디지털 통화(Currency), 일상의 연장(Continuity), 연결(Connectivity)의 '5C'라고 할 수 있는 특징이 나타나기도 하고(고선영 외, 2021), 아바타, 연속성, 상호운용성, 실재감, 동시성, 투명성이 제시되기도 한다(계보경 외, 2022). 점차 창작자에 대한 영역이 강조되면서 NFT(Non-Fungible Token)와 같은 블록체인 기술과 연결되어 수익을 창출할 수 있는 경제성도 주목되고 있다.

〈표 6-3〉 메타버스의 특징

구분		특징
고선영 외 (2021)	세계관	메타버스의 이용자는 콘텐츠나 서비스 설계자가 의도한 목적대로만 소비하는 수동적 사용자가 아니라, 자신의 취향이 반영된 세계관을 형성하여 콘텐츠를 생산하고 확산하는 능동적 사용자이다
	창작자	메타버스는 참여자가 자발적으로 세계를 구축하는 창작자이자 동시에 이용자로, 공간(맵), 게임, 나만의 블로그, 사진・영상 촬영, 아바타 의상 제작, 실감 콘텐츠 제작 등 창작물을 무한히 생산할 수 있다
	디지털 통화	메타버스 안에서는 생산과 소비가 가능하고, 가치를 저장・교환하기 위한 디지털 화폐가 통용된다
	일상의 연상	메타버스는 일상의 연속성을 보장하며, 현실의 자신과 메타버스의 아바타가 상호 작용한 결과가 반영된다
	연결	메타버스는 시공간을, 서로 다른 메타버스 세계를, 사람간, 현실과 가상을 연결한다
계보경 외 (2022)	아바타	현실세계의 자아의 확장 아바타 조직을 통해서 교실, 토론장, 발표 공간을 자유롭게 이동 자신의 감정과 생각을 아바타의 표정이나 액션으로 보완
	연속성	현실세계에서 경험한 정보와 기억이 메타버스 상에서도 동일하게 발생
	상호운용성	학습 결과가 현실세계 학습 상태 지표로 활용, 학습자 분석 결과
	실재감	현실세계 인물을 대변함으로써 사회적 실재감 체감 실재감 강화를 위해 높은 내러티브를 포함하는 수업 설계 전략
	동시성	여러 명의 사용자가 동시대에 서로 다른 경험
	투명성	실시간 기록되고 공유되며 포트폴리오 제작하는데 활용
김상희 외 (2023)	실재성	사용자가 메타버스 공간에서 느끼는 사회・심리・공간적 현실감
	동시성	메타버스라는 하나의 공간에서 다양한 활동을 동시에 할 수 있음
	연결성	현실과 메타버스가 연결되고, 실제 나와 메타버스 속 아바타가 연결
	창조성	소비하는 존재를 넘어 창작하는 존재이자 주체적인 학습자로 중점
Council of the European Union (유럽연합 이사회, 2022[2])	지속성, 몰입감 & 대규모 개방	세계/우주의 규모로 끝없이 연결되어 있고 실제처럼 느껴짐
	동시성	모두에게 실시간으로 동기화되어 있음
	디지털과 현실	디지털과 실제 세계 모두를 아우르는 경험을 함
	경제성	개인/기업이 창조, 소유, 투자, 판매, 타인에게 인정받는 가치를 생산으로써 자원의 배분과 화폐화 방식의 변화시킴
	상호운용성	데이터, 콘텐츠, 자산과 디지털 아이템을 서로 다른 플랫폼에서 사용될 수 있음

2) 미국의 벤처 캐피탈리스인 메튜 볼(Matthew Ball)의 홈페이지 (https://www.matthewball.vc/the-metaverse)에서 인용했음을 표기되었음.

지금까지 논의된 메타버스의 개념을 정리하면, 현실과 가상 세계가 융합된 대규모로 개방된 공간에서 실시간 상호작용과 상호운용이 가능한 일종의 플랫폼(platform)으로 볼 수 있을 것이다. 메타버스 사용자는 상호 연결된 가상 세계에서 사회적으로 연결되어 일, 거래, 여가, 창조 등 사회적 연결되어 있다(Council of the European Union, 2022). 메타버스에 대한 연구개발(R&D)은 지속적으로 이루어지고 현재에도 여러 분야와 접목하면서 다양한 사업이 시도되고 있어서 특정의 형태로만 규정하기는 어렵다. 메타버스의 개념은 가상세계에 현실세계를 3D 입체로 복제하고 이를 시뮬레이션하는 디지털 트윈(Digital twin), 창작물에 대한 저작권 관리나 사용자 신원 관리까지 가능한 블록체인(Block chain), 현실과 가상 세계를 연결하는 인터페이스인 확장현실(eXtended Reality, XR), 컴퓨팅 자원을 배분하는 클라우드(Cloud), 5G 또는 6G의 네트워크(Network) 등을 비롯해서 디지털을 기반으로 하는 최신의 기술이 접목되어 확장되고 있다고 볼 수 있다.

〈표 6-4〉 메타버스의 개념 확장

구분	정의
ASF (Acceleration Studies Foundation: 미래가속화연구재단, 2007)	가상적으로 확장된 물리적 현실(virtually-enhanced physical reality)과 물리적으로 영구화 된 가상공간(physically persistent virtual space)의 융합
이승환 · 한상열(2020)	현실과 가상의 상호작용을 통해 공진화하고 새로운 산업, 사회, 문화적 가치를 창출하는 세상
고선영 외(2021)	현실의 나를 대리하는 아바타를 통해 일상 활동과 경제생활을 영위하는 3D 기반의 가상 세계
과학기술정보통신부(2021)	가상 · 증강현실(VR · AR)과 같은 가상융합기술(XR)의 활용을 강조된 확장된 가상세계

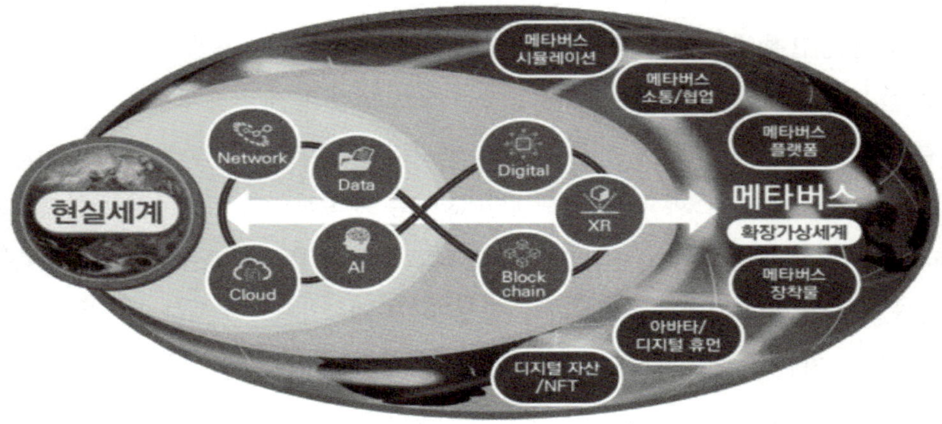

2. 메타버스 활용 교수설계 원리

메타버스를 교육에 활용하고자 하는 시도는 국내뿐만 아니라 세계적인 트렌드이다. 국내의 경우, 2018-2022년까지의 메타버스 활용 교육 사례는 양경화(2021), 한국교육개발원(2021) 등을 비롯해서 학술 보고서에서 다루었고 최신 연구도 계속 도출되고 있다.

메타버스 기술 유형에 따른 활용 현황을 보면, 영국의 경우 초등은 가상현실과 증강현실을 활용하는 비율이 상대적으로 높았고, 중등은 인공지능을 더 높게 나타났다(Department for Education, UK, 2021). 학습자의 연령, 학습 내용, 학습 상황 등 메타버스 활용 교수설계에서는 여러 요소를 고려해야 한다.

〈표 6-5〉 영국의 메타버스 기술 유형별 활용 현황

종류	초등	중등
인공지능 (AI)	5%	18%
가상현실 (VR)	6%	3%
증강현실 (AR)	5%	2%

출처: Department for Education in the UK (2021: 73)

국내의 경우에는 국가 단위에서는 플랫폼을 기반으로 한 형태의 메타버스가 활용되는 경우가 많다. 2024년 현재 운영되는 메타버스 플랫폼의 예를 소개하면, 한국청소년정책연구원은 '다양한 가족과 수용자 자녀 상담 · 활동 · 교육 플랫폼'을 구축되었다(임지연 · 최려나 · 문세진, 2022). 능동적 학습놀이를 통한 다양한 가족과 수용자자녀에 대한 대국민 인식캠페인 상담 · 활동 · 교육을 목적으로 설계, 개발되었으며, 24시간 지속적으로 운영되는 온라인 공간으로 학교, 단체 뿐 아니라 개별적으로 국민누구나 참여할 수 있다(임지연, 2023). 메타버스 안에는 10가지의 프로그램과 교육 활동으로 구성되어 있다.

〈표 6-6〉 메타버스 플랫폼 구성 예시-'다양한 가족과 수용자 자녀 상담 · 활동 · 교육 플랫폼'

프로그램	활동
교육과정 속 다양한 가족	다양한 가족에 대한 나의 생각을 써보세요
OX퀴즈	다양하고 유익한 OX퀴즈와 심화퀴즈를 풀어보세요
십자말풀이	가로 5개, 세로 5개의 정답을 체스판에서 찾아보세요
방탈출미션	힌트를 참고해서 5문제를 풀고 방을 탈출하세요
전시마당	카드뉴스, 전시작물, 캘리그라피 등을 보러오세요
라운지 인증샷	여러 가지 정보를 확인하고 춤추며 인증샷을 찍어보세요
숨은 그림찾기	맵 곳곳에 숨겨놓은 보물이 있어요
교도소 접견 체험관	가족친화적 교도서 접견방식은 무엇이 있을까요?
성공자랑 게시판	방 탈출 퀴즈/ OX퀴즈 성공자랑 게시판
상담실	심리테스트를 하고 상담을 할 수 있어요

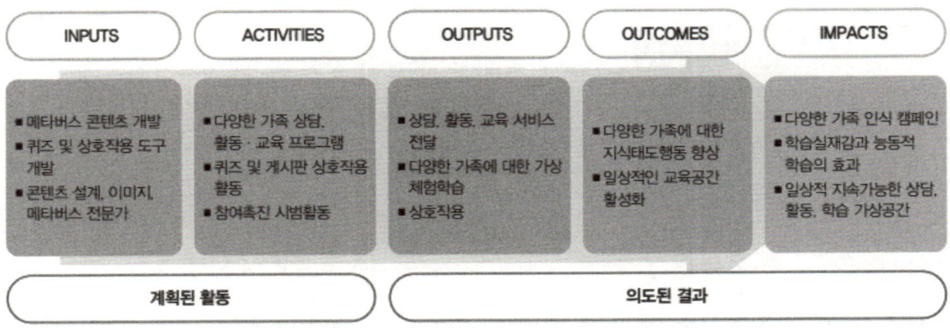

출처: 임지연(2023)의 내용을 재구성하였음.

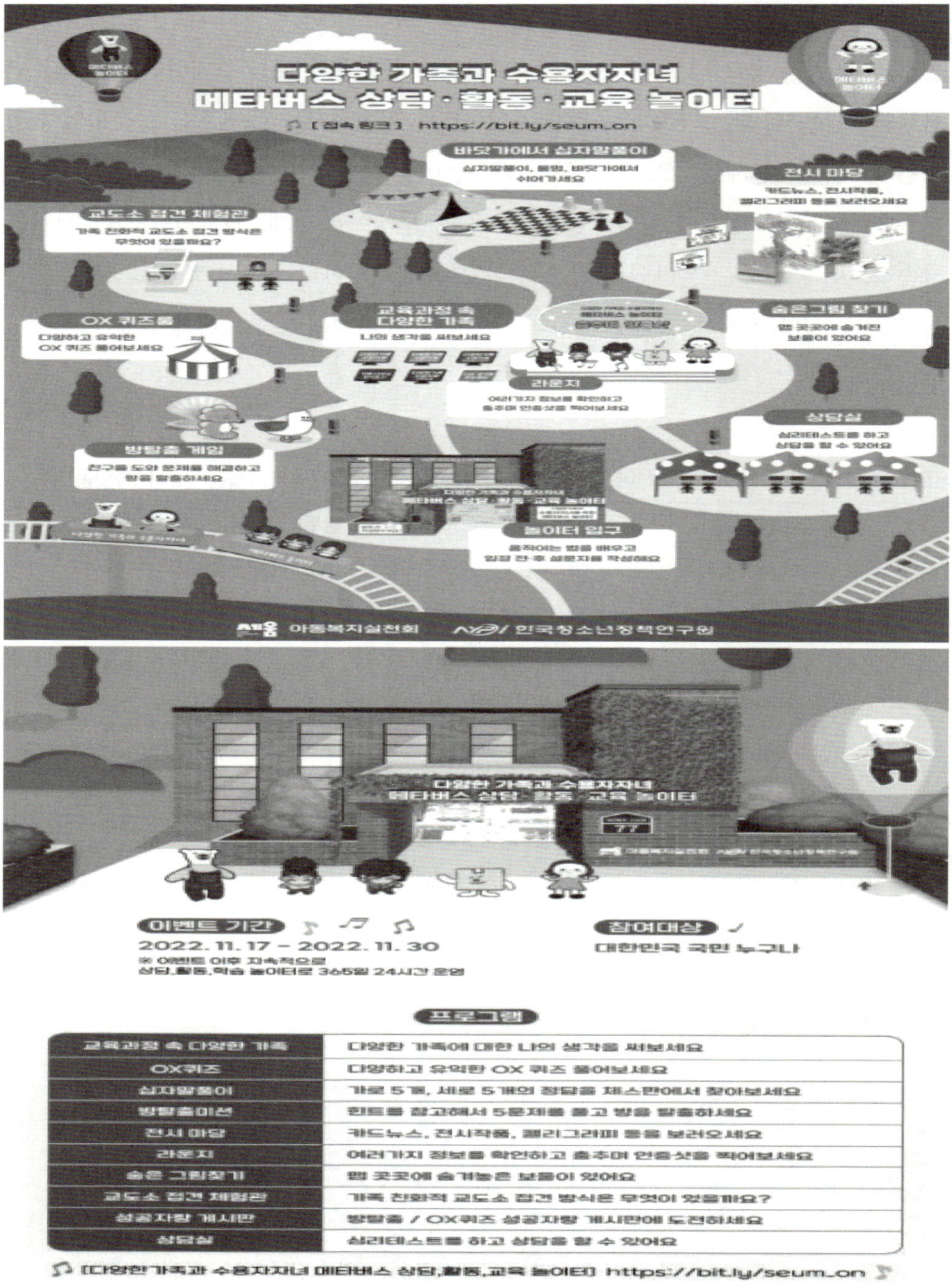

[그림 6-3] 메타버스 플랫폼 안내자료-'다양한 가족과 수용자 자녀 상담 · 활동 · 교육 플랫폼'

출처: https://bit.ly/seum_on (검색일: 2024.1.31.)

한편, 한국교육학술정보원에서는 메타버스로 하는 사이버폭력 예방 교육 '사이버스'를 개발하였다. 학생은 메타버스 속 아바타를 선택하고 스테이지 0(강당)에서 사이버폭력의 유형을 이해하고 예방 교육의 필요성을 이해한다. 이후 스테이지 1~8로 이동하면서 8가지 스테이지에서 10분 내로 미션을 수행하고 8가지 역량을 신장하도록 설계되어 있다.

〈표 6-7〉 메타버스 플랫폼 구성 예시-'메타버스로 하는 사이버폭력 예방 교육, 사이버스'

프로그램	역량	활동
마음을 토닥 토닥!	사이버 공감	사이버폭력과 관련된 고민을 가지고 있는 친구들을 만나 고민 해결을 해결해 봅시다
우리 사이를 바꾸는 한마디!	사이버 의사소통	사이버 공간에서 다툼이 생긴 친구들의 대화를 보고, 다툼의 원인을 찾아 해결해 봅시다
'나는 대단해' 나 응원하기!	사이버 자기존중감	사이버 공간에서 나의 장점을 소개하는 명함을 만들고 나누어 봅시다
아름다운 사이버 꽃 피우기!	인터넷 윤리의식 및 활용	올바른 사이버 공간을 위한 다짐 글로 작성해 봅시다
나를 지켜주는 조절의 힘!	사이버 자기조절	사이버 공간에서 지켜야 할 것에 대한 퀴즈로 방탈출 게임을 해 봅시다
사이 좋은 감정 온도 찾기	사이버 감정조절	상대에게 상처 주지 않으면서 나의 감정을 올바르게 전달하는 방법을 확인해 봅시다
같은 상황! 다른 생각?	사이버 갈등관리 및 문제해결	나의 선택과 다른 사람의 선택을 비교하는 밸런스 게임을 해 봅시다
사이버폭력 걱정 끝!	사이버폭력 인식 및 대처	강당에서 친구들과 함께 사이버폭력을 예방하기 위한 문제를 풀어 봅시다

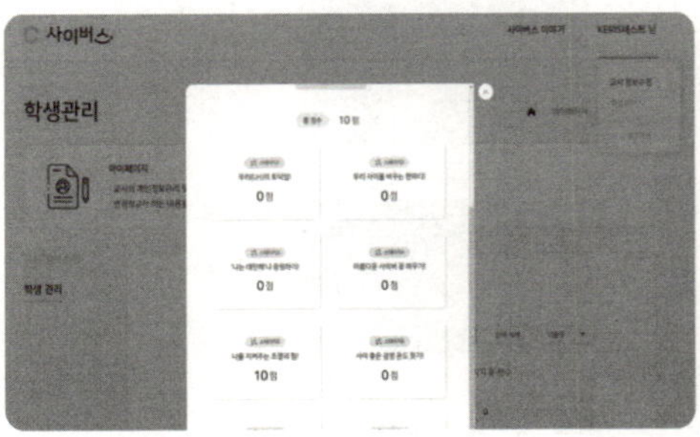

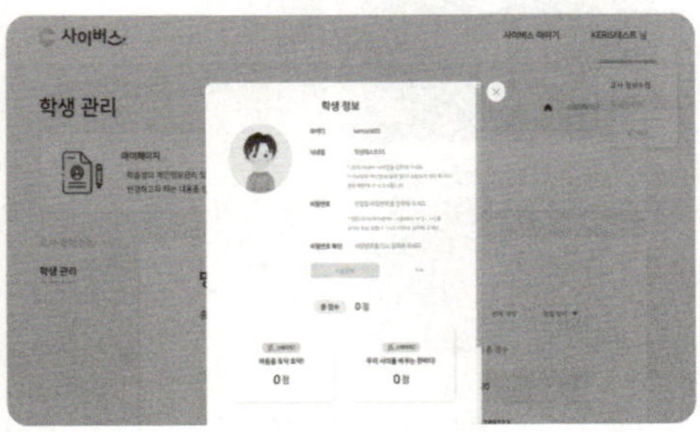

출처: 교육부, 17개 시・도교육청, 한국교육학술정보원 사이버폭력예방교육지원센터(2023)

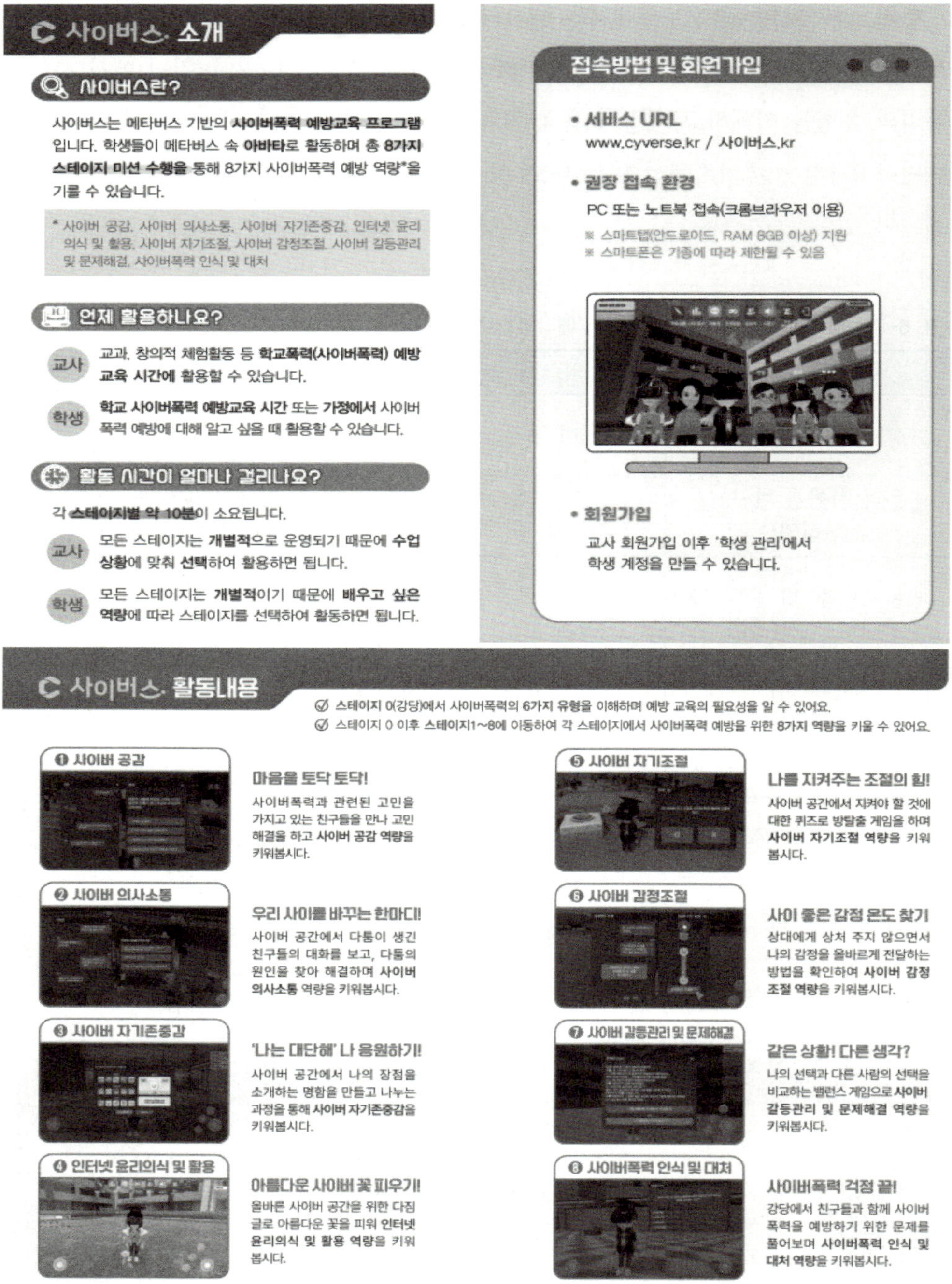

[그림 6-4] 메타버스 플랫폼 안내자료-'메타버스로 하는 사이버폭력 예방 교육, 사이버스'

출처: https://www.cyverse.kr (검색일: 2024.1.31.)

앞서 다룬 메타버스 기반 교수학습 유형은 교수자가 학습자에게 지식을 전달하는 ‘강의형’, 가상의 공간에서 학습 경험에 중점을 주는 ‘체험형’, 다양한 논의를 전개하는 ‘토의·토론형’, 창의적이고 협력적으로 ‘문제를 해결하는 유형’, 학습자가 새로운 콘텐츠를 개발하는 ‘제작형’ 등으로 볼 수 있다(계보경 외, 2022: 43). 메타버스 플랫폼을 교수학습 목적에 따라 활동을 몇 가지 예시를 제시해 볼 수 있고, 이를 토대로 학습 목적과 내용에 따라 다양한 활동으로 변환해 볼 있을 것이다.

〈표 6-8〉 메타버스 플랫폼에서의 학습 활동 예시

활용 목적	활동 예시
배경/맥락 설정	• 아바타를 통한 역할놀이 협동 학습 • 학생들이 캐릭터로 뮤지컬의 한 대목을 진행 • 지리, 사회, 경제, 문화 등의 교육에 접목 상황학습 • 가상마을 탐방
퀘스트/퀴즈	• 퀘스트, 방 탈출 게임 • 영상찾기 및 학습지 풀기 • 형성평가, 총괄평가
공유/모둠수업	• 팀별/개별 발표자료 활용 메타버스 공간 내 발표 • 토의·토론 • 협력/협동학습(협동화 그리기) • 미술작품 전시 및 관람
간접체험	• 현실에서 접하기 어려운 자연 또는 과학학습 체험(실험실습) • 시뮬레이션 필요한 체험교육(안전교육) • 진로활동(진로탐색 및 멘토링), 학과체험 • 웹 사이트 연결 구글 실험실 활동
메이킹/제작	• 협업 프로그래밍 • 건축도면(전개도 및 직육면체 제작) 수업 • 학교 시설 설계 및 표현 • 메타버스 내 공간 제작

출처: 노광현 외(2023)을 수정·보완하였음.

그렇다면 이러한 메타버스 활용 교수설계에서는 무엇을 가장 먼저 고려해야 하는가? 우선 학습자가 메타버스 공간의 배경과 맥락에서 경험하게 되는 것에 일차적으로 주목해야 한다. 데일(Dale, 1946)이 제시한 경험의 원추(Cone of Experiences) 모델에 따르면, 인간의 경험은 추상성(abstraction)에 따라 작동적(enactive), 영상적(iconic), 상징적(symbolic) 표상 수준으로 구분된다. 이에 따르면, 학습자의 발달단계와 학습자 연령과 관련이 되어 있다. 발달단계가 낮거나 어린 학습자일수록 직접적 경험에 가까운 방법이, 발달단계가 높거나 성인 학습자일수록 상징적 언어에 의한 학습이 효과적이다. 경험의 원추에 위쪽일수록 학습 자료를 학습하는 시간이 짧아지게 되고, 아래쪽으로 갈수록 보다 장기 기억으로 저장될 수 있다. 정리하면, 메타버스와 같은 실감형 기술(immersive technology)은 활용은 학습자 자신의 감각을 자극하여 학습 경험의 직접 경험과 유사하게 구체성을 높이는데 초점을 두고 있다. 메타버스에서 학습자는 실제 콘텐츠와 직접 상호작용하면서 수동적이 아닌 능동적으로 자기주도적으로 학습하며 성취감을 높일 수 있게 된다.

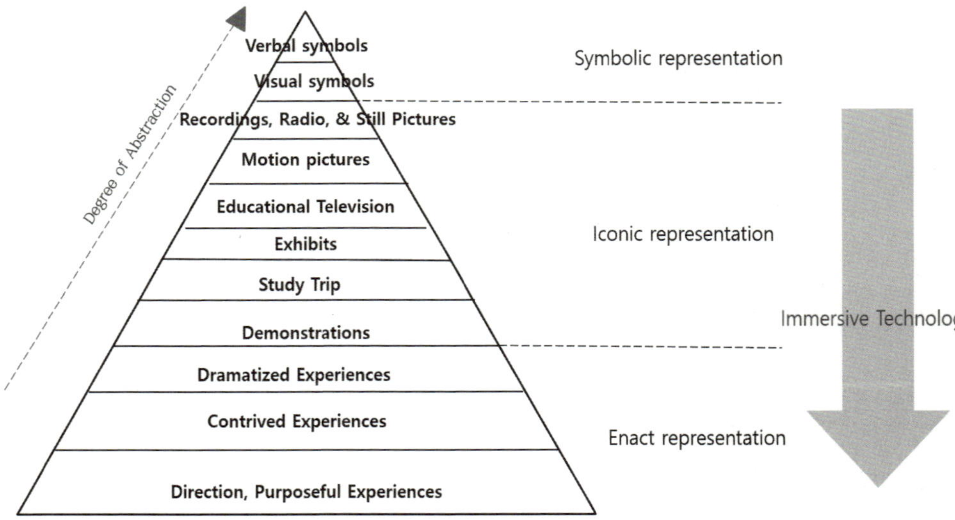

[그림 6-5] 데일(Dale, 1946)의 경험의 원추

따라서 메타버스 활용 수업은 강의 학습 보다는 학습자들이 그룹 활동을 통하여 하나의 과제를 함께 완성해 가거 문제해결 결과물을 제작하는 프로젝트 기반 학습(Project Based Learning), 상황학습, 체험학습, 토의 등의 학습자 중심 교수학습방법

에 근거를 두고 있다(김상희 외, 2023). 즉, 강의식의 일방적인 지식 전달이 아니라 학습자의 학습활동 촉진과 학습자 간의 상호작용에 더 중점을 두어야 한다는 점이다. 이러한 점에서 학습에 흥미가 적은 학습자가 게임이나 디지털 환경에 익숙한 학습자에게 게임 기반 학습(Game-baased learning) 또는 교육에 게임 요소가 게이미피케이션(Gamification)이 효과적이라고 알려져 있다.

게임의 특징적인 도전 요소는 창의성, 정확성, 추론, 윤리성, 문제해결력 등을 신장시킬 수 있고, 특히, 애니메이션(animation)의 표현은 학습자가 학습 자료를 오래 기억할 수 있도록 하는 역할을 한다(Viera, Silveira, & Martins, 2019). 교수설계에 게임 요소를 적용할 때는 전반적인 가치(overall value)가 게임의 배경과 상황에 적용되어야 하며, 사용자가 게임에 쉽게 접근하고 이미지 제공 사양이 맞고 로딩(loading)하는데 오랜 시간이 걸리지 않게 유용성(usability) 차원에서 사용자 친화적인 인터페이스(user-friendly interface)를 고려해야 한다. 또한 게임 설계 과정의 정확성(accuracy). 사용자의 요구에 부합하는 메뉴와 기능을 제공함으로써 적합성(appropriateness)을 확인해야 한다(Agustini, et al., 2023). 게임 요소가 메타버스에 결합되면, 개방성, 지속성, 회귀불가성과 같은 특징이 부각된다(양경화, 2021). 메타버스에서의 상황과 해야 할 일이 사전에 프로그래밍이 된 것이 아니라 본인과 다른 사람의 결정에 따라 달라질 수 있는 개방적이라는 점이다. 또한 자신이 참여하지 않더라도 종료되지 않고 지속된다는 점이다. 구성원의 합의나 서비스 제공자가 불가피하게 종료하지 않는 한 메타버스는 맨 처음으로 초기화되지 않는다.

이러한 메타버스 활용 수업의 특징을 대표적인 교수설계(Instructional Design: ID) 모형 중 하나인 ADDIE 모형-분석(Analysis), 설계(Design), 개발(Development), 실행(Implementation), 평가(Evaluation)의 5개의 절차에 적용하여 단계별 세부 내용을 도출할 수 있다. ADDIE의 초기 모델은 한 단계를 마치고 다음 단계로 넘어가는 일방향의 선형적인 형태였다면 후속 연구들에서 다양한 응용 버전을 제시되고 있다.

〈표 6-9〉 ADDIE 모형에 기반한 수업 설계 주요 내용

ADDIE 모형	주요 내용	
분석	학습 환경 분석	• 메타버스 개념, 특성, 유형 이해
		• 기기 실행 환경 등
	사용자 분석	• 학습자 분석, 교수자 분석
	학습주제 및 학습 목표 설정	• 가상세계를 통한 달성한 학습 목표 설정 • 학습 달성 수준 측정 지표 설정
	수업 플랫폼 적합성 분석	• 수업자원 확인 • 가상세계 활용을 위한 H/W, S/W 사양 확인, 학생 디지털 역량 확인 등
설계	학습목표 진술	• 성취 기준 성취 및 재구성
	수업방법 및 과정 설계	• 메타버스 수업 설계 원리 • 수업방법 전략 선정 • 플랫폼의 특성을 고려한 수업 과정 설계 • 플랫폼과 연동 가능한 수업 도구 선택 • 플랫폼 내 수업 공간 설계
개발	교수학습 공간 개발	• 메타버스 학습환경 개발 (수업공간 생성) • 플랫폼 공간 구성
	교수・학습자료 개발	• 학습 가이드 제작 • 수업 자원 삽입 • 평가 도구 개발
실행	학습촉진 및 학습자 지원전략 실행	• 모니터링, 스캐폴딩, 피드백 등 전략 활용
	수업 운영	• 도입-전개-마무리 단계별 수업 운영
평가	학습자 평가	• 형성평가, 총괄평가
	학습 효과 분석	• 학습자 수업 성찰 및 개선 • 교수자 수업 평가 • 플랫폼 환경 평가

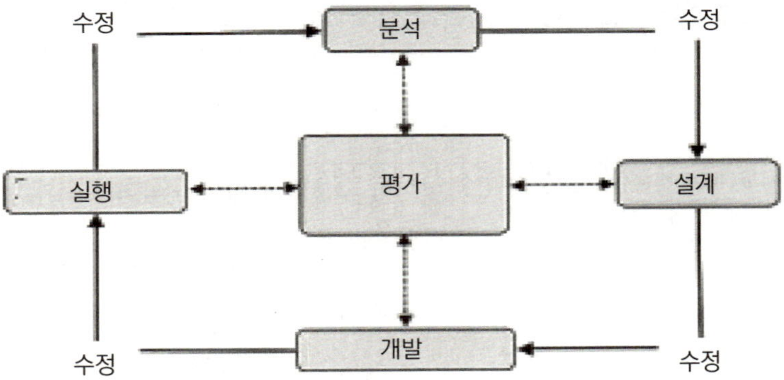

출처: 계보경 외(2022), 엄미리 외(2022) 재구성함

메타버스와 같은 최신의 에듀테크를 교육에 활용할 때는 기존 수업 형태보다 복잡하고 고려해야 할 요소가 많기 때문에 종합적으로 탐색해야 한다. 예를 들면, 수업 전(pre class)-중(in class)-후(after class)를 모두 고려한 보다 정교한 교수설계가 요구된다(한송이, 2023).

〈표 6-10〉 메타버스 활용 교수설계 가이드라인

구분			주요 내용
수업 전	메타버스에 대한 지식의 정도		• 메타버스의 의미 및 국내외 사례 예시 • 메타버스 활용 수업 설계 원리 및 가이드라인 • 메타버스 플랫폼 강의실 개발 • 메타버스의 교육적 활용 방법 및 연구
	교육과정 분석	수업 분석을 통한 적합성 판단	• 수업의 한계점을 메타버스가 해결해 줄 수 있는지 판단 • 수업 목표, 성취 기준, 학습 요소, 교수·학습 방법, 평가 • 메타버스 플랫폼을 활용한 주차 및 주제 판단
		강의유형에 따른 교육용 메타버스 플랫폼 선정	• 게임, 제작, 협업, 교류, 목적 등의 강의유형에 근거한 선정
	역량분석	교수자 역량 분석	• 메타버스 리터러시 역량 (예: 플랫폼 활용법, 기기 활용법 등)

구분			주요 내용
			• 촉진자, 코칭, 컨설턴트의 역할 역량
		학습자 역량 분석	• 메타버스 리터러시 역량(예: 플랫폼 활용법, 기기 활용법 등)
	수업환경 설계	메타버스 환경(공간) 설계	• 이미 구축되어 있는 메타버스 플랫폼 무료 공간 활용 • 오픈소스를 활용한 공간/오브젝트 재배치 • 유료 공간 설계
		메타버스 환경(정보자원) 설계	• 교육도구 링크 및 링크 삽입(멘티미터, 소크라티브, 핑퐁, 유튜브링크 등) • 수업자료 삽입(예: PPT, 수업 문서 등) • 학습자 이메일 주소 확인 매뉴얼 개발
	특성분석	학습자 특성	• 학습자의 배경(예: 학년, 전공, 나이, 지역 등) • 사전 지식수준, 학습동기 • 테크놀로지 활용 능력 • 메타버스 경험 유무 • 기술적 상황(예: PC, 스마트폰 등)
수업 중	수업설계	오리엔테이션	• 메타버스 플랫폼 활용 이유 및 장점 • 메타버스 플랫폼의 맵 제공 및 활용법 안내 (예: 맵 공간에 대한 안내) • 학습자에게 메타버스 플랫폼 연습기회 제공
		교수 실재감	• 메타버스 활용 수업 안에서 교수 실재감 확보하기(예: 카메라 응시하기, 학생 이름/아바타 이름 불러주기, 팀 공간에 방문하기 등)
		학습 활동	• 학습활동 정교화 계획 및 가이드라인 제공 (예: 학습 활동 목표, 활동 시간 등) • 공동학습과제 부여를 통한 메타버스 내 팀 과제 수행
수업 후	수업성찰	학습자 성찰	• 메타버스 수업의 장·단점, 개선점(예: 구글 설문, 면담 등)
		교수자 자기 성찰	• 메타버스 수업의 장·단점, 개선점
	수업 재설계	수업 재설계	• 메타버스 플랫폼 적절성, 학습활동 내용 및 시간의 적절성, 학습 효과 등

출처: 한송이(2023)의 주요 내용을 수정·보완하였음.

전통적으로 수업에서 교사의 역할은 지식전달자였으나 메타버스 활용 수업에서는 다양한 상학습자의 사고를 스스로 확장시킬 수 있도록 돕는 퍼실리테이터(facilitator)로서의 역할이 강조된다. 단순히 지식을 효율적으로 전달하기 위한 교육 내용의 설계하는 것을 넘어서 학습자를 인지적, 정서적 차원에서 케어해주는 역할이 조력자이자 튜터(tutor)의 역할인 것이다. 학습자도 기존 수업 방식과 다르게 자기 주도적으로 자료를 찾고 스스로 학습한 내용을 개별화 학습하고 좀 더 향상된 개념을 배우거나 고차원적인 문제해결 활동하는 것에 중점을 둔다(Bergmann & Sams, 2014). 〈표 6-11〉와 〈표 6-12〉은 교수자의 교수 활동과 학습자의 학습 활동, 공간/기술 활동을 구분해서 도출된 메타버스 활용 교수학습 모델(김상희 외, 2023)을 볼 수 있다.

〈표 6-11〉 메타버스 활용 교수학습 모델2(META-CLAS1): 지식구성-지식명확화-지식활용

<table>
<tr><th rowspan="2">단계</th><th rowspan="2">하위 단계</th><th colspan="3">교수 · 학습 활동</th></tr>
<tr><th>교수 활동</th><th>학습 활동</th><th>공간/ 기술 활용</th></tr>
<tr><td rowspan="3">(1)
지식
구성</td><td>예시 제시</td><td>① 수업 방법 안내 및 지식 구성을 위한 예시 및 사례 제시
• 예시 및 사례 제시
• 관찰 및 분석 방법 안내
② 모둠별 학습지 제출 안내</td><td>경청 및 질의 응답</td><td>• 지식(학습목표로 하는 내용)을 교사가 먼저 전달하지 않고 학습자들이 메타버스를 통해 제시된 사례를 보고 지식을 구성 · 도출
• 교사 화면 공유(영상, 이미지, 사진 등) 혹은 교실 스크린 등을 활용하여 제시
• 화상 채팅 기능 활용
• 온라인 질문 도구 활용
• 학생 질문 시 메타버스 환경에서 '탈억제' 특성을 반영하여 학습자의 적극적 참여를 독여할 수 있도록 게시글 작성 혹은 주관식 설문 기능이 있는 에듀테크를 활용할 수 있음(Slide, 잼보드, 패틀렛, 멘티미터 등 수업에 맞게 선정)</td></tr>
<tr><td colspan="4">▼ ▼</td></tr>
<tr><td>관찰 및 분석 (집단화,</td><td>• 교수자 모니터링 및 퍼실리테이팅
• 학습자의 학습지 작</td><td>① 예시/사례 관찰 및 분석 (개별)
• 학생들은 자신의 속도에</td><td>• 모니터링: 순회지도, 스포트라이트 기능, 학습내용 실시간 동기화 현황 파악 등</td></tr>
</table>

단계	하위 단계	교수·학습 활동		
		교수 활동	학습 활동	공간/ 기술 활용
	범주화, 관계 추론)	성 수행사항, 실시간 모니터링 및 퍼실리테이팅 (개별/모둠별)	맞추어 주어진 예시를 개별적으로 관찰 및 분석 • 관찰 및 분석 결과를 개인별 학습지에 작성 • 또는 전체 학생 대상으로 진행 (예: 구글문서도구, 패들렛 등) 또는 (전체)탈억제성 및 동료학생의 답을 보며 학생간 흥미를 자극할 수 있는 에듀테크 연동(예: 워드클라우드) ② 관찰 및 분석결과를 모둠별 학습지에 작성 ③ (모둠별) 화면공유 기능 : 분석 결과 학습지는 온라인협업 도구로 작성	• 퍼실리테이팅: 화상, 채팅, 댓글 등 • 학습지: 관찰 및 분석 활동을 가이드해주는 질문들로 구성, 학습자의 학습활동을 촉진 목적을 활용 • 관찰 및 분석: 수업의 목적에 따라 집단화, 범주화, 관계 추진, 차이 및 공통점 분석 등을 실시 • 모니터링: 학습자들의 관찰 분석 결과 작성을 실시간으로 동기화하여 모니터링 가능한 에듀테크 활용
		▼	▼	
(2) 지식 명확 화	도출한 지식 공유/발표	모둠별 발표 진행 안내		• 학습자들이 구성한 지식을 발표를 통해 공유하며, 발표 내용에 대해 교수자가 피드백하며 해당 지식을 명확하게 설명하는 단계 • 결과학습지(온라인 협업 도구) 화면 공유 또는 교실 스크린으로 모둠별 도출 내용 공유
		▼	▼	
	교수자 피드백 및 설명	• 피드백 및 설명 • 모둠별 도출한 지식에 대한 피드백 진행 • 학습자들이 학습 내용을 명확히 이해할 수 있도록 설명 및 예/비예 제시	경청 및 질의응답	• 설명한 지식을 이해할 수 있도록 예와 비예를 제시 • (예와 비예는 메타버스 공간 내에 임베드 기능으로 제공하여 학습자들이 수행유도 단계의 학습활동을 진행할 때 다시 학습자 속도에 따라서 언제든 다시 보면서 학습 내용을 이해할 수 있도록 함 • 메타버스 공간에서의 학습 내용의 지속성과 학습자간 동시성 반영

단계	하위 단계	교수 · 학습 활동		
		교수 활동	학습 활동	공간/ 기술 활용
				• 학습자의 지식을 퀴즈 등으로 풀어봄으로써 (수행유도) 명확화를 돕는 단계 • 교실 스크린을 활용하여 온라인협업 문서 공유 • 교사 화면 공유(영상, 이미지, 사진 등) 혹은 다른 공간에 게시된 자료 임베드 • 화상/채팅기능 활용 • 온라인 질문도구 활용
		▼	▼	
	적용 예시 제시 및 수행 유도	① 적용 예시 제시 • 학습 내용(구성한 지식) 관련 다른 적용 예를 제시 및 설명 ② 학습자의 이해 점검을 위한 수행유도 • 퀴즈 등 진행(개인별 or 모둠별) ③ 학습자 모니터링 및 퍼실리테이팅	① 경청 및 질의응답 ② 수행 및 수준별 공간 이동 • 퀴즈 등 참여 • 퀴즈피드백을 통해 수준별 학습 공간 이동 및 해당 수준의 문제 확인/평가 • 필요시 학습 내용 반복 학습 ③ 질의응답	• 수행유도 단계에서는 퀴즈를 푸는 행동과 함께 학습자가 맵메이커 기능을 활용하여 퀴즈를 출제하는 등의 활동을 통해 자신의 이해정도를 명확화하며, 작성한 퀴즈를 동료 학습자 간에 수행 (수업내용 성격에 따라 두 번째 유형의 수행유도는 생략 가능) ① 화면공유(영상, 이미지, 사진 등) 혹은 교실 스크린을 활용한 설명 ② 메타버스 내 퀴즈 혹은 타 에듀테크 활용 ③ 퀴즈 참여 현황 실시간 확인, 채팅, 댓글, 순회지도, 학생 활동 사항을 교실스크린 공유(ex. Zep을 교실스크린 공유)
		▼	▼	
(3) 지식 활용	과제(문제) 및 맥락 제시	학습 내용을 활용할 과제/문제 설명 (또는 과제에 따라) 맥락/배경이 직접 반영된 공간으로 이동하여 안내	경청 및 질의응답	• 지식 명확화 단계를 통해 습득한 지식을 관련 과제(project)를 수행하거나 • 문제(problem)를 해결함으로써 적용 및 활용해보는 단계 • 화면 공유 기능 또는 교실스크린 공유

단계	하위 단계	교수 · 학습 활동		
		교수 활동	학습 활동	공간/ 기술 활용
				• 채팅, 댓글, 온라인 질문 도구 활용
	▼ ▼			
	자료 수집 및 과제(문제) 해결안 도출	모니터링 · 퍼실리테이팅 및 피드백	① 모둠별 자료 수집 계획서 작성 ② 과제/문제해결안 도출 및 제작	• 온라인 협업도구 (과제수행계획서) • 실시간 확인, 댓글, 채팅, 순회지도 등 • 온라인 협업 도구 활용 과제수행계획서 작성 • 맵메이커 활용 모둠별 산출물 제작 또는 타 에듀테크 활용 산출물 제작
	▼ ▼			
	과제(문제) 해결안 발표 및 평가	① 모둠별 과제 및 문제해결안 발표 안내 ② 평가 및 피드백 진행 ③ 학습결과 정리요약 (필요시 설명)	① 모둠별 과제 및 문제해결안 발표 진행 ② 동료 및 자기 평가 (학습자 수준과 수업목적에 따라 결정) ③ 질의응답	• 화면공유 • 온라인문서도구, 댓글, 채팅, 또는 교실 스크린 활용 • 산출물 제작 화면 공유 • 온라인문서도구, 댓글 등 활용 • 채팅, 댓글, 온라인 질문도구 활용

〈표 6-12〉 메타버스 활용 교수학습 모델2(META-CLAS2): 지식안내-지식명확화-지식활용

단계	하위 단계	교수 · 학습 활동		
		교수 활동	학습 활동	공간/ 기술 활용
(1) 지식 안내	절차 설명	• 절차적 지식 (예: 수학 공식, 응급 상황 대피 과정 등) • 절차적 지식은 그 내용에 따라 공간 활용 수준이 상이할 수 있음 • 수학 공식과 같은 절차를 배우는 수업에서는 화면공유보다 대면설명이 용이 • 위험성, 체험이 필요한 경우에는 영상 혹은 다른 에듀테크를	경청 및 질의응답	• 교사 화면 공유(영상, 이미지, 사진, 다른 에듀테크, VR활용 등) 혹은 교실 칠판/스크린 활용 진행

		연동하여 절차적 지식을 설명하는 것이 효과적일 수 있음		
		▼	▼	
	시범 또는 예제 지시 (비예제 시)	• 교수자 시범 혹은 예제 제시 • 절차적 지식을 적용한 예 안내 (예: 수학 문제 풀이) • 절차적 지식을 활용한 시범 (예: 실험/실습방법 시범) • 질의 응답	경청 및 질의응답	• 교사 화면 공유(영상, 이미지, 사진, 다른 에듀테크, VR 활용 등) 혹은 교실 칠판/스크린 활용 진행 • 화상/채팅 기능 활용 • 온라인 질문도구 활용
		▼	▼	
(2) 지식명확화	연습 및 적용	① 설명한 절차(규칙, 방법)를 활용해 볼 수 있는 연습/실습 문제 제공 ② 학습과정 모니터링	① 연습/실습 문제 수행 ② 질의응답 및 학습도움자료 확인 수행 ③ 실험/실습결과 작성(퀴즈 형태의 연습이 아닌 실험, 실습을 수행한 경우)	• 교사 화면 공유 혹은 교실 칠판/스크린 활용 진행 • 순회지도, 동기화 에듀테크 활용 시 참여 현황, 정답 여부 등 실시간 확인 • 퀴즈(메타버스 내 퀴즈) 또는 체험 진행(VR 활용) • 학습자료 임베드 기능 실행, 필요시 인터넷 검색 활용 • 온라인 협업문서도구 활용
		▼	▼	
	교수자 피드백	연습 결과 확인 및 피드백	경청 및 질의응답	• 전체 대상 피드백 시(교사 화면 공유 혹은 교실 칠판/스크린 활용 진행) • 개별/모둠별 피드백: 채팅, 댓글, 스포트라이트, 순회지도 등 활용 • 화상/채팅기능 활용 • 온라인 질문도구 활용
	수행 유도 (수준별) 및 피드백	① 적용 예시 제시 • 학습 내용(구성한 지식) 관련 • 다른 적용 예를 제시 및 설명 ② 학습자의 이해 점검을 위한 수행 유도	① 경청 및 질의응답 ② 수행 및 수준별 공간 이동 • 퀴즈 등 참여 • 퀴즈피드백을 통해 수준별 학습공간 이동 및 해당 수준의 문제 확인/평가 • 필요시 학습 내용 반복	• 화면공유 혹은 교실 스크린 활용 설명 • 채팅, 댓글, 온라인 질문도구 활용 • 메타버스 내 퀴즈앱 실행 참여(학습자료 임베드 기능 실행, 인터넷 검색 활용)

		퀴즈 등 진행(개인별 또는 모둠별) ③ 학습자 모니터링 및 퍼실리테이팅	학습 ③ 질의응답	
		▼	▼	
(3) 지식 활용	반복학습 및 문제 (퀴즈) 개발	① 모둠별 퀴즈 작성 안내 (지식명확화 단계 내용을 바탕으로 동료학습자 대상 퀴즈개발 안내) ② 퀴즈 작성과정 모니터링 및 피드백 ③ 퀴즈 확인 및 교사 전체 피드백 제시 • 오답률 혹은 퀴즈 수행에 따라 공통적/개별적 피드백 실시	① 모둠별 퀴즈 작성 ② 모둠별 퀴즈 설계 및 수행 ③ 질의 응답 및 필요시 학습내용 반복할습	① 맵메이커 기능 안내 및 퀴즈문항점검 ② 온라인문서 확인(퀴즈문항점검), 퀴즈 ③ 화면공유 혹은 교실 스크린으로 공유 • 퀴즈는 온라인 문서 도구(구글, 패틀렛 등) 업로드・학습내용 반복 학습은 학습 도움 자료를 오브젝트 상 영상으로 삽입하여 제시하거나, 링크를 연동하여 학습자들이 필요시 반복학습할 수 있도록 함
		▼	▼	
	문제해결 결과공유 및 피드백	① 퀴즈 수행 안내 및 수행 과정 모니터링 ② 평가 및 피드백 진행: 학습 결과 평가, 피드백, 수업내용 정리요약	① 동료 학습자가 제시한 퀴즈 수행(개인 혹은 모둠별) ② 동료 평가 및 자기 평가(학습자 수준과 수업목적에 따라 결정) ③ 질의 응답	• 순회지도, 타 에듀테크 활용 시 해당 실시간 동기화 확인 • 댓글, 채팅 혹은 교실 스크린 활용

3. 메타버스 활용 교육의 미래와 과제

메타버스 활용 교육은 장단점이 모두 나타난다. 먼저 장점으로는 코로나19 팬데믹과 같이 오프라인 교육이 어려운 상황에서 현실의 제약을 넘어서 학습자가 사회적 연결을 할 수 있도록 지원해 준다는 점이다. 코로나19로 인해 학교가 폐쇄되었을 때 제페토 내의 다양한 3D 맵 중 '교실맵'이 가장 많이 활용되었고 메타버스 졸업식과 입학식이 진행되기도 하였다(계보경 외, 2021). 실제 직업・교육 분야에서 메타버스를 웹 검색하는 구글트렌드 분석 결과[3]에 따르면, 팬데믹 기간 중 2021년 하반기에 메타버스에 대한 검색이 폭증했었고, 2022년 이후 일상화되면서 국제적으로 검색 빈도가 감소되고 있다. 우리나라의 경우에도 팬데믹 기간에 검색이 가장 많이 되고 이후에 다소 완화되었지만, 비교적 지속적인 관심을 보이고 있는 것으로 나타났다. 이렇게 메타버스는 새로운 학습의 공간으로 인식되고 있을 것을 알 수 있다.

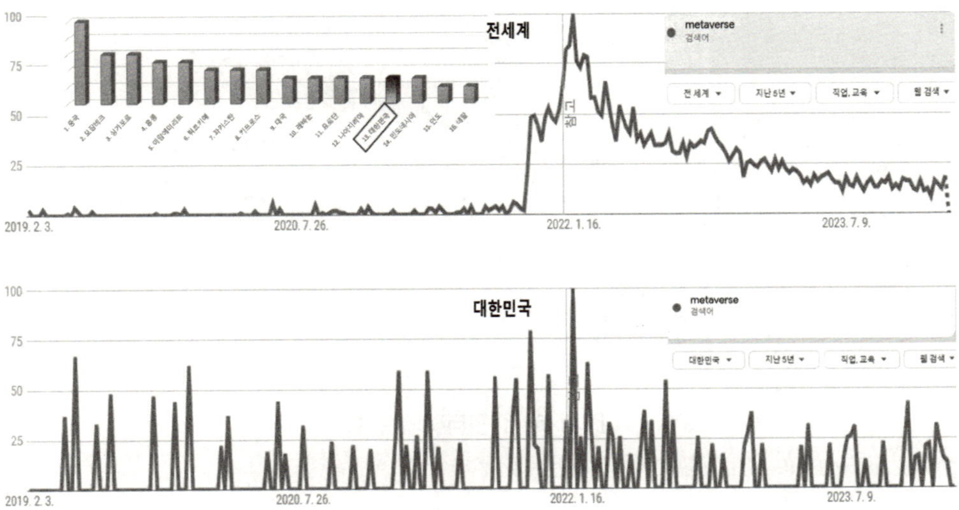

[그림 6-6] "Metaverse"에 대한 시간 흐름별 관심 추이

출처: 구글트렌드 https://trends.google.com (검색일: 2024.1.31.)

3) 구글트렌드((https://trends.google.com)를 통해서 검색어는 'metaverse', 지역은 '전세계/대한민국', 시간은 '지난 5년', 영역은 '직업・교육', 범위는 '웹 검색'으로 설정하였음.

또한 메타버스 사용자에게 콘텐츠 소비자에서 창작자로서의 의미있는 경험을 제공해 줌으로써 학습 과정에서 학습자의 자율성을 확대해 줄 수 있다. 일방적이고 획일적인 교육의 방식이 아니라 새로운 시공간에 대한 경험, 독창적이고 자기주도적인 학습 수행으로 학습자의 흥미와 몰입을 높여 능동적 참여가 늘어날 수 있다.

포브스는 2023년에 가장 중요한 5대 기술 트렌드를 발표하면서 메타버스를 Web 3.0 이후의 '미래의 인터넷(the future internet, Metaverse)'으로 전망하였다(Elnaj, 2022). 즉, 미래는 아이디(ID)가 아닌 자신의 아바타로 접속하며 3D 공간에서 현실세계와 동일한 경험을 하고 인간이 느낄 수 있는 모든 감각을 직접 체험할 수 있는 형태로 발전될 것으로 예상되기도 한다(정지훈, 2023).

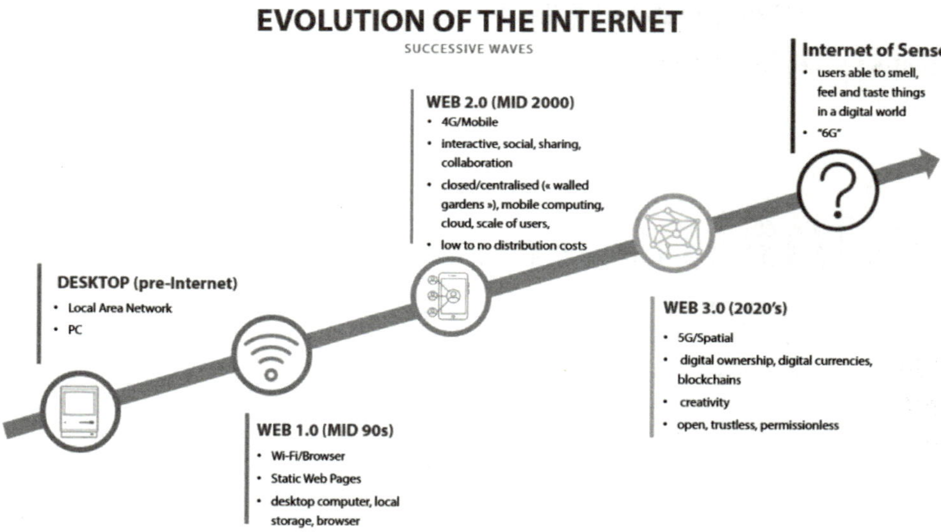

[그림 6-7] 인터넷의 진화

출처: Council of the European Union (2022: 4)

그러나 메타버스가 미래의 인터넷이 될 수 있을 것이라는 전망 앞에 해결해야 할 과제도 존재한다(Council of the European Union, 2022). 무엇보다 현재의 경제적 진입 장벽, 공간적 한계에서 발생하는 접근성이 모든 사람에게 개방되어야 한다. 더불어 현재의 메타버스 활용 교육에서의 한계는 하드웨어적인 측면에서 비롯된다. 예를 들면 VR 기기는 사용 시 어지러움, 시력 약화와 같은 신체적인 불편함과 함께 장비의 발열문제 개선과 경량화 등도 개선이 필요하다. 다음으로 관계적인 측면에서는 타인과의 관계 형성에서 현실 세계에서의 상호작용을 줄이고 깊은 대인 관계를 형성하지 못할 수 있다. 온라인에서 프라이버시(privacy) 문제도 발생할 수 있다. 기본적으로 익명성을 기반으로 한 사이버 공간에서 발생되는 문제점이 메타버스에서도 그대로 나타날 수밖에 없다. 이로 자아 정체성이 확립되지 않은 어린 학습자에게는 혼란, 현실 도피, 현실 세계 부적응이 유발될 수 있다. 따라서 디지털 환경이 개인과 사회에 미치는 심리적, 신체적 영향에 대해 명확히 인식하고 건강하게 사용할 수 있는 '디지털 건강'과 안전하고 책임감 있게 활용할 수 있는 '디지털 안전' 역량도 디지털 리터러시(digital literacy) 차원에서 중요하다(노광현 외, 2023).

따라서 메타버스의 교육적 활용을 위한 규정 또는 가이드라인을 두어 부작용을 예방할 수 있는 지침을 마련하고 저작권 등의 관련법의 정비도 필요하다. 메타버스를 기능적 활용에 대한 훈련뿐만 아니라 사이버안전, 보안, 디지털 시민인식 등의 교육이 요구된다. 따라서 다양한 교육적 상황에서 활용되는 메타버스에 대해서 인터페이스, 교수학습 지원, 기술 지원, 윤리적 지원의 4가지 영역별로 평가해 보면서 개선해 나갈 점을 찾아 볼 수 있을 것이다.

〈표 6-13〉 교육적 활용을 위한 메타버스 플랫폼 평가 기준 및 평가 문항

영역	평가 기준	평가 문항
인터페이스	기능 학습성	사용자가 기능을 쉽게 익힐 수 있는가?
		사용자가 플랫폼 내에서 어떤 활동(task)을 할 수 있는지 쉽게 알 수 있는가?
		플랫폼 사용법에 관한 다양한 도움 기능이 제공되는가? (예: 도움말 검색, 온라인 도움 등)
	조작 용이성	공간 이동 시 사용자의 키 조작은 용이한가?
		사용자가 원하는 공간으로 이동할 수 있도록 공간의 지도 등을 제공하는가?
		사용자가 오디오, 화면, 채팅, 캐릭터 등을 활용한 상호작용을 쉽게 할 수 있는가?
		교수자의 수업 환경 셋팅을 위한 도구(맵 제작 및 수업 진행 시 활용되는

영역	평가 기준	평가 문항
		플랫폼 조작 도구)는 사용하기 편리한가?
		교수자가 수업 공간 구성 도구(맵 제작 도구)를 효율적으로 조작할 수 있는가? (예: 템플릿 제공 여부, 픽셀 단위 맵 설계 혹은 드래그를 통한 맵 설계 여부 등)
	가독성	메뉴, 버튼, 아이콘의 명칭은 용도에 적절한 명칭이 사용되었는가?
		메뉴 및 버튼의 글꼴과 색상이 플랫폼의 기능, 메뉴를 이해하는 데 도움이 되는가?
		다양한 언어를 제공하는가(영어 외에 한글 번역 여부)?
	직관성	메뉴, 버튼, 아이콘 등의 시각 정보가 일관성 있게 표현되었는가?
		각 메뉴의 배치가 사용자의 학습 진행에 용이하게 구성되었는가?
		메뉴, 버튼, 아이콘 등 시각 정보가 별도의 학습 없이 이용가능하도록 배치되었는가?
교수 학습 지원	교수 지원	교수자의 수업자료 배포 및 활용이 용이한가? (예: 판서 기능, 파일 공유 등)
		다양한 형태의 수업(강의, PBL, 협동학습 등)을 위한 다양한 템플릿, 맵, 오브젝트가 제공되는가?
		제공된 템플릿, 맵, 오브젝트 등은 다양한 형태의 수업(강의, PBL, 협동학습 등)을 구현할 수 있도록 편집이 자유로운가?
		수업 내용 및 학습 활동을 저장 및 기록할 수 있는가?
		학습자의 활동을 통제할 수 있는가(채팅창 닫기, 수업공간 집결, 강제화면 차단 등)?
	상호작용성	사용자 간 즉각적 상호작용을 위한 기능을 충분히 제공하는가? (예: 화상, 음성, 채팅, 화면공유 기능 등)
		교수자-학습자간, 학습자-학습자가 원활한 의사소통이 가능한가?
	확장성	사용자 간 다양한 확장자의 콘텐츠를 공유 및 연동할 수 있는가? (예: 동영상, 이미지, URL, 임베드 기능 등)
		사용자가 직접 제작한 콘텐츠 맵, 학습자료 등)를 맵에 연동 및 추가할 수 있는가?
		사용자 간 다양한 에듀테크/앱을 연계 활용할 수 있는가?
	창작 가능성	학습자가 메타버스 내 도구를 활용하여 산출물을 창작할 수 있는 설계, 제작, 개발 도구를 적절히 제공하는가?
		학습자의 창작 활동을 다양한 형식(맵, 텍스트, 이미지, 동영상, 오브젝트 등)의 산출물로 제시(표현)할 수 있는가?
	몰입성	그래픽, 아이콘, 아바타, 학습자료 등 제시된 정보가 학습자의 몰입을 유발

<table>
<tr><th>영역</th><th>평가 기준</th><th>평가 문항</th></tr>
<tr><td rowspan="2"></td><td rowspan="2"></td><td>하기에 적절한가?</td></tr>
<tr><td>제공된 템플릿, 오브젝트 등은 학습자의 실재감을 유발하기에 적합한가?</td></tr>
<tr><td rowspan="10">기술 지원</td><td rowspan="5">플랫폼 접근성</td><td>다양한 기기 및 운영체제로 접속/활용할 수 있는가?
(예: 스마트폰, 태블릿, PC, 데스크톱, 노트북 등)</td></tr>
<tr><td>다양한 브라우저로 접속하여도 필요 기능들이 제대로 작동하는가?
(예: 크롬, 마이크로스트프 엣지, 사파리 등)</td></tr>
<tr><td>가입 및 로그인 절차가 복잡하지 않는가?</td></tr>
<tr><td>플랫폼 이용을 위한 권장 사양이 적절한 수준인가?
(예: 운영체제 및 CPU, RAM 등 하드웨어 최소 권장 사용)</td></tr>
<tr><td>플랫폼 사용 시 네트워크 등의 인프라 이용이 복잡하지 않고 단순한가?</td></tr>
<tr><td rowspan="5">기술적 안정성</td><td>사용자의 실수를 사전에 방지할 수 있는가? (예: 가이드 제시, 비활성화, 경고문구 등)</td></tr>
<tr><td>서비스의 오류가 발생한 시점에 즉각적인 시그널이 있는가?
(예: 오류 팝업, 느낌표, 알림소리 등)</td></tr>
<tr><td>사용자가 오류를 정정할 수 있는가? (예: 뒤로가기, 특정 상태/시점으로 복귀, 재시작 등)</td></tr>
<tr><td>오류에 대한 조치가 불가능한 상황에 대한 대비가 있는가? (예: 고객센터, 원격 지원 등)</td></tr>
<tr><td>메타버스를 사용할 때 어지럼증이나 피로감 등의 수준은 적절한가?
(예: 30분 사용 시 어지러움과 피로감의 정도 파악)</td></tr>
<tr><td rowspan="6">윤리적 지원</td><td rowspan="3">보안성</td><td>학습자에게 유해한 광고나 정보를 통제할 수 있는가?</td></tr>
<tr><td>사용자의 개인정보, 프라이버시를 보호할 수 있는가?</td></tr>
<tr><td>외부 사용자로부터의 원치 않는 접근을 통제할 수 있는가?</td></tr>
<tr><td rowspan="3">윤리적 안정성</td><td>사용자 및 타 이용자로부터의 언어적/비언적 공격에 대처할 수 있는가?</td></tr>
<tr><td>메타버스 공간, 도구, 아바타, 음향 등에서 인도적 측면의 차별적 요소가 없는가?</td></tr>
<tr><td>신체적 장애가 있는 사용자에 대한 지원이 있는가?</td></tr>
</table>

출처: 노광현 외(2023: 30-31)의 주요 내용을 수정・보완하였음.

활동지

1. SWOT분석으로 메타버스를 활용한 교수방법의 특징을 토론해 봅시다.

※ SWOT분석은 외부환경의 기회요인(Opportunity)과 위협요인(Threat)을 파악하고 내부의 강점(Strength)과 약점(Weakness)을 분석한 후 전략적 대안을 도출하는 분석방법이다.

강・약점 / 기회・위협		강점요인 (S)	약점요인 (W)
기회요인 (O)		(SO 전략: 내부강점+외부기회)	(WO 전략: 내부약점+외부기회)
위협요인 (T)		(ST 전략: 내부강점+외부위협)	(WT 전략: 내부약점+외부위협)

2. 대표적인 메타버스 플랫폼을 선정한 뒤 "메타버스 플랫폼 평가 기준 및 평가 기준"(노광현 외, 2023)을 근거로 하여 평가하고 그 결과를 토론해 봅시다.

참고문헌

계보경, 임철일, 한송이, 김은지, 권미영(2022). 메타버스 교육적 활용을 위한 가이드라인 연구. 한국교육학술정보원.

계보경, 한나라, 김은지, 조소영, 박연정(2021). 메타버스(Metaverse)의 교육적 활용: 가능성과 한계. 2021 KERIS 이슈리포트. 한국교육학술정보원.

고선영, 정한균, 김종인, 신용태(2021). 메타버스의 개념과 발전 방향. **정보처리학회지, 28(1)**, 7-16.

교육부, 17개 시・도교육청, 한국교육학술정보원 사이버폭력예방교육지원센터(2023). 초・중등 대상 메타버스로 하는 사이버폭력 예방 교육.

과학기술정보통신부(2021). 보도자료: 확장가상세계(메타버스), 민간이 앞장선다!78 (2021.5.18.).

김상균(2020). 메타버스: 디지털 지구, 뜨는 것들의 세상. 플랜비디자인.

김상희, 박현경, 노광현, 장명희, 조경희, 장선영(2023). 초중등학교 교육에서의 메타버스 활용 교수학습 모형 개발, **교육공학연구, 39(2)**, 451-498.

김상희, 위의전, 박현경, 신현덕, 노광현, 장명희, 장선영(2023). 메타버스 활용 수업을 위한 메타버스 플랫폼 사용성 평가 요소 도출. **교육정보미디어연구, 29(2)**, 455-483.

김준호, 이병성, 최성진(2022). 비대면 교육을 위한 메타버스 구축 및 활용 사례에 대한 연구, **문화기술융합, 8(1)**, 483-497.

노광현, 장선영, 장명희, 신현덕, 조경희, 김상희, 박현경, 위의전, 권유경(2023). 미래인재 육성을 위한 메타버스 활용 교수・학습 혁신 방안. 한국과학창의재단. 2023-2.

변문경, 박찬, 김병석, 이정훈(2021). 메타버스 FOR 에듀테크. 다빈치books.

양경화(2021). 교육분야 메타버스 운영 및 활용 현황. 교육동향 분석 2021, 제9호.

엄미리, 김효정, 노아영, 심희수, 진서연, 김상희(2022). 메타버스 수업의 설계와 운영을 위한 프레임워크 개발. 교육문제연구, 35(3), 55-79.

이승환, 한상열(2021). 메타버스 비긴즈(BEGINS). 5대 이슈와 전망. 소프트웨어정책연구소.

임지연, 최려나, 문세진(2022). 다양한 가족과 수용자 자녀에 대한 메타버스 상담・활동・교육 플랫폼 설계구축 및 효과성 연구. (사)아동복지 실천회 세움・한국청소년정책연구원.

임지연(2023). 다양한 가족 메타버스 상담・활동・교육 플랫폼 설계구축 및 효과 연구, 블루노트 이슈&정책, 한국청소년정책연구원, 제149호(2023. 9.).

정지훈(2023). 생성형 AI가 바꾸는 메타버스의 미래. 김영사.

한국교육개발원(2021). 각국의 교육 분야 메타버스(metaverse) 운영 및 활용 현황. 교육정책네트워크 제408호 해외교육동향 기획기사(2021.08.29.).

한송이(2023). 생성형 AI를 활용한 미래교육. 교육과학사.

Acceleration Studies Foundation (ASF) (2007). Meraverse Roadmap: Pathways to the 3D Web (2007.6).

Agustini, K., Putrama, I. M., Wahyuni, D.S., & Mertayasa, I. N. E. (2023). Applying

Gamification Technique and Virtual Reality for Prehistoric Learning toward the Meraverse. *International Journal of Information and Education Technology, 13(2),* 247-256.

Bergmann, J. & Sams, A. (2014). Flipped learning: Gateway to student engagement: Eugene, Oregon: International Society for Technology in Education.

Council of the European Union (2022). Metaverse-Virtual world, Real challenges, Analysis and Research Team (2022. 3. 9).

Dale, E. (1946) Audio-visual methods in teaching. New York: The Dryden Press.

Department of Education (2019). Realising the potential of technology in education: A strategy for education providers and the technology industry (DFE-00072-2019). Department of Education, UK.

Elnaj, S. (2022). The Realities and Future of the Metaverse. Forbes (2022.9.30.) https://www.forbes.com/sites/forbestechcouncil/2022/09/30/the-realities-and-future-of-the-metaverse/?sh=57ad8aea38db

Viera, E.A.O, Silceira, A.C. & Martins, R. X. (2019). Heuristic Evaluation on Usability of Educational Games: A Systematic Review, *Information in Education, 18(2),* 427-442.

참고사이트

게더타운(Gather.town) https://www.gather.town
구글트렌드(google trends) https://trends.google.com
메튜 볼(Matthew Ball)홈페이지 https://www.matthewball.vc/the-metaverse
멘티미터(Mentimeter: Interactive presentation software) https://www.mentimeter.com
로블록스(Roblox) https://create.roblox.com
소크라티브(Socrative: Real-time quiz software) https://www.socrative.com
스팟(SPOT) https://www.spotvirtual.com
이프랜드(ifland) https://studio.ifland.io
핑퐁(Pingpong: Real-time quiz software) https://www.clpong.com
제페토(Zepeto) https://web.zepeto.me/ko
젭(Zep) https://zep.us
한국교육학술정보원 사이버폭력 예방 교육 https://www.cyverse.kr
한국청소년정책연구원 메타버스 상담・활동・교육 놀이터 https://bit.ly/seum_on

제 7 장 생성형 AI의 이해

학습목표

- ChatGPT를 포함한 생성형 AI의 개념 및 원리를 설명할 수 있다.
- 다양한 생성형 AI 서비스 유형을 알고, 주어진 목적에 맞게 이를 활용할 수 있다.
- 프롬프트의 역할, 중요성 및 효과적인 작성 전략을 설명할 수 있다.

주요용어

대규모 언어 모델, 딥러닝, 머신러닝, 변이형 오토인코더, 생성형 대립 신경망, 생성형 AI, 인공지능, 트랜스포머, 프롬프트, 프롬프트 엔지니어링, ChatGPT

본 장에서는 생성형 AI에 대한 개념과 작동 원리를 소개하고, 프롬프트의 역할과 효과적인 프롬프트 작성법을 다루며, 교육 현장에서 ChatGPT를 활용한 사례를 분석함으로써 교육 현장에서 생성형 AI 기술 활용에 대해 통찰력을 갖추는 기회를 제공한다.[1)]

1. 생성형 AI의 개념 및 동향

1.1 생성형 AI의 개념

생성형 AI(Generative AI)를 이해하기 위해서는 이 기술이 등장하기 전까지 인공지능(Artificial Intelligence, AI) 발전 과정이라고 할 수 있는 상위 개념들을 살펴볼 필요

1) 이 장은 나영식, 조재혁(2023), 양지훈, 윤상혁(2023), 오세준(2023), 조영임(2023)의 내용 중 일부를 수정 및 보완하였음을 밝힘.

가 있다. 먼저 AI 개념이 등장했다. AI란 '컴퓨터로 구현한 지능 또는 이와 관련한 전산학의 연구 분야(정보통신용어사전, 2023)'로서, 인간의 학습능력, 추론능력, 지각능력을 인공적으로 구현하려는 컴퓨터 과학의 세부 분야 중 하나이다(위키피디아, 2023). AI란 용어는 1956년 스탠퍼드대학의 존 매카시(John McCarthy) 교수가 미국 다트머스(Dartmouth College) 대학에서 열린 워크숍에서 공식적으로 처음 사용하였으며, 이후 연구자에 따라 다양하게 정의되었다.

〈표 7-1〉 인공지능의 다양한 정의

구분	개념
존 매카시(1956)	지능적인 기계를 만드는 과학 및 엔지니어링
마쓰오 유타카(2015)	인간의 인지・추론・학습 능력 등을 기계(컴퓨터)로 모방하는 기술
ETRI(2017)	기계(컴퓨터)가 인간 수준의 인지, 이해, 추론, 학습 등의 사고 능력을 모방하는 기술
Gartner(2018)	사람과 자연스러운 대화를 나누고, 인간의 인지 능력을 향상 시키거나, 반복적인 작업 수행 시 사람들을 대체함으로써 인간을 모방하는 기술
과학기술정보통신부(2018)	인지, 학습 등 인간의 지적능력(지능)의 일부 또는 전체를 컴퓨터를 이용해 구현하는 지능

출처: 나영식, 조재혁(2018). 「인공지능(SW)」, p. 3.

다음으로 머신러닝(Machine learning) 개념이 등장했으며, 머신러닝은 데이터를 입력받아 학습하여 규칙을 발견하는 AI 기술로, 머신러닝에도 다양한 분야가 있다. 문제와 정답이 있는 훈련 데이터를 미리 제공하고, 그 데이터에서 규칙과 패턴을 스스로 학습한 후에 새로운 데이터에 대한 예측이나 분류를 하는 지도 학습(Supervised Learning)과 정답 없이 학습하는 비지도 학습(Unsupervised Learning)이 있으며, 특정 상황에 대한 적절한 행동을 학습하는 강화 학습이 있다. 강화 학습에서 학습하는 시스템을 보통 에이전트(Agent)라고 부르며, 에이전트는 주어진 환경(Environment)에서 특정 행동(Action)을 수행하여 행동에 대한 보상(Reward)을 받게 된다. 예를 들어 적을 제거하는 게임을 하는 인공지능이 있다고 하면, 적을 제거하는 행동을 수행하면 점수라는 보상을 얻음으로써 더 많은 보상을 얻도록 반복 수행하여 학습하는 것이 강화 학습이다(최현종 외, 2021).

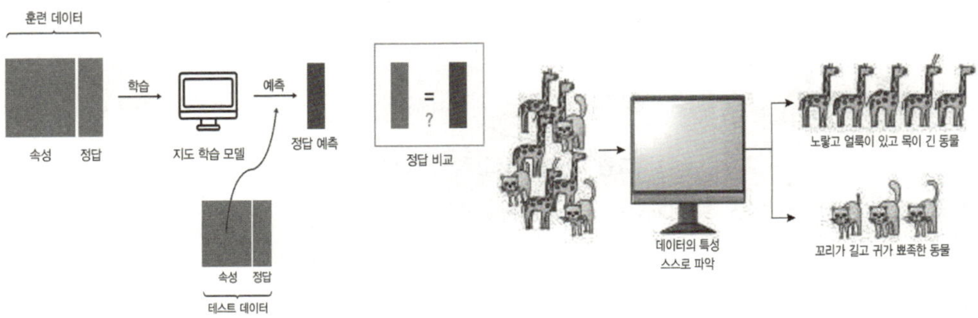

지도 학습 과정 비지도 학습 과정

[그림 7-1] 지도 학습과 비지도 학습 과정

출처: 최현종 외(2021). 「학교에서 만나는 인공지능 수업」, p. 57, p. 61.

이후 지난 21세기에 들어서 딥러닝(Deep Learning)이라는 기술이 등장했으며 지금까지 발전하고 있다. 인간의 뇌 신경망 구조를 모방한 딥러닝은 다층 퍼셉트론(Multi-layer Perceptron)에서 여러 개의 은닉층이 추가되어 심층 신경망(Deep Neural Network)을 학습시킨다. 신경망(Neural Network)이란 인간의 뇌가 가지는 생물학적 특성 중 뉴런의 연결구조를 나타내며, 퍼셉트론(Perceptron)은 뉴런과 같이 다수의 입력 신호를 받아 처리한 후 출력을 만들어 내는 역할을 한다. 또한 합성곱 신경망(Convolution Neural Network, CNN)과 순환 신경망(Recurrent Neural Network, RNN) 등의 알고리즘으로 기계가 데이터를 통해 자신만의 규칙을 생성하여 정보를 학습한다. 즉, 머신러닝 단계까지는 데이터의 특징을 추출하는 부분과 그 추출된 특징을 기반으로 데이터를 분류하는 부분이 독립적으로 동작했지만, 딥러닝은 인공신경망을 구성하여 특징 추출과 분류를 하나의 모델로 유기적으로 통합되어 계층적으로 데이터를 학습하여 결과를 만들어낸다. 나아가 2020년대에는 일반 대중에게까지 와닿는 기술로 생성형 AI가 등장했다(양지훈, 윤상혁, 2023).

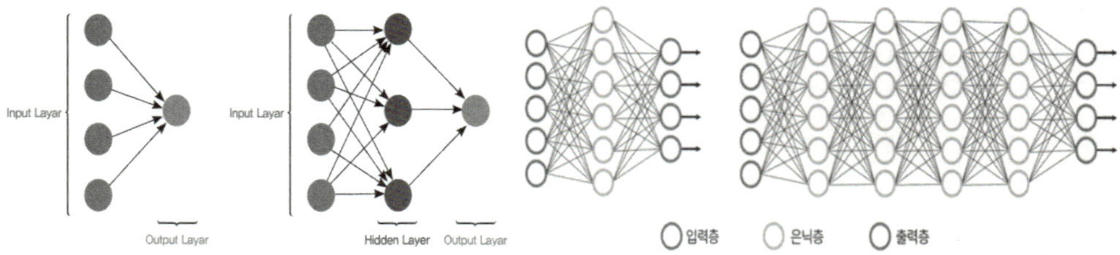

단층 퍼셉트론 다층 퍼셉트론 기본 신경망 심층 신경망

[그림 7-2] 퍼셉트론과 신경망

출처: 한옥영 외, 2021: p. 89, https://jsdysw.tistory.com/241

〈표 7-2〉 딥러닝의 주요 알고리즘

알고리즘	내용
CNN	• 이미지의 특징을 추출하는 필터 역할을 하는 합성곱(Covolution) 층을 적용하여 효율적으로 이미지 처리 • 고차원의 이미지 인식 및 분류에 주로 활용
RNN	• 현재의 입력값에 과거의 정보를 결합하여 순서를 고려한 학습 모델 • 데이터의 순서가 중요한 시계열 분석 및 언어 처리 등에 활용

출처: 나영식, 조재혁(2018). 「인공지능(SW)」, p. 7.

생성형 AI란 이용자의 특정 요구에 따라 결과를 능동적으로 생성(Generative)해내는 인공지능 기술을 의미하며, 텍스트, 오디오, 영상, 음악, 이미지, 코드 등을 생성하는 데 특화되어 있다. 생성형 AI는 새로운 정보, 콘텐츠 또는 데이터를 생성해 내며, 과거의 데이터를 기반으로 예측, 창조, 모델링 등의 작업을 수행하여 새로운 결과를 생성하거나 문제를 해결한다(조영임, 2023). 기존의 딥러닝 기반 AI 기술이 단순히 기존 데이터를 기반으로 예측하거나 분류하는 정도였다면, 생성형 AI는 이용자가 요구한 질문이나 과제를 해결하기 위해 스스로 데이터를 찾아서 학습하여 이를 토대로 능동적으로 데이터나 콘텐츠 등 결과물을 제시하는 한 단계 더 진화한 AI 기술이다(양지훈, 윤상혁, 2023)

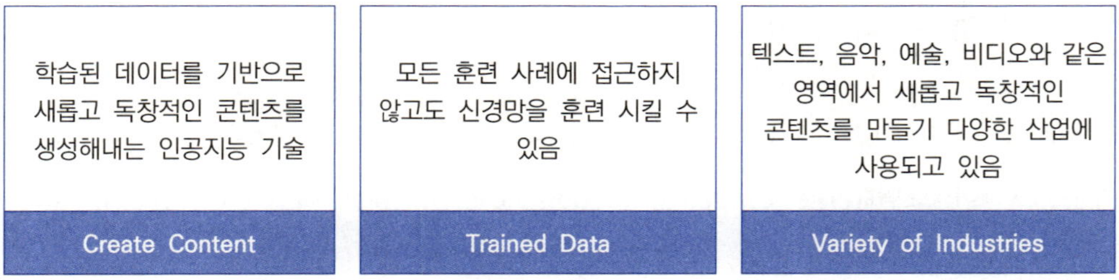

[그림 7-3] 생성형 AI

출처: 구요한(2023). 「생성형AI와 함께하는 IC-PBL 캡스톤 시나리오 작성하기(워크숍)」, p. 3.

생성형 AI는 지도학습, 비지도학습, 강화학습의 기술을 모두 적용하여 새로운 데이터를 생성한다. 지도학습은 생성형 AI를 학습시키는 데에, 비지도학습은 생성형 AI를 개선하는 데에, 강화학습은 생성형 AI를 제어하는 데 사용하며, 특히 텍스트와 이미지 생성에는 딥러닝 기반의 신경망이 사용된다.

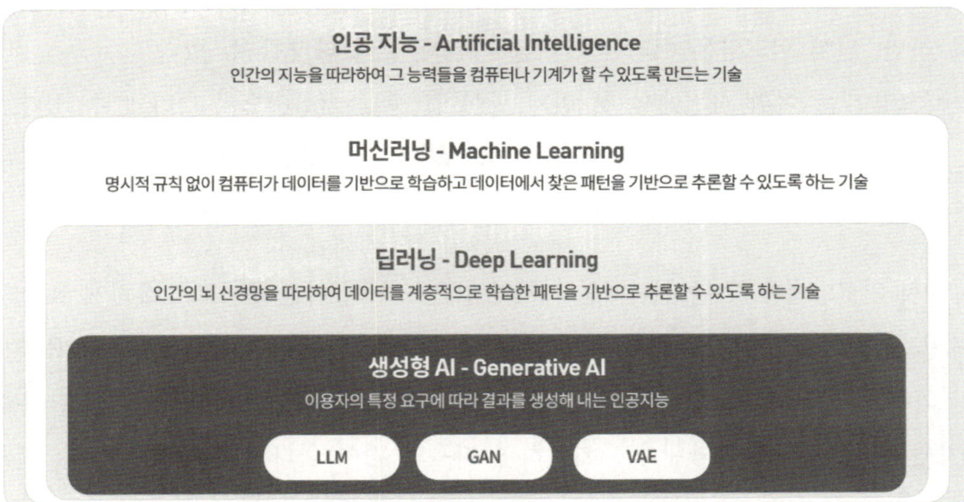

[그림 7-4] 인공지능과 생성형 AI의 관계

출처: 양지훈, 윤상혁(2023). 「ChatGPT를 넘어 생성형(Generative) AI 시대로」, p. 4.

1.2 생성형 AI의 원리

생성형 AI가 어떻게 규칙을 찾아서 새로운 결과물을 생성하는지 그 원리에 대해 대규모 언어 모델(Large Language Model, LLM), 생성형 대립 신경망(Generative Adversarial Network, GAN), 그리고 변이형 오토인코더(Variational Autoencoder, VAE)에 대해 각각 살펴보면 다음과 같다.

LLM은 트랜스포머(transformer)를 기반으로 문장에서 가장 자연스러운 단어 시퀀스(Word Sequence)를 찾아내는 딥러닝 모델이다. LLM 원리의 핵심 요소는 단어를 나타내는 방식으로 기존의 머신러닝이 벡터의 성분 중 해당 단어 하나에만 1로 표시하고 나머지는 모두 0으로 표현하는 원핫 인코딩(One Hot Encoding)과 달리 다차원 벡터를 사용하여 벡터 공간에서 문맥상 의미가 비슷한 단어를 서로 가깝게 표현하는 워드 임베딩(Word Embedding)을 사용한다는 것이다.

예를 들어 '고양이', '개', '집'이라는 세 가지 단어로 구성된 간단한 어휘 사전이 있다고 하면, 원핫 인코딩은 이러한 단어를 다음과 같이 나타낼 수 있다.

- '고양이'는 어휘 사전에서 첫 번째 단어이므로 (1, 0, 0)으로 나타낼 수 있다.
- '개'는 어휘 사전에서 두 번째 단어이므로 (0, 1, 0)으로 나타낼 수 있다.
- '집'은 어휘 사전에서 세 번째 단어이므로 (0, 0, 1)로 나타낼 수 있다.

원핫 인코딩에서 각 단어는 어휘 크기와 같은 크기의 이진 벡터로 고유하게 표현되며, 모든 단어들 사이의 유클리드 거리는 $\sqrt{2}$로 같아지므로, 단어들을 서로의 맥락이나 의미들과 관계없이 모두 동일한 관계가 된다. 반면에 워드 임베딩으로 위의 단어를 2차원 벡터 공간에 나타낸다고 가정하면 다음과 같이 나타낼 수 있다.

- '고양이'는 (2.1, 1.5)와 같이 나타낼 수 있다.
- '개'는 (1.8, 1.7)과 같이 나타낼 수 있다.
- '집'은 (0.5, 2.0)과 같이 나타낼 수 있다.

워드 임베딩에서는 기본적으로 "비슷한 의미를 가진다면 비슷한 위치에서 등장한다

"라고 가정하기 때문에 '고양이'와 '개'는 동물로서 공통점을 공유하기 때문에 벡터 공간에서 가깝게 위치하게 된다. 트랜스포머는 이러한 워드 임베딩을 사용하여 텍스트를 이해하는 인코더(Encoder)와 새로운 텍스트를 생성하는 디코더(Decoder)로 구성되어 있다. 예를 들어 "I'm a student"를 임베딩 한 후 트랜스포머 모델에 입력하면 인코더는 이 문장을 압축하고 디코더는 압축한 문장을 바탕으로 "나는 학생입니다"라는 새로운 문장을 출력하게 된다. 대표적인 LLM 모델로는 OpenAI의 GPT(Generative Pretrained Transformer) 시리즈와 Google의 BERT(bidirectional encoder representations from transformers) 등이 있으며, 텍스트 생성, 기계 번역, 질의응답 시스템, 챗봇, 요약 등 다양한 응용 분야에서 활용된다.

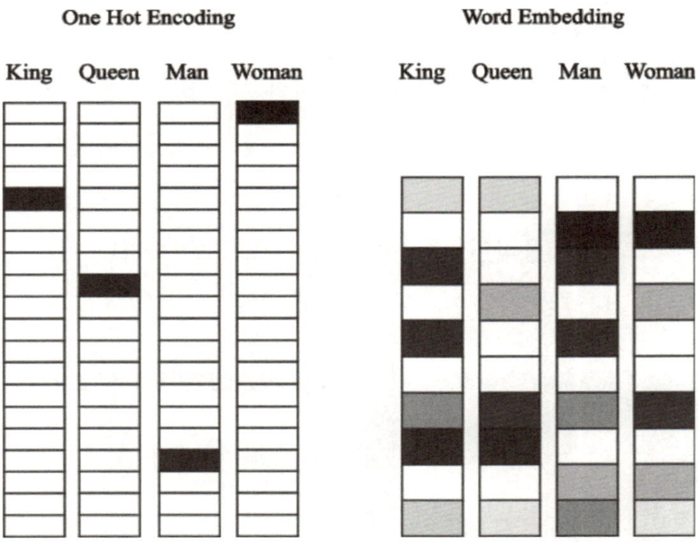

[그림 7-5] 원핫 인코딩과 워드 임베딩 비교

출처: Katsarou., & Beierle. WhatsNextApp: LSTM-based next-app prediction with app usage sequences, p. 18237.

GAN은 두 개의 주요 구성 요소인 생성자(Generator)와 판별자(Discriminator)가 서로 대립하는 구조로 되어 있는 딥러닝 기반 모델이다. 생성자는 실제와 유사한 데이터를 생성하려고 노력하고, 판별자는 생성된 데이터와 실제 데이터를 구분하려고 노력한다. 이 두 요소는 경쟁과 적대적인 관계를 형성하며 모델을 훈련시킨다.

예를 들어, 생성자는 마치 위조 지폐범처럼 정밀한 위조지폐를 만드는 것을 목표로 하며, 판별자는 경찰처럼 진짜 지폐와 위조지폐를 구분하여 위조지폐를 잘 걸러내는 것을 목표로 한다. 이 과정은 다음과 같이 진행된다.

1. 위조 지폐범인 생성자는 위조지폐를 만들어 낸다.
2. 이 위조지폐(생성 이미지)와 진짜 지폐(진짜 이미지)를 섞어서 판별자인 경찰에게 전달한다.
3. 경찰은 이 지폐 묶음에서 진짜와 가짜를 분류한다.

위조 지폐범은 어떤 이미지가 진짜로 분류되었는지를 바탕으로 자신의 위조 기술을 개선한다. 반대로 경찰도 진짜와 가짜를 비교하면서 가짜를 더 잘 찾아낼 수 있는 규칙을 수정하고 보완한다. 이런 작업을 반복하면서 두 모델 모두 실력을 향상시킨다. 결국, 판별자가 더 이상 생성 이미지와 진짜 이미지를 정확하게 구분할 수 없게 되면 학습이 종료된다. 그 결과, 생성자는 진짜와 구분할 수 없는 이미지를 만들어 낼 수 있게 된다.

이런 생성자 모델을 이용하면, 얼굴을 실시간으로 보정하거나 이미지를 다른 스타일로 변형하는 등 다양한 응용이 가능해진다.

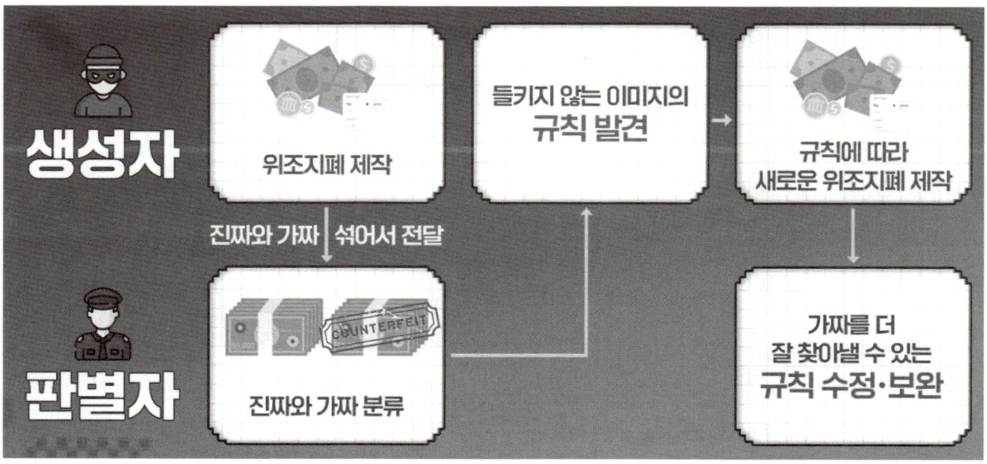

[그림 7-6] GAN 과정

출처: 디지털배움터, https://www.youtube.com/watch?v=kVMCtRJ40SY&t=393s (검색일: 2024년 1월6일)

VAE는 주어진 데이터의 잠재 표현을 학습하고, 이를 사용하여 새로운 데이터를 생성하는 딥러닝과 확률적 모델링의 아이디어가 결합된 모델이다. VAE는 오토인코더(Autoencoder)를 기반으로 높은 차원의 입력 데이터를 낮은 차원의 잠재 공간(Latent Space)으로 인코딩하고, 이를 다시 복원하여 입력 데이터를 재구성하는 구조에 확률적 요소를 추가한 것이다.

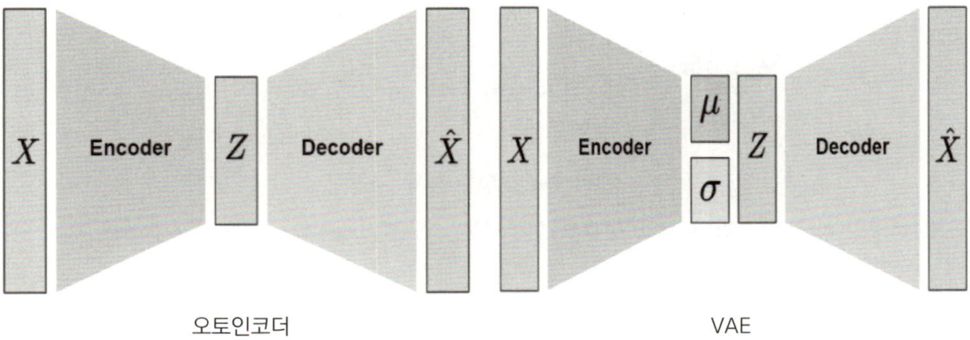

[그림 7-7] 오토인코더와 VAE 비교

출처: 이세리(2020).「인코더 디코더 구조를 이용한 텍스트 및 비디오 분야 적용 연구」, pp. 3-4.

VAE는 입력 데이터의 잠재 표현을 학습하기 위해 확률 분포를 모델링한다. 입력 데이터는 평균과 분산으로 구성된 확률 분포로 표현되고, 이 확률 분포에서 샘플링을 통해 잠재 표현을 생성하며, 생성된 잠재 표현으로 입력 데이터의 특징을 나타내게 된다. VAE의 학습 과정은 입력 데이터와 출력 데이터와의 차이를 측정하는 재구성 손실(Reconstruction Error)과 잠재 표현과 정규 분포의 유사성을 측정하는 정규화 손실(Regularization Loss)로 이루어진다. 일례로 재구성 손실은 디코더의 분포가 정규 분포일 때는 평균제곱오차(Mean Squared Error)를 사용하며, 정규화 손실은 두 확률 분포의 차이를 측정하는 쿨백-라이블러 발산(Kullback-Leibler Divergence)을 활용한다. 이를 최소화하는 방향으로 모델을 학습하여 입력 데이터의 잠재 표현을 효과적으로 학습하고, 이를 기반으로 새로운 데이터를 생성할 수 있게 된다. 이러한 VAE는 이미지 생성, 이미지 변환, 잠재 표현 학습, 자연어 처리 등 다양한 응용 분야에서 사용된다(조영임, 2023).

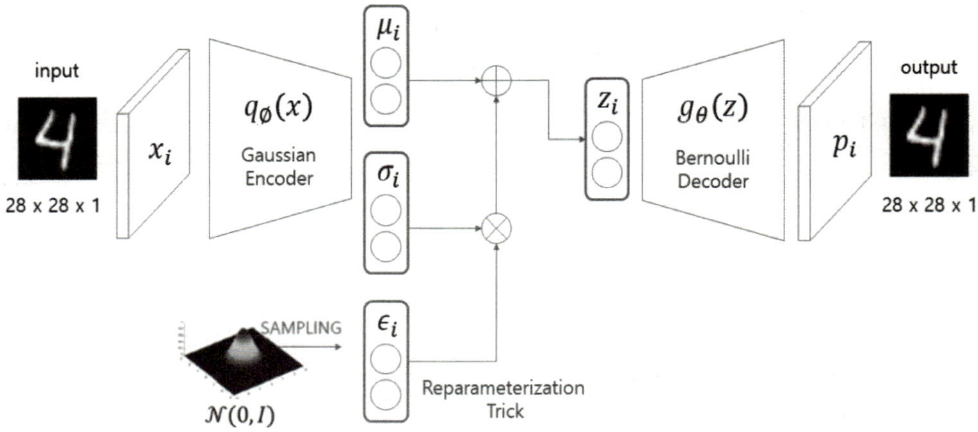

[그림 7-8] VAE 전체 구조

출처: 조영임(2023). 「초거대 AI와 생성형 인공지능」, p. 41, https://taeu.github.io/paper/deeplearning-paper-vae

1.3 생성형 AI의 활용 분야와 서비스 사례

생성형 AI를 사용할 수 있는 분야와 각 분야에서 활용할 수 있는 다양한 생성형 AI 서비스를 소개하면 다음과 같다.[2)]

1) 텍스트 생성형 AI 서비스

텍스트 생성형 AI 서비스는 문맥을 이해하고, 의미를 추론하며, 일관되고 관련성 있는 응답을 생성하므로 고객 서비스, 교육, 마케팅 및 광고, 언어 번역, 요약, 자연어 처리, 정보 검색 및 데이터 분석, 콘텐츠 제작 등 다양한 분야에서 활용할 수 있다.

ChatGPT는 오픈AI에서 2022년 11월 말에 무료 버전인 GPT-3.5를 발표했으며, 2023년 3월에 유료 버전인 GPT-4를, 2023년 8월 말에 기업 버전을 발표하였다. 2023년 11월에 출시된 GPT-4 터보 모델은 2023년 4월까지의 데이터를 추가 학습했지만, 무료 버전은 여전히 2021년 9월까지의 데이터로만 동작한다. ChatGPT에서는 다음 절에서

2) 이 절은 김용성(2023), 양지훈, 윤상혁(2023)의 내용을 바탕으로 작성하였음을 밝힘.

자세히 다루기로 한다.

빙챗(Bing Chat)은 마이크로소프트가 GPT-4에 빙 검색을 접목하여, 인터넷 검색 기반의 응답을 생성하며, 응답의 출처를 명확하게 밝혀주어 신뢰성을 더욱 높여주며 채팅을 통해 원하는 이미지도 생성할 수 있다. 또한 빙챗은 답변 스타일을 '보다 창의적인', '보다 균형있는', '보다 정밀한'과 같이 원하는 작업에 따라 선택할 수 있다.

바드(Bard)는 구글이 자체 개발한 언어 모델(팜-2)을 기반으로 하며, 구글 검색 엔진과 연동되어 검색결과를 문장으로 잘 만들어준다. 바드는 '음유 시인'이라는 뜻으로, 음유 시인처럼 표현력이 이 좋을 때도 있지만 엉뚱한 소리를 하는 경우도 있다. 그러나 바드는 답변을 생성할 때 3가지 형태로 주기 때문에 원하는 답변을 선택하여 활용할 수 있다.

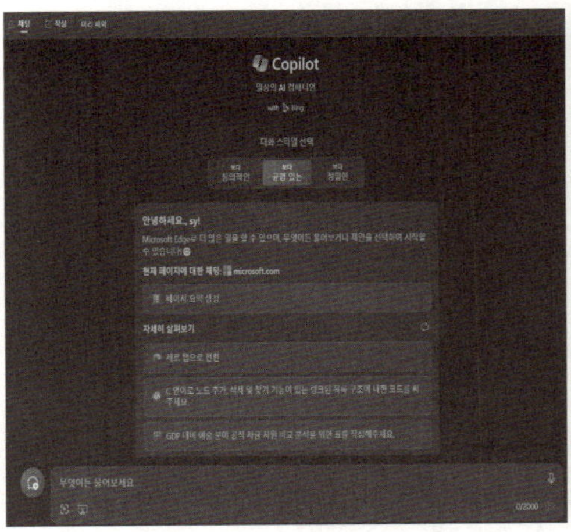

빙챗

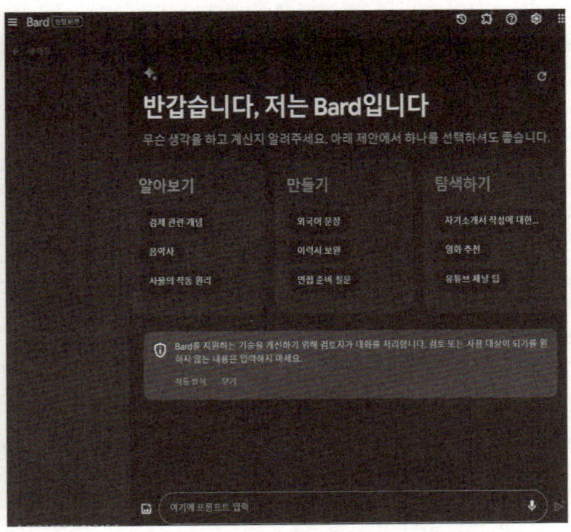

바드

[그림 7-9] 빙챗과 바드 첫 화면

클로바X는 네이버가 자체 개발한 하이퍼클로바X 언어 모델을 기반으로 하며, 2023년 8월에 공개되었다. 한국어를 잘하고 한국 문화와 역사에 대한 배경지식이 많은 한국인에게 특화된 서비스라고 할 수 있다. 또한 빙챗과 마찬가지로 검색엔진 기반이면서도 국내 서비스에 최적화된 네이버 기반이므로 국내 정보를 가장 잘 찾아주고 설명해 준다.

뤼튼(Wrtn)은 한국형 생성 AI 서비스로, 2023년 1월에 정식으로 서비스를 개시하였으며, 글쓰기, 요약, 번역 등과 관련하여 한국어에 좀 더 특화된 서비스를 제공하며, 실시간 정보를 제공한다. 또한 GPT-4 기능을 무료로 사용할 수 있으며, 채팅을 통해 이미지를 생성할 수 있다. 뤼튼에서는 '툴'이라는 기능을 제공하며, 제공된 툴을 통해서 자기소개서, 독서감상문, 블로그, 리포트, 유튜브 숏츠 대본 등 다양한 목적에 맞는 콘텐츠를 빠르게 생성할 수 있다.

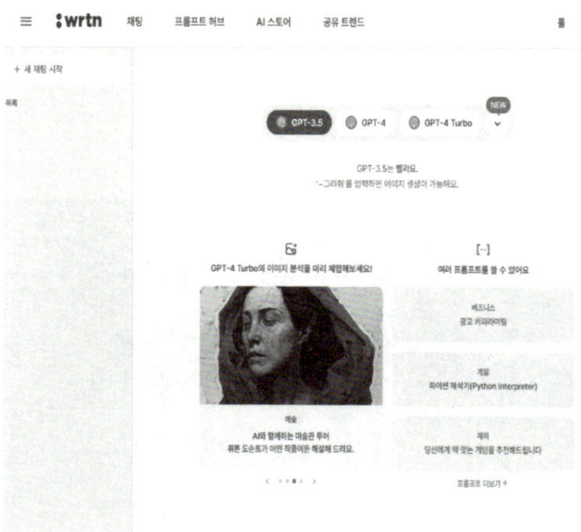

뤼튼의 첫 화면

뤼튼의 기능

[그림 7-10] 뤼튼의 첫 화면과 기능

지금까지 언급한 텍스트 생성형 AI 서비스는 학교 현장에서 다양하게 활용할 수 있다. 교수자 입장에서는 업무를 경감하고, 수업 자료를 준비하는 데 활용할 수 있으며, 하나의 플랫폼에서 텍스트, 이미지 등의 멀티모달 서비스를 활용할 수 있으므로 수업을 구성하는 데도 편리하게 활용할 수 있다. 또한 학습자들은 자신들만의 개인 교사로 활용할 수 있으며, 과제를 수행하는 데 있어 도움을 받을 수도 있다. ChatGPT, 빙챗, 바드, 뤼튼, 클로바X는 각각 특징이 있으므로 필요에 따라서 2~3가지를 섞어 사용하는 것이 효과적일 수 있다.

2) 이미지 생성형 AI 서비스

이미지 생성형 AI 서비스는 시각적 콘텐츠를 생성하므로 미술, 디자인, 콘텐츠 제작 등 다양한 분야에서 활용할 수 있다.

플레이그라운드(Playground)는 구글 아이디를 통해 쉽게 가입할 수 있으며, 이름에서 알 수 있듯이 이미지를 생성하며 놀 수 있는 놀이터와 같은 공간을 제공하는 서비스이다. 사용자는 자신이 보고 싶은 이미지에 대해 단어나 문장을 [Prompt]에 입력하고 [Generate] 버튼을 누르면 이미지들이 만들어진다. 생성된 이미지는 다운로드 받을 수 있으며, 품질을 높일 수도 있다. 또한 [Canvas] 기능을 통해 생성된 이미지의 일부를 없애거나 다른 이미지를 추가하는 등의 수정이 가능하며, [Image to Image] 기능을 통해 사용자가 갖고 있는 이미지를 기반으로 새로운 스타일의 사진을 생성할 수 있다. 플레이그라운드의 이미지 생성 기본 모델은 자체 모델, 스테이블디퓨전(Stable Diffusion) 1.5, XL, 달리(Dali) 2를 사용하며, 이 중 달리 2는 유료로 제공되므로 무료로 사용할 때는 스테이블디퓨전 모델을 활용할 것을 권장한다.

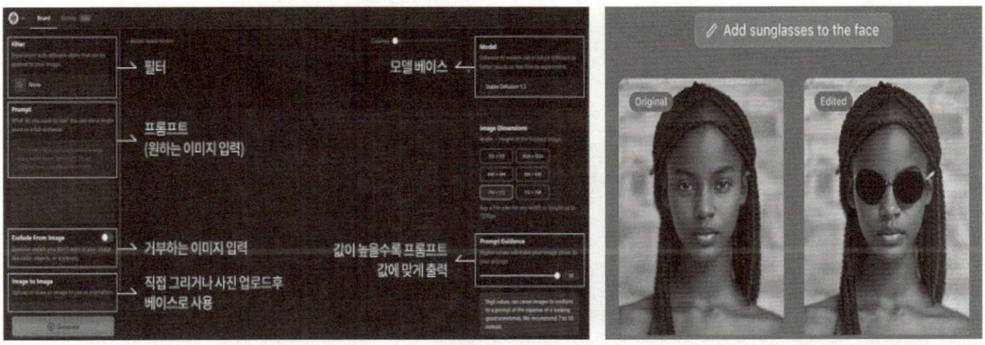

플레이그라운드 첫 화면 | 기존 이미지에서 선글라스 착용

[그림 7-11] 플레이그라운드 첫 화면과 생성 이미지

출처: 양지훈, 윤상혁(2023). 「ChatGPT를 넘어 생성형(Generative) AI 시대로」, p. 06.

스카이박스(Skybox)는 360도 파노라마 이미지를 생성하는 서비스로 텍스트 입력만으로 3차원 모델을 만들어낼 수 있다. 따라서 3차원 모델링에 대한 기초 지식 없이 쉽게 메타버스 공간을 만들을 수 있어 활용도가 매우 높다. 스카이박스는 블록캐이드랩(Blockade Lab)에서 무료로 제공하며, 스테이블디퓨전을 활용한다. 사용자는 영어로 된 단어나 문장을 [Dream up your world]로 표시되어 있는 부분에 입력하고 [Generate] 버튼을 누르면 이미지가 만들어진다. 다른 생성형 AI와 비교할 때 생성 시간은 오래 걸리며, 작성한 단어나 문장의 복잡도에 따라 시간이 더 걸리기도 한다. 더욱 높은 품질의 결과물을 얻으려면 가급적 키워드 중심으로 최대한 상세하게 단어나 문장를 입력하는 것이 좋다. 또한 사람이나 동물과 같은 특정 객체보다는 풍경이나 환경 등을 중심으로 생성하는 서비스라는 사실을 알고 사용하는 것이 좋다.

브랜드마크(Brandmark)는 브랜드 로고를 만들어 낼 수 있는 서비스로 1백만개 이상의 로고를 학습하여 사용자에게 적합한 최적의 로고를 만들어 낸다. 브랜드 이름, 슬로건(옵션), 브랜드 키워드, 색상 스타일을 선택하기만 하면 자동으로 여러 개의 로고가 생성되며, 사용자는 원하는 로고를 선택하면 된다. 제작한 로고는 브랜드 이름, 슬로건, 아이콘, 배경화면, 레이아웃 등을 직접 수정하여 사용자만의 로고를 제작할 수 있다.

스카이박스 첫 화면

브랜드마크 로고 제작

[그림 7-12] 스카이박스와 브랜드마크

지금까지 언급한 이미지 생성형 AI 서비스는 학교 현장에서 다양하게 활용할 수 있다. 교수자 입장에서는 시각적으로 매력적인 교육 자료, 다이어그램 및 일러스트레이션을 생성하여 학습 경험을 향상시키는 데 활용할 수 있다. 구체적으로 스카이박스는 메타버스를 활용한 교육, 자신만의 3차원 공간 만들기, 해외 유적지 만들어 보기 등 다양한 활동과 연계할 수 있으며, 브랜드마크를 활용하여 학급 고유의 로고 제작, 자신만의 명함 만들기, 로고 디자인 대회 등을 학습자들이 생성형 AI 기술을 직접 체험할 수 있는 기회를 제공할 수 있다. 또한 학습자 입장에서는 이러한 생성형 AI 서비스를 활용하여 발표, 프로젝트 또는 과제를 위한 시각적 콘텐츠를 생성하는 데 도움을 받을 수 있다.

3) 동영상 생성형 AI 서비스

동영상 생성형 AI 서비스는 동영상을 자동으로 생성하고, 콘텐츠 생성을 향상시키므로 마케팅, 엔터테인먼트, e-러닝 등 다양한 분야에서 활용할 수 있다.

인비디오(InVideo)는 복잡한 동영상 편집 기술 없이 텍스트에서 매력적인 동영상을 생성한다. 동영상에 대한 아이디어를 선택하고 키워드를 선정하기만 된다. 다음으로 스크립트를 작성하는 것인데 이때 ChatGPT를 활용하면 쉽게 스크립트를 생성할 수 있다. 스크립트를 작성하고 나면, 인비디오가 작동하여 다양한 템플릿, 전환, 텍스트를 제공하며, 애니메이션과 음악을 통합할 수 있고, 사용자는 테마와 화면의 비율에 맞는 동영상을 쉽게 만들 수 있다. 또한 인비디오는 각 장면에 대한 정지화면을 포함하고 있어 가장 적절한 영상을 제안하고, 미디어 관리를 손쉽게 할 수 있게 한다. 동영상에 음성 해설을 추가하기 위해 텍스트의 음성 변환 기능을 사용하고, 사용자가 조정할 수 있는 언어, 음성 및 볼륨 제어를 제공한다. 마지막으로 프리뷰 기능을 통해 사용자는 동영상을 확인하면 된다.

인비디오 첫 화면

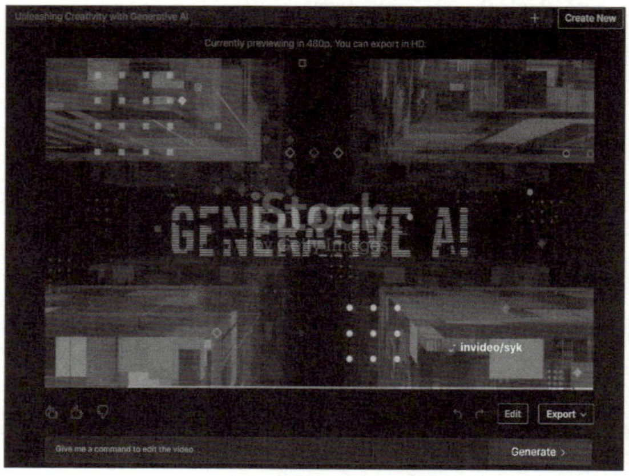

동영상 생성 예시

[그림 7-13] 인비디오 첫 화면 및 동영상 생성 예시

플루닛 스튜디오(Ploonet Studio)는 AI 휴먼 아나운서를 만들 수 있는 서비스이다. 이 서비스는 사용자가 대본을 제공하면 AI 휴먼 아나운서가 자동으로 읽어주며, 다양한 AI 휴먼을 선택하여 활용할 수 있다. 이 서비스를 사용하면 기존에 모델을 섭외하고 촬영, 편집까지 해야하는 과정을 실제 시간과 비용의 1/6정도 까지 획기적으로 단축할 수 있다고 한다.

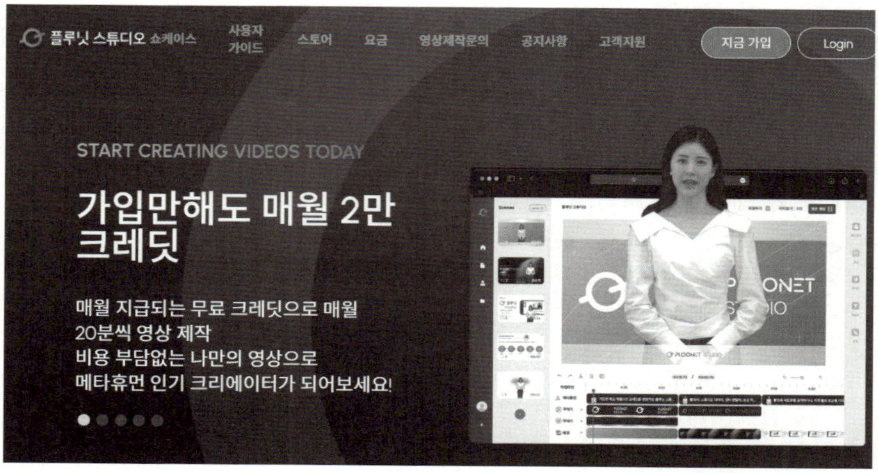

[그림 7-14] 플루닛 스튜디오 첫 화면

지금까지 언급한 동영상 생성형 AI 서비스는 학교 현장에서 다양하게 활용할 수 있다. 교수자 입장에서는 매력적인 교육 비디오 및 강의를 생성할 수 있으며, 학생들에게 사전 녹화된 비디오 수업을 제공하는 플립 러닝(Flipped Learning)에 활용할 수 있으며, 자막과 번역을 제공함으로써 다양한 수준의 언어 능력을 가진 학생들의 요구를 충족시킬 수 있다. 또한 학습자 입장에서 이러한 AI 서비스를 활용하여 자신의 속도와 수준에 맞춰 교육 콘텐츠에 접근할 수 있게 함으로써 자기주도학습을 가능하게 하며, 자막과 번역이 있는 동영상을 제공함으로써 장애가 있는 학생을 포함한 모든 학생이 콘텐츠에 접근할 수 있도록 할 수 있다. 구체적으로 플루닛 스튜디오는 뉴스 활용 수업에서 실제 제작한 뉴스를 영상으로 만드는 활동을 할 수 있으며, 학급 소개 영상을 만들 수 있으며, 발표를 할 때 좀 더 색다른 발표 영상을 제작하는 데 활용할 수 있다.

4) 음악 생성형 AI 서비스

음악 생성형 AI 서비스는 작곡을 하거나 음악을 생성함으로써 음악 작곡 및 프로듀션, 음악 스트리밍 및 추천, 광고와 미디어, 게임 개발, 음악 교육 등 다양한 분야에서 활용할 수 있다.

아이바(AIVA)는 Artificial Intelligence Virtual Artists를 의미하며, 작곡가 협회에 등록된 최초의 AI 작가로도 알려져 있으며, 클래식, 재즈, 팝 등 다양한 장르의 음악을 클릭 몇 번만으로 생성해 낸다. 만일 원하는 음악이 아니라면 계속 다른 음악을 생성할 수 있으며, 가격 정책에 따라 MP3, MIDI, 또는 WAV 형식의 파일로 다운로드 받아 다양한 곳에 활용할 수 있다.

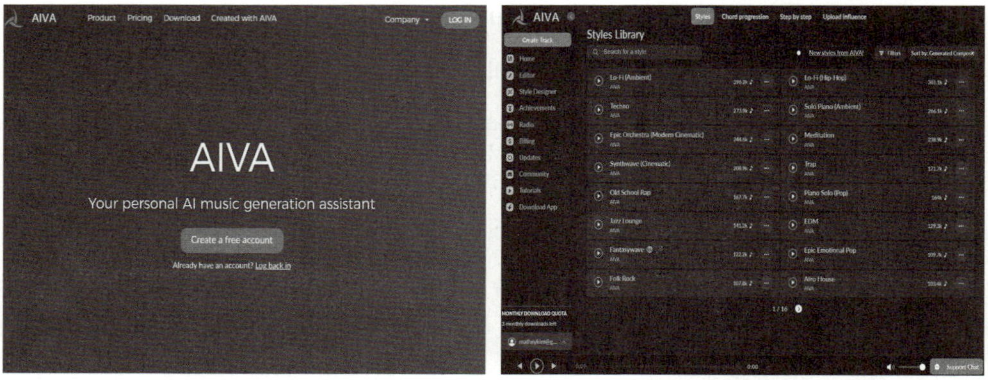

아이바 첫 화면 아이바가 지원하는 음악 장르

[그림 7-15] 아이바 첫 화면과 지원하는 음악 장르

사운드로(Soundraw)는 길이, 템포, 장르, 분위기, 주제를 선택하여 음악을 생성한다. 또한 인트로를 짧게 만들거나 후렴구 위치를 변경하는 등 자유롭게 음악을 선택할 수 있다. 사용자는 몇 번의 클릭만으로 자신의 동영상에 맞게 음악을 편집할 수 있으며, 유튜브 및 소셜 미디어 비디오, 웹 광고, TV 및 라디오 광고, 팟캐스트, 게임 및 앱을 포함하여 다양한 콘텐츠에서 음악을 사용할 수 있다. 사용자는 AI가 생성한 음악을 바로 확인할 수 있으며, 길이, 템포, 악기, 음계, 음량 등을 선택할 수 있다. 사운드로는 아이바에 비해 제공하는 음악 장르가 다양하나 아직까지 MIDI 및 MP3 파일 다운로드를 제공하지 않고 있다.

사운드로 첫 화면 음악 생성 과정

[그림 7-16] 사운드로 첫 화면과 음악 생성 과정

멜로바이츠(Melobytes)는 이미지를 활용하여 음악을 생성한다. 또한 이미지를 노래나 사운드로 바꾸거나 스토리가 있는 비디오를 생성할 수 있으며, 이 외에도 텍스트를 이미지로 생성하거나, 이미지를 활용하여 애니메이션을 생성하는 등 다양한 기능들이 있다. 이 중 이미지를 노래로 생성하고자 한다면 [AI Image to song]이라는 버튼을 누른 후 나오는 화면에서 이미지를 업로드하고, 무료 플랜을 이용하는 경우에는 가사 유형(Lyrics type)을 임의의 형용사(Random adjectives)와 단순한 단어(Simple Words) 옵션 중 하나를 선택한 후 [Creat a song] 버튼을 누르면 된다. 생성된 노래의 톤이나 템포가 마음에 들지 않는다면 세부 설정을 미세조정하여 만들 수 있다. 이외에도 가수, 아카펠라, 박자 등을 선택할 수 있고, 생성된 노래를 노래만 다운로드 받거나 노래와 이미지를 함께 비디오 클립 형식으로 다운로드 받을 수 있다.

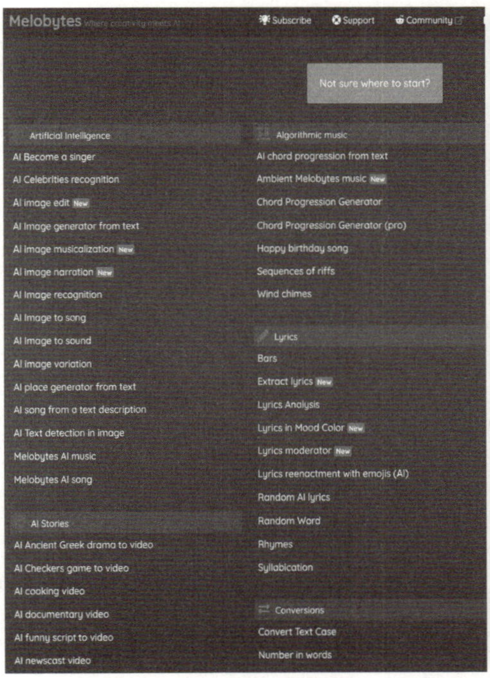

멜로바이츠 주요 기능

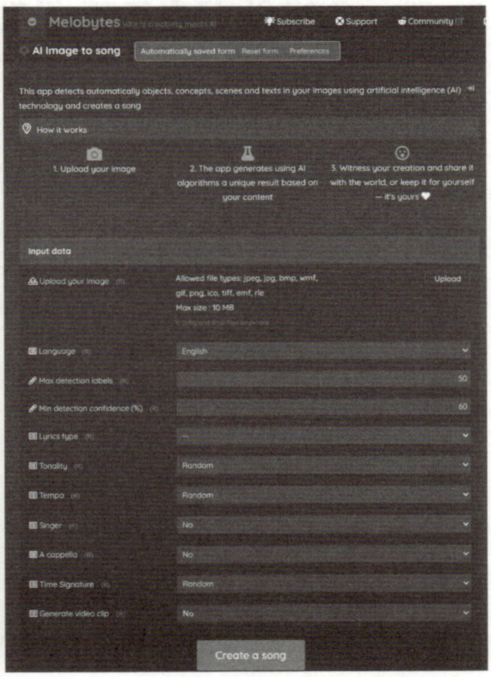

이미지로 노래 생성하는 과정

[그림 7-17] 멜로바이츠 주요 기능과 이미지로 노래 생성하는 과정

지금까지 언급한 음악 생성형 AI 서비스는 학교 현장에서 다양하게 활용할 수 있다. 교수자 입장에서는 음악 교과 시간에 음악을 만드는 프로젝트를 수행할 수 있으며, 유명한 작곡가와 유사한 음악을 만드는 활동을 할 수 있다. 또한 학습자 입장에서 이러한 생성형 AI 서비스를 활용하여 사용자 제작 콘텐츠(User-created Content, UCC) 및 사용자 생성 콘텐츠(User-generated Content, UGC)를 만드는 활동에서 배경 음악을 직접 만들어 영상에 넣고, 이를 유튜브 등의 영상 공유 플랫폼에서 활용할 수 있다. 구체적으로 멜로바이츠는 하나의 플랫폼에서 텍스트를 활용하여 이미지를 생성하고, 이렇게 만들어진 이미지를 활용하여 노래나 배경 음악을 생성할 수 있으며, ChatGPT를 활용하여 만든 스크립트를 기반으로 애니메이션 등을 제작하는 데 활용할 수 있다.

2. ChatGPT와 프롬프트 공학

2.1 ChatGPT의 개념과 원리

생성형 AI 서비스에서 가장 대표적인 ChatGPT는 그 이름에 모든 개념이 담겨져 있다. 'Chat'은 대화를, GPT는 'Generative Pre-trained Transformer'로 생성형 사전학습 트랜스포머라는 의미이다.

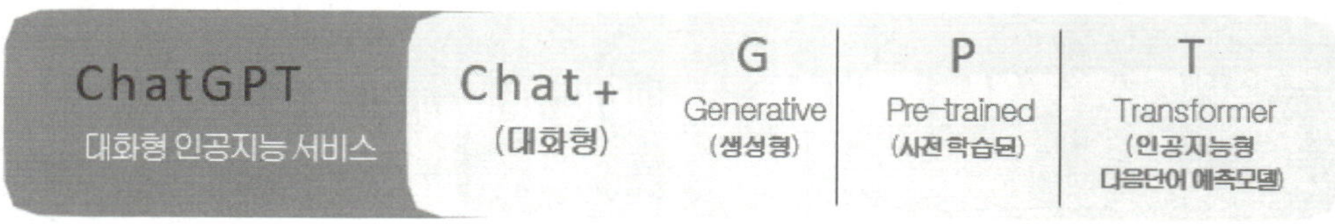

[그림 7-18] ChatGPT 개념

출처: 김태훈(2023). 「생성형 AI의 수업 활용 방안」, p. 5.

대화형이란 일반적인 AI 모델을 학습시키고 활용하기 위해 코드를 작성해야 했던 것과 달리 ChatGPT는 일반인들에게 친숙한 대화 형식으로 질문에 답변할 수 있게 제작되었다는 의미이다. 생성형이란 새로운 데이터를 만들어 낸다는 의미로, 트랜스포머를 기반으로 사용자의 질문에 대해 구글의 검색 서비스처럼 인터넷의 문서를 검색하고, 관련 단락을 보여주는 형식의 답변을 하는 것이 아니라 사람들이 일상생활에서 새로운 문장을 만드는 것처럼 각각의 사람에게 맞는 다른 형태와 관점을 반영하여 사용자의 요청에 적절한 응답 문장을 생성하여 답변하게 한다. 사전학습이란 새로운 데이터를 생성하기 위해 사용자가 데이터를 학습시킬 필요 없이 이미 기존에 있던 대량의 데이터로 특정 문제를 해결하는 방법을 학습시켰다는 의미이다. 즉, 텍스트를 생성하기 위해 ChatGPT는 대량의 데이터를 이용하여 AI 모델을 미리 학습시키는 과정으로, 대량의 텍스트 데이터에서 하나의 문장에 두 단어가 함께 등장할 확률을 계산한다. 예를 들어 하나의 문장에 '햇볕'과 '선글라스'가 함께 등장할 확률은 '햇볕'과 '신발'이 함께 등장할 확률보다 클 것이다. 또한 조건부 확률을 활용하여 두 텍스트가 등장하는 순서도 확률적으로 계산한다. 예를 들어 '햇볕이 강하다'에서 '햇볕이'라는 텍스트 다음에 '강하다'가 올 조건부 확률은 '강하다' 다음에 '햇볕이'라는 텍스트가 올 조건부 확률보다 클 것이다. 이와 같은 사전학습을 통해서 자연스러운 텍스트를 학습해 나간다.

트랜스포머는 딥러닝 기반의 자연어처리를 위한 모델로, 대부분의 언어 모델이 트랜스포머를 기반으로 한다는 점에서 중요하게 인식된다. 트랜스포머는 텍스트를 이해하는 인코더와 새로운 텍스트를 생성하는 디코더로 구성되어 있으며, 텍스트를 key, query, value로 각각 표현하기 위해 가중치 행렬을 곱한다. [그림 7−19]에서 제시된 바와 같이 '*num_layers* ×'는 인코더와 디코더 블록이 다수의 층으로 구성되어 있음을 나타낸다. 트랜스포머의 주요한 특징 중 하나는 셀프 어텐션(Self-Attention)으로 입력된 텍스트의 각 단어와 다른 단어와의 관계를 파악하여 특정 부분에 더 집중할 수 있도록 한다. 셀프 어텐션은 텍스트를 컴퓨터가 처리할 수 있도록 벡터로 표현하여 문장 내의 다른 텍스트와의 관계를 고려할 수 있도록 설정된 수학적 연산 규칙이다. 예를 들어 "햇볕이 강하니 선글라스가 필요하다"라는 문장이 있을 때, '햇볕'이라는 단어를 문장 내 다른 텍스트 '강하다', '선글라스', '필요하다' 와의 연관성을 포함할 수 있도록 '강하다', '선글라스', '필요하다'를 의미하는 벡터와 아래와 같은 수식을 사용하여 일차결합으로 표현할 수 있다.

$$W_{햇볕} = 0.3V_{강하다} + 0.5V_{선글라스} + 0.2V_{필요하다}$$

예를 들어 $W_{햇볕}$은 '햇볕'을 의미하는 텍스트를 다른 텍스트와 연관하여 벡터로 표현한 것이고, $V_{강하다}$, $V_{선글라스}$, $V_{필요하다}$는 각각 '강하다', '선글라스', '필요하다'의 텍스트를 의미하는 값(Value) 행렬이다.

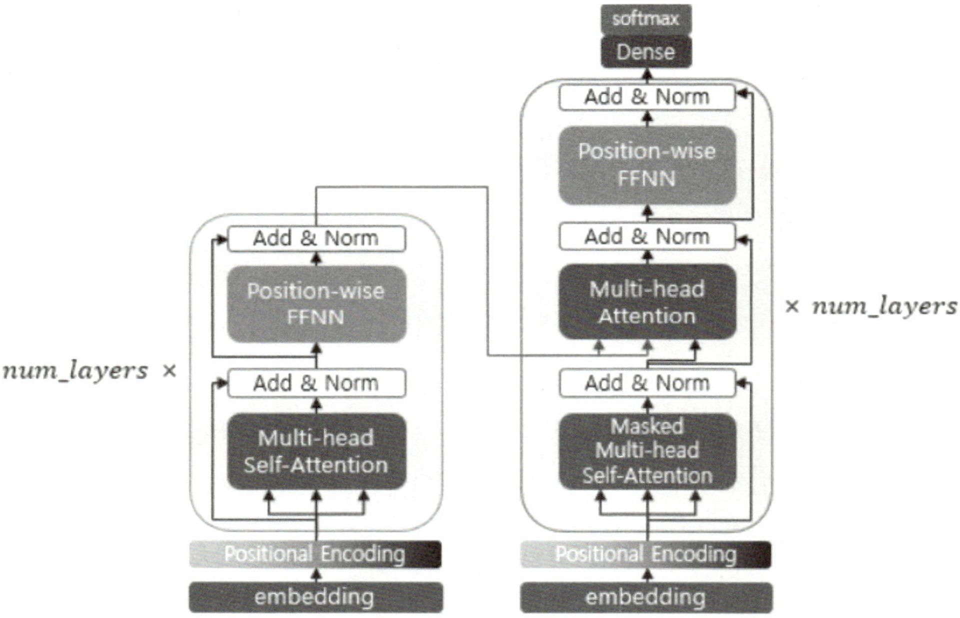

[그림 7-19] 트랜스포머의 내부 구조

출처: https://zorba-blog.tistory.com/28

또한 ChatGPT는 특정 영역에 대해서 정확한 결과를 제공할 수 있도록 사람이 보완해주는 방법인 인간 피드백 강화학습(Reinforcement Learning from Human Feedback, RLHF)을 적용하고 있다. 즉, RLHF는 사람이 AI 모델의 결과에 대해 평가한 피드백(Feedback)을 만들고, 이 피드백을 AI가 생성한 결과에 대한 우수성의 지표로 사용함과 동시에, 이를 다시 AI 모델에 반영하여 모델을 최적화하는 방법이다.

RLHF는 다음의 세 가지 단계로 구성된다.

1) 모델의 사전훈련 단계로, 사전에 훈련된 언어 모델이 있는 경우 지도학습 기반의 파인 튜닝(Supervised Fine-Tuning)을 통해 미세조정을 한다.
2) 보상모델(Reward Model) 단계로 언어 모델이 생성한 텍스트에 대해 사람(라벨러)들이 일반적으로 얼마나 선호할지에 대한 점수를 부여하고, 다음 학습에 반영하기 위해 숫자 보상을 지정한다.
3) 2)에서 설정한 보상모델이 제공하는 보상을 사용하여 언어 모델을 훈련시키는 단계로 정책 그래디언트 강화학습 알고리즘인 근접 정책 최적화(Proximal Policy Optimization)를 활용하여 모델을 파인튜닝 한다. PPO알고리즘은 최적으로 모델을 업데이트 할 수 있는 강화학습정책으로 상대적으로 복잡도가 낮고 우수한 성능을 보인다(안성원 외, 2023).

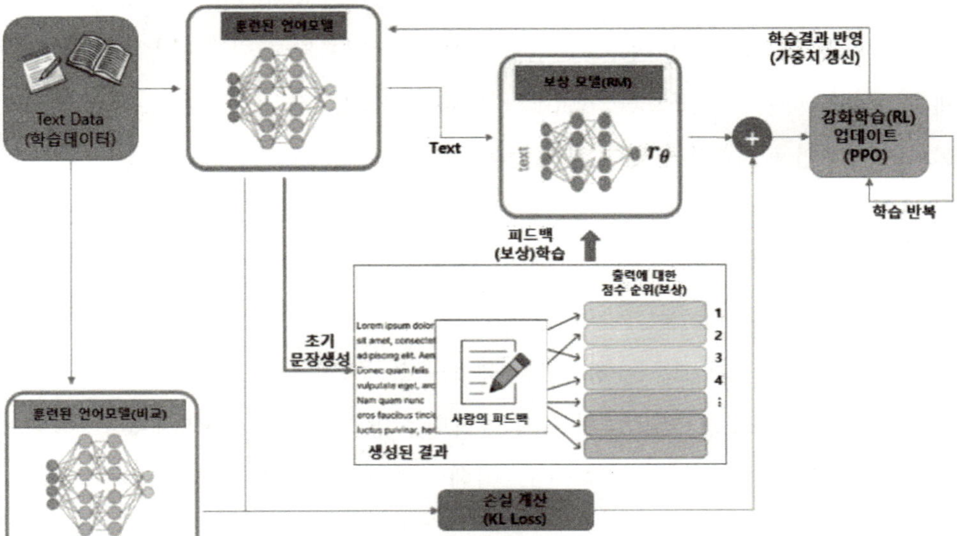

[그림 7-20] RLHF의 동작 과정

출처: 안성원 외(2023). 「초거대 언어모델의 부상과 주요 이슈」, p. 31.

2.2 프롬프트 공학의 이해

프롬프트(Prompt)란 사용자가 입력하는 명령어나 질문을 의미한다. AI 언어 모델은 이 프롬프트를 입력으로 받아들이고, 입력받은 내용을 확률적으로 분석하여 가장 적절한 응답을 도출해낸다. 따라서, 사용자가 원하는 결과를 얻기 위해서는 적합한 프롬프트의 입력이 중요하다. 생성형 AI에서 사용자가 원하는 결과를 얻기 위해 적절한 프롬프트를 구성하는 일련의 과정을 프롬프트 엔지니어링이라고 부른다(오세준, 2023, Bull & Kharrufa, 2023에서 재인용). 프롬프트는 AI가 만들어내는 반응과 결과물을 결정하는 중요한 요소로, 이를 통해 모델의 반응 정확도와 처리 속도에 큰 영향을 미칠 수 있다. 따라서, 프롬프트를 효과적으로 구성하고 최적화하는 과정은 인공지능 모델의 성능과 효율성을 극대화하는 데 매우 중요하다.

프롬프트는 제로샷 프롬프트(Zero-Shot Prompts), 퓨샷 프롬프트(Few-Shot Prompts), 반복적 프롬프트(Iterative Prompts), 구조화된 프롬프트(Structured Prompts) 등으로 구분할 수 있다. 제로샷 프롬프트는 인공지능 모델이 특별히 학습하지 않은 데이터에 대해 질문을 하는 프롬프트를 의미한다(오세준, 2023, Giray, 2023; Heston & Khun, 2023에서 재인용). AI의 역사를 예를 들어 살펴보면, "AI의 역사를 간단히 요약해주세요"는 제로샷 프롬프트이다. 퓨샷 프롬프트는 인공지능 모델이 특정 질문이나 작업을 위해 특별히 훈련되지 않았지만, 프롬프트에 예제가 포함된 경우이다. "AI의 역사에서 중요한 사건을 몇 가지 예를 들어 설명해 주세요"는 퓨샷 프롬프트이다. 반복적 프롬프트는 AI 모델이 프롬프트를 생성하는 데 도움을 주는 프롬프트로 받은 답변을 기반으로 새로운 프롬프트를 작성하여 다시 물어보는 방법이다. "AI의 역사에서 가장 중요한 발전은 무엇인가요?"라고 물어보고, 이에 대한 답변을 기반으로 다시 설명하도록 한다. 구조화된 프롬프트는 AI 모델이 좋은 결과를 일관되게 얻기 위해 제안된 방법의 하나다. "AI의 역사를 다음과 같은 구조로 설명해주세요. 1. 초기 시기(연도 또는 시대), 2. 중간 시기(연도 또는 시대), 3. 현재 시기(연도 또는 시대), 4. 미래 전망"을 예로 들 수 있다. 구조화된 프롬프트는 OpenAI API를 사용한 프롬프트 엔지니어링 모범 사례 8개(오세준, 2023, Shieh, 2023에서 재인용)와 ChatGPT로부터 더 나은 답변을 얻기 위한 6가지 전략(오세준, 2023, OpenAI, 2023에서 재인용)에서도 다음의 표 3과 같이 확인할 수 있다. 프롬프트를 작성할 때는 원하는 컨텍스트, 결과, 길이, 형식, 대답할 내용과 대답하지 않아야 할 내용 등을 명확히 해야 하며, 예제 및 참조 텍스트를 통해 출력 형식을 구체적으로 안내할 필요가 있다. 이때, 각 항목에 대해 ###, """와 같은 구분 기호를 사용하여 예시, 참조 텍스트, 형식 등의 항목을 구분할 필요가 있다(오세준, 2023). 이외에도 ChatGPT 모델에 있는 Custom instructions에 페르소나인 특정 역할을 부여하고, 여러 작업을 한 번에 요청하며, 대답에 따라 추가적인 질문을 이어가는 것도 추천하는 프롬프트 작성 방법이다.

〈표 7-3〉 효과적인 프롬프트 작성 전략

프롬프트 엔지니어링 모범 사례	더 나은 답변을 얻기 위한 6가지 전략
1. 최신 모델을 사용한다. 2. 프롬프트 시작 부분에 명령을 입력하고, ### 또는 " " "를 사용하여 명령과 컨텍스트를 구분한다. 3. 원하는 컨텍스트, 결과, 길이, 형식, 스타일 등에 대해 가능한 구체적이고 상세하게 작성한다. 4. 예제를 통해 원하는 출력 형식을 표현한다. 5. 제로샷으로 시작한 다음 퓨샷을 적용하고, 둘 다 작동하지 않는다면 파인튜닝한다. 6. 모호하고 불명확한 설명을 줄인다.	1. 명확한 지침을 작성한다. • 관련성 높은 답변을 얻으려면 요청사항에 세부 정보를 포함한다. • 모델에게 페르소나 채택을 요청한다. • 구분 기호를 사용하여 입력의 고유한 부분을 명확하게 표시한다. • 예시를 제공한다. • 원하는 출력 길이를 지정한다. 2. 참조 텍스트를 제공한다. • 모델이 참조 텍스트를 사용하여 대답하도록 지시한다. • 참조 텍스트에서 인용하여 대답하도록 모델에 지시한다. 3. 복잡한 작업을 더 간단한 하위 작업으로 분할한다. • 의도 분류를 사용하여 사용자 요청과 가장 관련성이 높은 지침을 식별한다. • 대화가 매우 길 경우 이전 대화를 요약하거나 필터링한다. • 긴 문서를 부분별로 요약하고 다시 합쳐서 전체 이야기를 이해한다. 4. ChatGPT에게 생각할 시간을 준다. • 성급하게 결론을 내리기 전에 모델이 스스로 해결할 수 있도록 지시한다. • 내면의 독백 또는 일련의 쿼리를 사용하여 모델의 추

프롬프트 엔지니어링 모범 사례	더 나은 답변을 얻기 위한 6가지 전략
7. 하지 말라고 하지 말고, 해야할 것을 말한다. 8. 코드 생성 관련하여 "리딩 어휘"를 사용하여 특정 패턴이 나오도록 유도한다.	론 과정을 숨긴다. • 모델이 이전 과정에서 놓친 것이 있는지 물어본다. 5. 외부 도구를 사용하여 ChatGPT의 약점을 보완한다. • 임베딩 기반 검색을 사용하여 효율적인 지식 검색을 구현한다. • 코드 실행을 사용하여 보다 정확한 계산을 수행하거나 외부 API를 호출한다. • 모델이 특정 기능에 접근할 수 있는 엑세스 권한을 부여한다 6. 변경 사항을 체계적으로 테스트한다. • 표준 답변을 참조하여 모델 결과를 평가한다.

출처: 오세준(2023).「수학 문제 해결에서 효과적인 ChatGPT의 프롬프트 고찰: 이차방정식과 이차함수를 중심으로」, p. 551.

활동지

1. 생성형 AI와 관련한 최신 연구, 뉴스 기사, 또는 블로그 내용을 정리하고, 사용된 생성형 AI의 개념 및 생성형 AI 서비스를 찾아 정리해 봅시다.

2. 특정 주제에 대해 제로샷 프롬프트, 퓨샷 프롬프트, 반복적 프롬프트, 구조적 프롬프트를 작성하고, 각각의 프롬프트가 답변에 어떤 영향을 미치는지, 어떤 상황에서 어떤 프롬프트 방법을 선택해야 하는지, 그리고 주제를 이해하고 학습하는데 어떤 도움을 줄 수 있는지 정리해 봅시다.

3. 생성형 AI로 만든 세계 첫 영화인 ‘AI 수로부인’을 보고, 다양한 생성형 AI 서비스를 이용하여 1)영화 제목을 기반으로 영화 대본, 2) 영화 음악, 3) 영화 예고편을 만들어 보고, 4)생성형 AI를 사용할 때 윤리적으로 고려해야 할 점에 대해 토론해 봅시다.

※ AI 수로부인(https://www.aitimes.kr/news/articleView.html?idxno=29423)

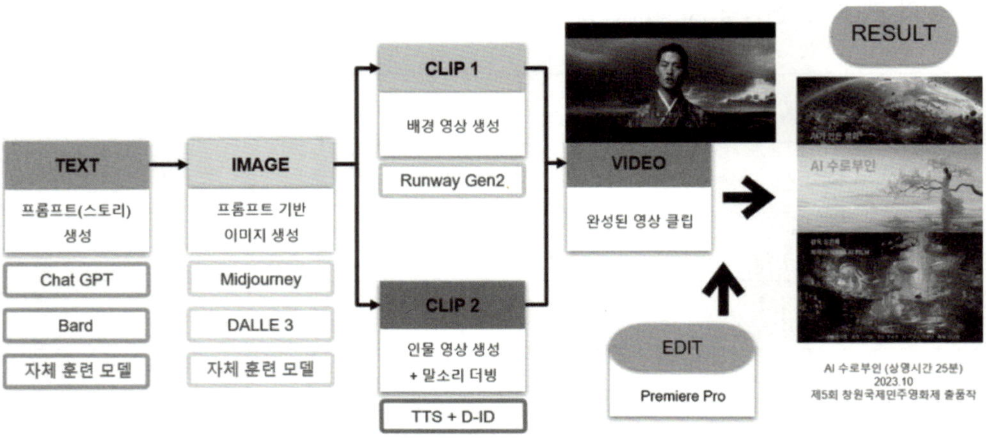

나라AI필름 AI 수로부인 작업공정 예시

참고문헌

구요한(2023). 생성형AI와 함께하는 IC-PBL 캡스톤 시나리오 작성하기[워크숍]

김용성(2023). 챗GPT 충격, 생성형 AI와 교육의 미래. 프리렉.

김지연, 김신혜, 양지웅(2020). 융합수업에 대한 현직교사의 인식. 학습자중심교과교육연구, 20(12), 373-400.

김태훈(2023). 생성형 AI의 수업 활용 방안. 교육동향분석, 12, 1-21.

나영식, 조재혁(2018). 인공지능(SW). 한국과학기술기획평가원.

박지훈, 이준기, 주방현, 송혜인(2023). 선생님이 먼저 배우는 챗GPT. 씨마스21.

송은정(2023.08.25). 챗GPT 활용 탐색적 데이터 분석[워크숍].

안성원, 유재흥, 조원영, 노재원, 손효현(2023). 초거대 언어모델의 부상과 주요 이슈: 챗GPT의 기술적 특징과 사회적 · 산업적 시사점. SPRi 이슈리포트, 105, 14-47.

양지훈, 윤상혁(2023). ChatGPT를 넘어 생성형(Generative) AI 시대로: 미디어-콘텐츠 생성형 AI 서비스 사례와 경쟁력 확보 방안. Media Issue & Trend.

오세준(2023). 수학 문제 해결에서 효과적인 ChatGPT의 프롬프트 고찰: 이차방정식과 이차함수를 중심으로. 수학교육논문집, 37, 545-567.

이세리(2020). 인코더 디코더 구조를 이용한 텍스트 및 비디오 분야 적용 연구. 고려대학교 대학원.

인공지능(2023.12.12). 위키피디아에서. https://ko.wikipedia.org/wiki/인공지능

임태형(2023.08.31). ChatGPT 플러그인 및 API 활용[워크숍].

정보통신용어사전(2023.12.12). 인공지능. 한국정보통신기술협회.

조영임(2023). 초거대 AI와 생성형 인공지능. TTA Journal, 207, 36-45.

최현종, 김지혜, 이도영, 이현아, 임진숙(2021). 학교에서 만나는 인공지능 수업. 교육부 · 한국과학창의재단

한옥영, 김재현, 오하영, 노해선, 지정은, 안지혜, 한상민, 이규호(2021). 학교에서 만나는 인공지능 수업 고등학교 심화. 교육부 · 한국과학창의재단.

Bull, C., & Kharrufa, A. (2023). Generative AI assistants in software development education. arXiv preprint arXiv:2303.13936.

Giray, L. (2023). Prompt engineering with ChatGPT: A guide for academic writers. In Annals of Biomedical Engineering (pp. 1-5).

Heston, T. F., & Khun, C. (2023). Prompt engineering in medical education. *International Medical Education, 2*(3), 198-205.

Katsarou, K., Yu, G., & Beierle, F. (2022). WhatsNextApp: LSTM-based next-app prediction with app usage sequences. *IEEE Access, 10*, 18233-18247.

OpenAI. (2023). ChatGPT [Large language model]. https://chat.openai.com

Shieh, J. (2023). Best practices for prompt engineering with OpenAI API. OpenAI, February https://help.openai.com/en/articles/6654000-best-practices-for-prompt-engineering- with-openai - api.

참고사이트

디지털배움터(2024. 1. 3) "생성형AI 이해하기"
https://www.youtube.com/watch?v=kVMCtRJ40SY&t=393s
뤼튼 홈페이지 https://www.wrtn.ai
멜로바이츠 홈페이지 https://melobytes.com
바드 홈페이지 https://bard.google.com/chat
브랜드마크 홈페이지 https://brandmark.io
빙챗 홈페이지 https://www.microsoft.com/ko-kr/edge/copilot?form=MA13LA
사운드로 홈페이지 https://soundraw.io/
스카이박스 홈페이지 https://skybox.blockadelabs.com/
아이바 홈페이지 https://aiva.ai
인비디오 홈페이지 https://invideo.io
클로바X 홈페이지 https://clova-x.naver.com
트랜스포머(Transformer) 모델/디코더 https://zorba-blog.tistory.com/28
플레이그라운드 홈페이지 https://playgroundai.com/
플루닛 스튜디오 홈페이지 https://studio.ploonet.com/main/
AI 수로부인 https://www.aitimes.kr/news/articleView.html?idxno=29423
VAE(Auto-Encoding Variational Bayes) 직관적 이해
https://taeu.github.io/paper/deeplearning-paper-vae

제 8 장 생성형 AI의 실제

학습목표

- ChatGPT를 국어, 수학, 영어, 음악 등 다양한 수업에서 활용할 수 있다.
- ChatGPT를 수업계획서, 학교 생활기록부, 채점 기준표, 채점 결과 분석 등 다양한 업무에서 활용할 수 있다.
- 실제 교육 현장에서 ChatGPT를 활용한 사례를 분석하고, 이를 수정 및 보완하여 본인에게 적합한 프롬프트를 작성할 수 있다.

주요용어

2022개정 교육과정, 구글 시트, 성취기준, 수업계획서, 생활기록부, 채점 기준표, 프롬프트, Data Analyst, ChatGPT, GPT 함수의 기본 구조, OpenAI API

본 장에서는 생성형 AI 중 ChatGPT에 초점을 맞추어 2022개정 교육과정을 기반으로 이를 수업에서 활용할 수 있도록 프롬프트를 작성하는 방법과 OpenAI API를 활용하여 구글 시트와 연동하는 방법을 다루고, 교육 현장에서 ChatGPT를 활용한 사례를 분석함으로써 ChatGPT를 이용한 학생 맞춤형 수업을 설계하는 방안과 효율적인 업무 활용 방안에 대해 모색한다.[1)]

1) 이 장에 제시된 프롬프트는 김용성(2023), 박지훈 외(2023), 송은정(2023), 임태형(2023)의 내용 중 일부를 수정 및 보완하였음을 밝힘.

1. ChatGPT 수업 활용 사례

1.1 국어 교과에서 ChatGPT 활용

1) 읽기

2022개정 교육과정에서 읽기는 자신의 배경지식이나 경험을 활용하여 언어를 비롯한 다양한 기호나 매체로 표현된 글의 의미를 능동적으로 구성하는 행위로 정의하고 있다. 고등학교의 성취기준 적용 시 고려 사항에는 "전통적인 문어 자료인 책이나 글 이외에도 학습자들이 일상에서 접할 수 있는 다양한 매체 자료를 대상으로 읽기 능력을 기르도록 지도한다."라고 제시되어 있다. 이와 관련하여 교육부 공식 블로그의 '디지털 시대의 주인공이 될 100만 인재를 양성합니다'를 예시로 들어 글의 핵심과 내용을 빠르게 정확하게 파악하는 데 활용할 수 있는 프롬프트와 답변을 작성하면 다음과 같다.

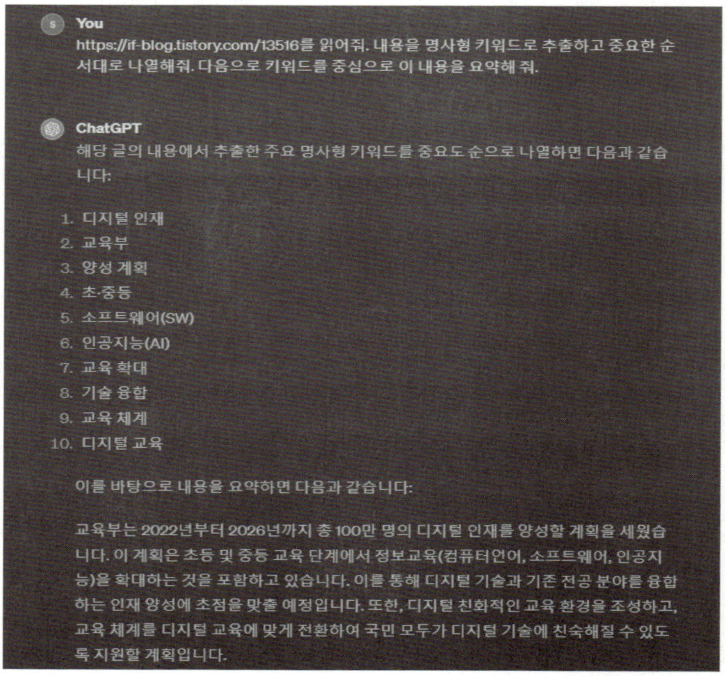

[그림 8-1] 글의 핵심과 내용 파악하기

글의 핵심 내용 파악을 위한 진단 및 형성 평가를 위해 진위형, 선택형, 완성형 문항을 만들 수 있다. 이와 관련하여 앞의 교육부 공식 블로그 내용을 예시로 문항 작성에 활용할 수 있는 프롬프트와 답변을 작성하면 다음과 같다.

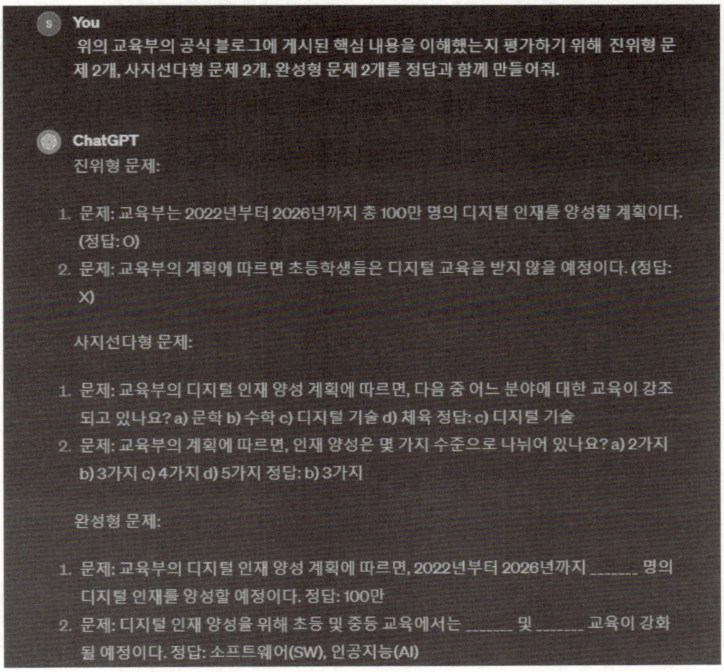

You
위의 교육부의 공식 블로그에 게시된 핵심 내용을 이해했는지 평가하기 위해 진위형 문제 2개, 사지선다형 문제 2개, 완성형 문제 2개를 정답과 함께 만들어줘.

ChatGPT
진위형 문제:

1. 문제: 교육부는 2022년부터 2026년까지 총 100만 명의 디지털 인재를 양성할 계획이다. (정답: O)
2. 문제: 교육부의 계획에 따르면 초등학생들은 디지털 교육을 받지 않을 예정이다. (정답: X)

사지선다형 문제:

1. 문제: 교육부의 디지털 인재 양성 계획에 따르면, 다음 중 어느 분야에 대한 교육이 강조되고 있나요? a) 문학 b) 수학 c) 디지털 기술 d) 체육 정답: c) 디지털 기술
2. 문제: 교육부의 계획에 따르면, 인재 양성은 몇 가지 수준으로 나뉘어 있나요? a) 2가지 b) 3가지 c) 4가지 d) 5가지 정답: b) 3가지

완성형 문제:

1. 문제: 교육부의 디지털 인재 양성 계획에 따르면, 2022년부터 2026년까지 ______ 명의 디지털 인재를 양성할 예정이다. 정답: 100만
2. 문제: 디지털 인재 양성을 위해 초등 및 중등 교육에서는 ______ 및 ______ 교육이 강화될 예정이다. 정답: 소프트웨어(SW), 인공지능(AI)

[그림 8-2] 글의 핵심 내용 파악을 위한 문항 생성

성취기준 [10공국2-02-02]에는 '동일한 화제의 글이나 자료라도 서로 다른 관점과 형식으로 표현됨을 이해하며 읽기 목적을 고려하여 글이나 자료를 주제 통합적으로 읽는다.'라고 제시되어 있다. 이와 관련하여 앞의 교육부 공식 블로그 내용을 예시로 서로 다른 관점을 제시하는 데 활용할 수 있는 프롬프트와 답변을 작성하면 다음과 같다.

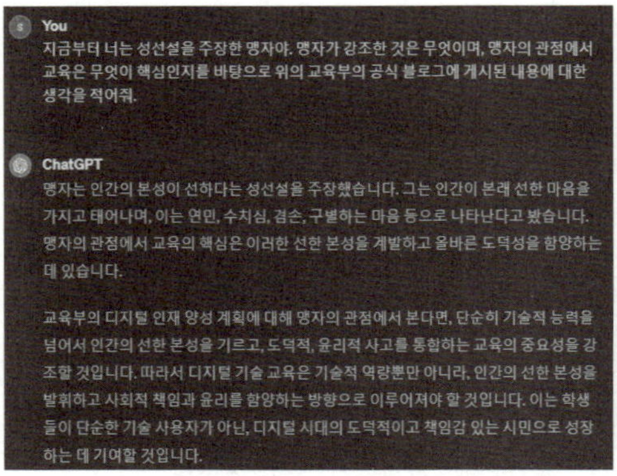

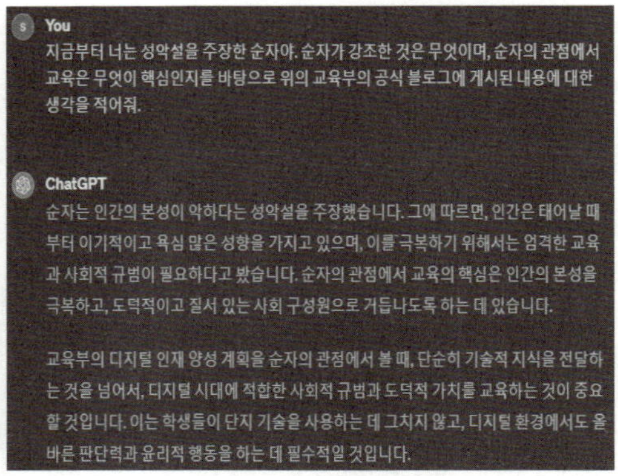

[그림 8-3] 서로 다른 관점 제시

2) 쓰기

2022개정 교육과정에서 쓰기는 언어를 비롯한 다양한 기호나 매체를 활용하여 인간의 생각과 감정을 글로 표현함으로써 의미를 구성하는 행위로 정의하고 있다. 초등학교 5~6학년 성취기준 [6국03-01]에는 '알맞은 내용을 선정하여 대상의 특성이 나타나게 설명하는 글을 쓴다.'라고 제시되어 있다. 이와 관련하여 성취기준 해설에 제시되어 있는 인문, 사회, 과학, 예술, 체육 등 교과 내용에서 설명 대상을 선정한다는 내용을 반영하여 도덕 교과 성취기준 '[6도03-02] 공정함의 의미와 공정한 사회의 필요성을 이해하고, 일상생활에서 공정하게 생활하려는 실천 의지를 기른다.'와 관련한 쓰기 글감을 찾는 데 활용할 수 있는 프롬프트와 답변을 작성하면 다음과 같다.

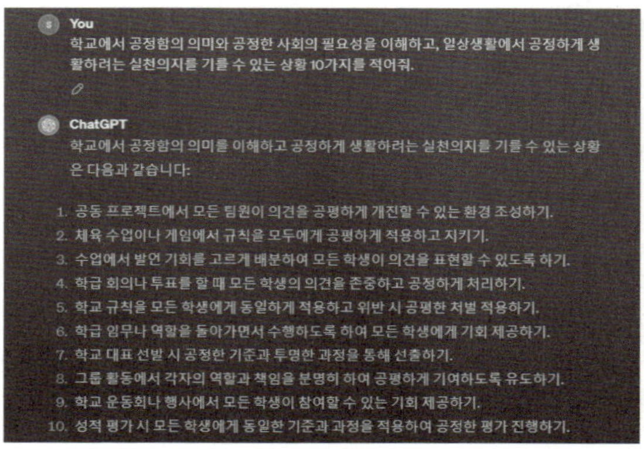

[그림 8-4] 쓰기 글감 찾기

초등학교 5~6학년 성취기준 [6국03-05]에는 '쓰기 과정을 점검·조정하며 글을 쓰고, 글 전체를 대상으로 통일성 있게 고쳐 쓴다.'라고 제시되어 있다. 이와 관련하여 먼저 글의 뼈대에 해당하는 개요를 작성하는 데 활용할 수 있는 프롬프트와 답변을 작성하면 다음의 왼쪽 그림과 같으며, 작성한 개요에 성취기준 해설을 반영하여 통일성 있는 글을 적는 데 활용할 수 있는 프롬프트와 답변을 작성하면 다음의 오른쪽 그림과 같다.

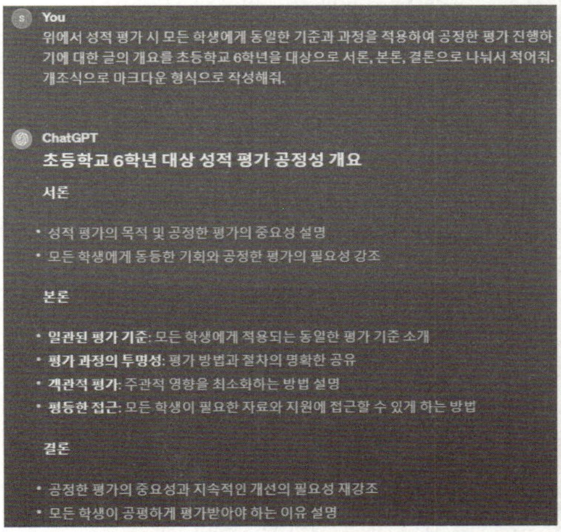

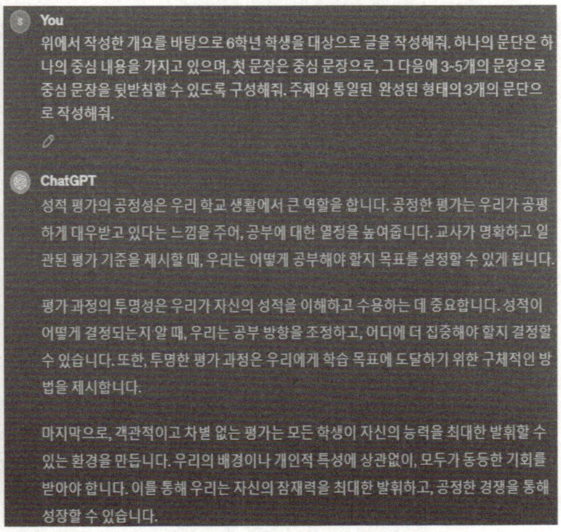

[그림 8-5] 통일성 있는 글 적기

3) 매체

2022개정 교육과정에서 매체는 "소통을 매개하는 도구, 기술, 환경으로 당대 사회의 소통 방식과 소통 문화에 영향을 미친다."라고 제시되어 있다. 또한 성취기준 [6국06-03]에는 '적합한 양식과 수용자의 반응을 고려하여 복합양식 매체 자료를 제작하고 공유한다.'라고 제시되어 있다. 이와 관련하여 위의 내용을 역할극 시나리오로 작성하는 데 활용할 수 있는 프롬프트와 일부 답변을 제시하면 다음과 같다.

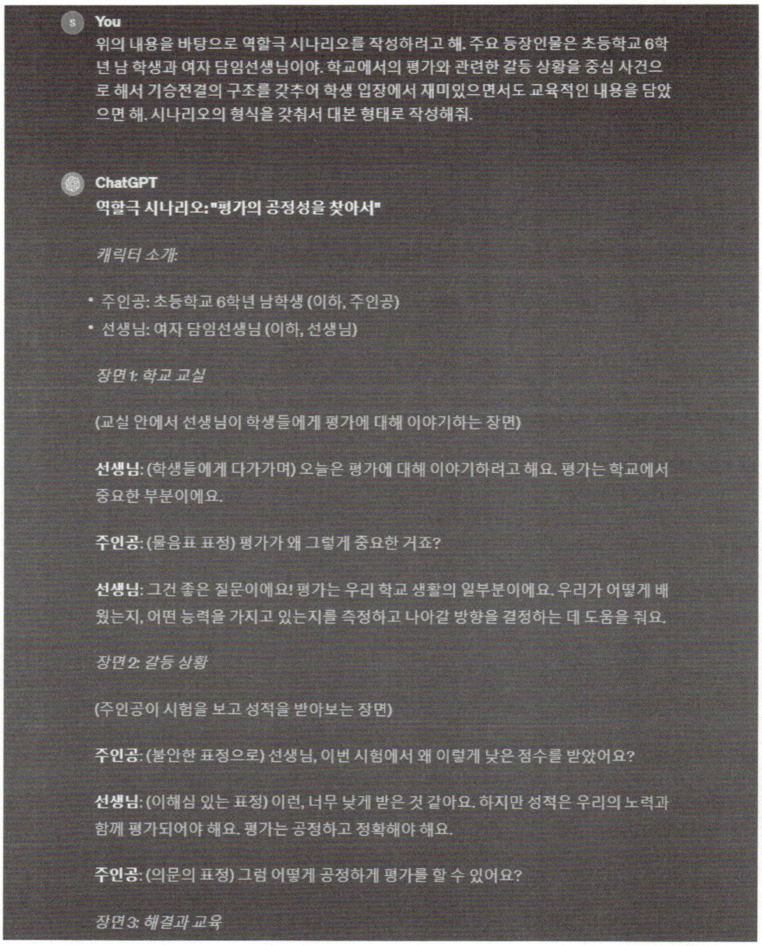

You

위의 내용을 바탕으로 역할극 시나리오를 작성하려고 해. 주요 등장인물은 초등학교 6학년 남 학생과 여자 담임선생님이야. 학교에서의 평가와 관련한 갈등 상황을 중심 사건으로 해서 기승전결의 구조를 갖추어 학생 입장에서 재미있으면서도 교육적인 내용을 담았으면 해. 시나리오의 형식을 갖춰서 대본 형태로 작성해줘.

ChatGPT

역할극 시나리오: "평가의 공정성을 찾아서"

캐릭터 소개:

- 주인공: 초등학교 6학년 남학생 (이하, 주인공)
- 선생님: 여자 담임선생님 (이하, 선생님)

장면 1: 학교 교실

(교실 안에서 선생님이 학생들에게 평가에 대해 이야기하는 장면)

선생님: (학생들에게 다가가며) 오늘은 평가에 대해 이야기하려고 해요. 평가는 학교에서 중요한 부분이에요.

주인공: (물음표 표정) 평가가 왜 그렇게 중요한 거죠?

선생님: 그건 좋은 질문이에요! 평가는 우리 학교 생활의 일부분이에요. 우리가 어떻게 배웠는지, 어떤 능력을 가지고 있는지를 측정하고 나아갈 방향을 결정하는 데 도움을 줘요.

장면 2: 갈등 상황

(주인공이 시험을 보고 성적을 받아보는 장면)

주인공: (불안한 표정으로) 선생님, 이번 시험에서 왜 이렇게 낮은 점수를 받았어요?

선생님: (이해심 있는 표정) 이런, 너무 낮게 받은 것 같아요. 하지만 성적은 우리의 노력과 함께 평가되어야 해요. 평가는 공정하고 정확해야 해요.

주인공: (의문의 표정) 그럼 어떻게 공정하게 평가를 할 수 있어요?

장면 3: 해결과 교육

[그림 8-6] 역할극 시나리오 작성

1.2 영어 교과에서 ChatGPT 활용

1) 소재

소재와 관련하여 2022개정 교육과정에서는 "학습자들이 관심을 가지고 흥미를 느낄 수 있는 소재를 선택하되, 학습자들의 의사소통 능력, 공동체 문제 해결 능력, 창의적 사고력, 심미적 감수성 등을 기르는 데 도움이 되는 내용으로 한다."라고 제시되어 있다. 이와 관련하여 기본 어휘 'able'을 예시로 들어 소재 선택에 활용할 수 있는 프롬프트와 답변을 작성하면 다음과 같다.

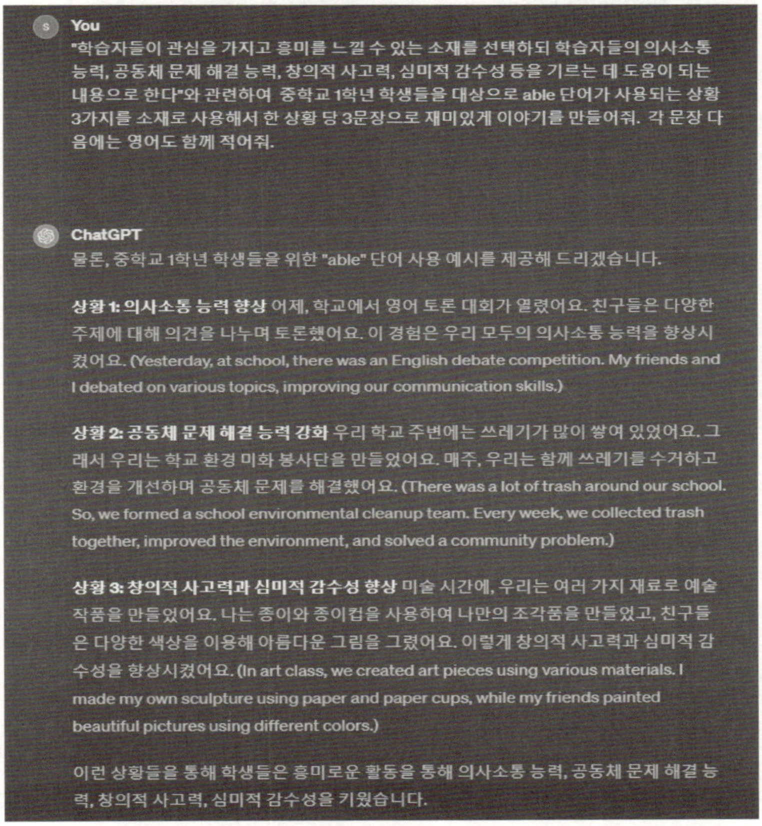

You
"학습자들이 관심을 가지고 흥미를 느낄 수 있는 소재를 선택하되 학습자들의 의사소통 능력, 공동체 문제 해결 능력, 창의적 사고력, 심미적 감수성 등을 기르는 데 도움이 되는 내용으로 한다"와 관련하여 중학교 1학년 학생들을 대상으로 able 단어가 사용되는 상황 3가지를 소재로 사용해서 한 상황 당 3문장으로 재미있게 이야기를 만들어줘. 각 문장 다음에는 영어도 함께 적어줘.

ChatGPT
물론, 중학교 1학년 학생들을 위한 "able" 단어 사용 예시를 제공해 드리겠습니다.

상황 1: 의사소통 능력 향상 어제, 학교에서 영어 토론 대회가 열렸어요. 친구들은 다양한 주제에 대해 의견을 나누며 토론했어요. 이 경험은 우리 모두의 의사소통 능력을 향상시켰어요. (Yesterday, at school, there was an English debate competition. My friends and I debated on various topics, improving our communication skills.)

상황 2: 공동체 문제 해결 능력 강화 우리 학교 주변에는 쓰레기가 많이 쌓여 있었어요. 그래서 우리는 학교 환경 미화 봉사단을 만들었어요. 매주, 우리는 함께 쓰레기를 수거하고 환경을 개선하며 공동체 문제를 해결했어요. (There was a lot of trash around our school. So, we formed a school environmental cleanup team. Every week, we collected trash together, improved the environment, and solved a community problem.)

상황 3: 창의적 사고력과 심미적 감수성 향상 미술 시간에, 우리는 여러 가지 재료로 예술 작품을 만들었어요. 나는 종이와 종이컵을 사용하여 나만의 조각품을 만들었고, 친구들은 다양한 색상을 이용해 아름다운 그림을 그렸어요. 이렇게 창의적 사고력과 심미적 감수성을 향상시켰어요. (In art class, we created art pieces using various materials. I made my own sculpture using paper and paper cups, while my friends painted beautiful pictures using different colors.)

이런 상황들을 통해 학생들은 흥미로운 활동을 통해 의사소통 능력, 공동체 문제 해결 능력, 창의적 사고력, 심미적 감수성을 키웠습니다.

[그림 8-7] 소재 선택에 단어 활용

2) 의사소통 기능과 예시문

2022개정 교육과정에서 의사소통 기능과 의사소통 기능 예시문은 3가지 정보 전달, 태도 및 의견, 담화와 글 영역에서 제공하고 있다. 허가를 표현하는 'Do you know …'를 예시로 들어 문장과 어울리는 상황을 언급해서 학습자가 이야기의 맥락을 이해하면서 자연스럽게 의사소통 학습에 활용할 수 있는 프롬프트와 답변을 작성하면 다음과 같다.

You

User

"Do you know..."로 시작하는 문장을 작성하고, 그 뒤에 한글 번역을 적어줘. 질문 뒤에는 답변을 각각 Yes 와 No 로 시작하는 문장으로 작성해줘. 문장과 답변이 시작되기 전에는 그 문장과 답변이 나올만한 재미있는 이야기를 적어줘. 이 이야기는 한글로 작성해줘. 이 전체를 세트로 해서 3개의 세트를 작성해줘.

ChatGPT

세트 1: 이야기: 어느 날, 학교에서 친구가 새로운 게임을 소개해주었어. 그 게임은 엄청난 모험을 담고 있었고, 우리는 함께 많은 재미를 누렸어. 문장: "Do you know the name of the exciting game my friend introduced me to?" 답변 (Yes): "Yes, it's called 'Mystic Quest.'" 답변 (No): "No, I haven't heard the name yet."

세트 2: 이야기: 주말에 가족과 함께 산에 등반을 갔어. 정상에서 보는 경치는 너무 멋있었고, 우리는 모두 감탄했어. 문장: "Do you know how breathtaking the view was from the mountain top?" 답변 (Yes): "Yes, it was absolutely stunning." 답변 (No): "No, I can only imagine."

세트 3: 이야기: 어느 날, 동네에서 열린 공연을 보러 갔어. 공연은 정말 흥미로웠고, 우리는 박수를 치며 즐겼어. 문장: "Do you know how entertaining the local performance was?" 답변 (Yes): "Yes, it was incredibly entertaining." 답변 (No): "No, I couldn't attend it."

[그림 8-8] 의사소통 학습

3) 어휘

영어과 기본 어휘 목록은 영어과 2022개정 교육과정의 성취기준 달성에 필요한 가장 기본적인 3,000개의 단어로 되어 있으며 영어과 2022개정 교육과정에서 *표를 한 단어는 800개로 초등학교에서 사용하기를 권장하고, **표를 한 단어는 1,200개로 중학교와 고등학교 공통과목에서 사용하기를 권장하고, 나머지 1,000개의 단어는 그 외의 과목에서 사용하기를 권장하고 있다. 이 중 영어과 2022개정 교육과정의 기본 어휘 목록에서 **표가 되어 있는 단어 중 하나를 예시로 들어 어휘 학습에 활용할 수 있는 프롬프트와 답변을 작성하면 다음과 같다.

You
abandon 단어의 자세하고 구체적인 뜻, 단어의 다양한 변형 사용, 예문과 그 번역 결과를 표로 나타내줘.

ChatGPT
먼저 "abandon" 단어의 자세하고 구체적인 뜻을 살펴보겠습니다. 그런 다음, 이 단어의 다양한 변형과 예문을 표로 나타내겠습니다.

단어	뜻	다양한 변형	예문	번역 결과
Abandon	(동사) 1. 버리다, 포기하다 2. 유기하다 3. (감정 등을) 터뜨리다	Abandoned (과거분사), Abandoning (현재분사)	He abandoned his car on the side of the road.	그는 자동차를 길가에 버렸다.
Abandonment	(명사) 1. 버림, 포기 2. 유기	-	The abandonment of the project was a difficult decision.	프로젝트의 포기는 어려운 결정이었습니다.
Abandonedly	(부사) 황급히, 무모하게	-	She abandonedly rushed into the burning building.	그녀는 무모하게 불타는 건물로 뛰어갔다.
Abandoner	(명사) 버리는 사람, 포기자	-	He is an abandoner of his responsibilities.	그는 자신의 책임을 포기하는 사람이다.
Abandonment	(명사) 유기, 방치	-	The abandonment of pets is a serious issue.	애완동물의 유기는 심각한 문제입니다.

"Abandon"은 동사로 사용되며, 주로 무언가를 버리거나 포기하는 의미로 쓰입니다. "Abandonment"는 이 동작 또는 상태를 나타내는 명사입니다. 다양한 변형이 있으며, 이를 예문과 함께 표로 나타냈습니다.

[그림 8-9] 어휘 학습

4) 의사소통에 필요한 언어 형식

2022개정 교육과정에서는 의사소통에 필요한 언어 형식으로 Nouns, Determiners, Generic Expressions 등과 같이 40개의 범주를 학습 시작 권장 학교급인 초, 중, 고에 따라 예문을 제시하고 있다. 이 중 고등학교급의 관계대명사 범주에 있는 'My kids work very hard, which makes me happy.'를 예시로 들어 의사소통에 필요한 언어 형식 학습에 활용할 수 있는 프롬프트와 답변을 작성하면 다음과 같다. 이후 작성한 시나리오를 텍스트로 픽토리에 입력하여 동영상을 생성하고, 이를 패들릿에 올려서 학생들과 공유할 수 있다.

You

"My kids work very hard, which makes me happy. "언어 형식을 한글로 분석하고 자세하게 설명해줘.

ChatGPT

문장 "My kids work very hard, which makes me happy."의 언어 형식을 한글로 분석하고 자세하게 설명하겠습니다:

- "My kids work very hard"는 주어 "My kids"와 동사구 "work very hard"로 이루어져 있으며, 주어와 동사구로 구성된 주절입니다. 주어 "My kids"는 "내 아이들"을 나타내며, "work"는 동사로서 "일하다"를 의미하며, "very hard"는 부사구로 "매우 열심히"를 나타냅니다. 이 주절은 "내 아이들이 매우 열심히 일합니다."라는 뜻입니다.
- "which makes me happy"는 주절에서 나온 "work very hard"와 함께 주어 "My kids"의 행동에 대한 결과를 설명하는 종속절입니다. "which"는 관계대명사로서, 주절의 내용을 종속절에서 다시 언급하고 연결합니다. "makes"는 동사로서 "만들다" 또는 "일으키다"를 의미하며, "me"는 주어 "I"의 소유격인 "나의"를 나타내며, "happy"는 형용사로서 "행복한"을 의미합니다. 이 종속절은 "이것은 나를 행복하게 만듭니다."라는 뜻으로, 주절의 행동이 결과적으로 작가를 행복하게 만든다는 관계를 나타냅니다.

이 문장은 주절과 종속절로 이루어져 있으며, 주절에서는 "My kids"의 행동을 설명하고, 종속절에서는 그 행동의 결과를 나타냅니다. 종속절은 주절의 내용을 보충하고 설명하는 역할을 합니다.

[그림 8-10] 의사소통에 필요한 언어 형식

1.3 수학 교과에서 ChatGPT 활용

1) 절차적 문제 풀이

2022개정 교육과정 초등학교 3~4학년의 성취기준 [6수01-08]에는 '분모가 다른 분수의 덧셈과 뺄셈의 계산 원리를 탐구하고 그 계산을 할 수 있다.'라고 제시되어 있다. 이와 관련하여 절차적 지식의 학습에 활용할 수 있는 프롬프트와 답변을 작성하면 다음과 같다.

You
1/5 + 3/10 =을 단계적으로 문제 풀이를 하고, 정답을 알려줘.

ChatGPT
물론, 문제를 단계별로 풀어보겠습니다.

단계 1: 두 분수의 분모를 같게 만듭니다. 현재 분모는 5와 10입니다. 최소 공통 분모를 찾아보겠습니다. 5와 10의 최소 공통 분모는 10입니다.

단계 2: 두 분수의 분모를 최소 공통 분모인 10으로 변환해줍니다.

1/5는 분모를 10으로 곱해서 변환하면 2/10이 됩니다. 3/10은 이미 분모가 10이기 때문에 변환할 필요가 없습니다.

단계 3: 이제 변환된 분수를 더합니다.

2/10 + 3/10 = 5/10

단계 4: 결과를 간단히 표현합니다. 5/10을 약분하면 1/2가 됩니다.

따라서, 1/5 + 3/10 = 1/2 입니다.

[그림 8-11] 단계적 분수 계산

2) 이야기를 적용한 문제 만들기

2022개정 교육과정 중학교 1학년 일차방정식 단원의 성취기준 [9수02-04]에는 '일차방정식을 풀 수 있고, 이를 활용하여 문제를 해결할 수 있다.'라고 제시되어 있다. 이와 관련하여 학습 내용에 실생활을 반영해 학생들에게 수학의 효용성을 일깨우는 데 활용할 수 있는 프롬프트와 답변을 작성하면 다음과 같다.

You
중학교 1학년 수학 단원 중 일차방정식이 필요한 상황을 학생들의 학교생활과 연결해서 이야기 총 3개를 만들어줘. 각 이야기는 일차방정식으로 해결이 가능한 질문의 형태로 제시하고 답도 함께 제시해줘.

ChatGPT
중학교 1학년 수학에서 일차방정식을 활용한 상황을 학생들의 학교생활과 연결하여 3가지 이야기를 만들어보겠습니다.

1. 첫 번째 이야기: 상황: 학교에서 학생들이 과학 실험을 진행하고 있습니다. 실험 도중 실험용 용기에 있는 물의 무게를 측정해야 합니다. 실험용 용기는 무게까지 포함한 총 무게가 350g이고, 빈 용기의 무게는 100g입니다. 실험 도중 용기에 담긴 물의 무게는 얼마일까요?

일차방정식: 용기에 담긴 물의 무게(W) = 총 무게 - 빈 용기의 무게 W = 350g - 100g W = 250g

따라서, 실험용 용기에 담긴 물의 무게는 250g입니다.

2. 두 번째 이야기: 상황: 학교에서 수학 시험을 보는 중입니다. 시험지에는 총 30문제가 있고, 맞은 문제당 5점을 얻고 틀린 문제당 2점을 차감합니다. 학생 A는 시험에서 10문제를 맞았습니다. 그럼 학생 A의 시험 점수는 얼마일까요?

일차방정식: 시험 점수(S) = (맞은 문제 수(x) × 5) - (틀린 문제 수(y) × 2)

학생 A는 10문제를 맞았으므로 x = 10이고, 틀린 문제 수는 시험 전체 문제 수에서 맞은 문제 수를 뺀 값이므로 y = 30 - 10 = 20입니다.

시험 점수를 계산하면: S = (10 × 5) - (20 × 2) = 50 - 40 = 10

따라서, 학생 A의 시험 점수는 10점입니다.

3. 세 번째 이야기: 상황: 학교에서 체육 수업 중입니다. 학생들은 800m 달리기 대회를 개최하려고 합니다. 학생 B는 2분 30초 안에 목표 지점에 도달하려고 합니다. 그럼 학생 B의 평균 속력은 얼마나 되어야 할까요?

일차방정식: 평균 속력(V) = 이동 거리(D) / 시간(t)

목표 지점까지의 이동 거리는 800m이며, 학생 B의 목표 시간은 2분 30초이므로 시간을 초 단위로 변환하여 t = 150초로 표현합니다.

평균 속력을 계산하면: V = 800m / 150초 = 16/3 m/s

따라서, 학생 B는 평균 속력 16/3 m/s로 달려야 목표 시간에 도달할 수 있습니다.

[그림 8-12] 실생활을 반영한 일차방정식

3) 성취기준 기반의 문제 만들기

교육과정의 구체적인 성취기준에 따라 정한 개수만큼 문제를 생성하는 프롬프트를 교과나 학교급에 상관없이 사용하기 쉽도록 템플릿으로 작성하는 데 활용할 수 있는 프롬프트와 답변을 제시하면 다음과 같다. 아래 예시에서는 프롬프트 내에서 변경하고자 하는 부분은 “”{ }“”를 사용하여 구분하고, 해당 내용은 상단에 별도로 제시하였다.

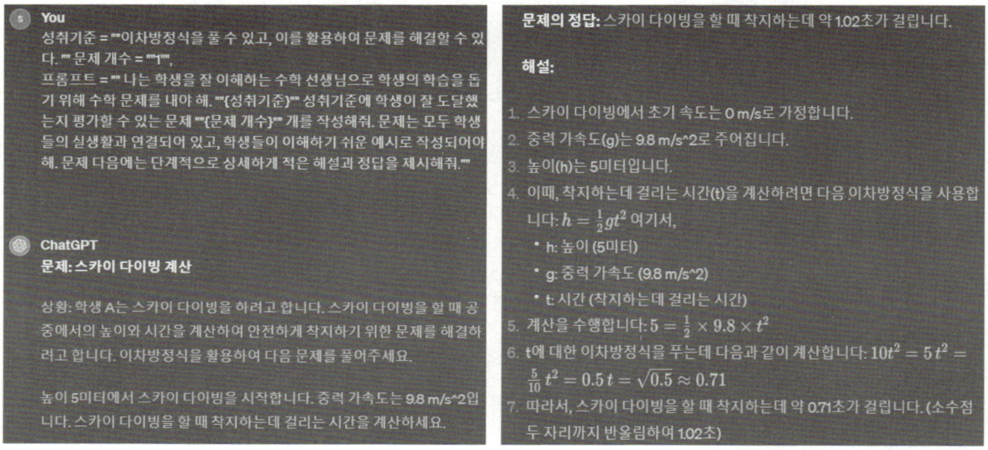
You
성취기준 = ""이차방정식을 풀 수 있고, 이를 활용하여 문제를 해결할 수 있다."" 문제 개수 = ""1"",
프롬프트 = "" 나는 학생을 잘 이해하는 수학 선생님으로 학생의 학습을 돕기 위해 수학 문제를 내야 해. ""{성취기준}"" 성취기준에 학생이 잘 도달했는지 평가할 수 있는 문제 ""{문제 개수}"" 개를 작성해줘. 문제는 모두 학생들의 실생활과 연결되어 있고, 학생들이 이해하기 쉬운 예시로 작성되어야 해. 문제 다음에는 단계적으로 상세하게 적은 해설과 정답을 제시해줘.""

ChatGPT
문제: 스카이 다이빙 계산

상황: 학생 A는 스카이 다이빙을 하려고 합니다. 스카이 다이빙을 할 때 공중에서의 높이와 시간을 계산하여 안전하게 착지하기 위한 문제를 해결하려고 합니다. 이차방정식을 활용하여 다음 문제를 풀어주세요.

높이 5미터에서 스카이 다이빙을 시작합니다. 중력 가속도는 9.8 m/s^2입니다. 스카이 다이빙을 할 때 착지하는데 걸리는 시간을 계산하세요.

문제의 정답: 스카이 다이빙을 할 때 착지하는데 약 1.02초가 걸립니다.

해설:

1. 스카이 다이빙에서 초기 속도는 0 m/s로 가정합니다.
2. 중력 가속도(g)는 9.8 m/s^2로 주어집니다.
3. 높이(h)는 5미터입니다.
4. 이때, 착지하는데 걸리는 시간(t)을 계산하려면 다음 이차방정식을 사용합니다: $h = \frac{1}{2}gt^2$ 여기서,
   - h: 높이 (5미터)
   - g: 중력 가속도 (9.8 m/s^2)
   - t: 시간 (착지하는데 걸리는 시간)
5. 계산을 수행합니다: $5 = \frac{1}{2} \times 9.8 \times t^2$
6. t에 대한 이차방정식을 푸는데 다음과 같이 계산합니다: $10t^2 = 5t^2 = \frac{5}{10}t^2 = 0.5t = \sqrt{0.5} \approx 0.71$
7. 따라서, 스카이 다이빙을 할 때 착지하는데 약 0.71초가 걸립니다. (소수점 두 자리까지 반올림하여 1.02초)

[그림 8-13] 성취기준 기반의 이차방정식 문제

참고로 프롬프트를 작성할 때 성취기준만으로 기준을 설정하면 교과서의 학습 내용에서 벗어난 내용이 제시될 수도 있다. 이럴 때는 학년, 해당 단원과 차시의 구체적인 학습 내용을 추가함으로써 생성물의 질을 개선할 수 있다.

1.4 음악 교과에서 ChatGPT 활용

2022개정 교육과정 초등학교 5~6학년 성취기준 [6음03-04]에는 ‘생활 주변 상황이나 이야기를 활용하여 음악을 만들며 열린 태도를 갖는다.’와 중학교 성취기준 [9음03-04]에는 ‘생활 속의 영역과 연계하여 음악을 만들고 활용하며 책임감을 갖는다.’라고 제시되어 있다. 이와 관련하여 작사와 작곡을 하는 데 활용할 수 있는 프롬프트와 답변을

작성하면 다음과 같다.

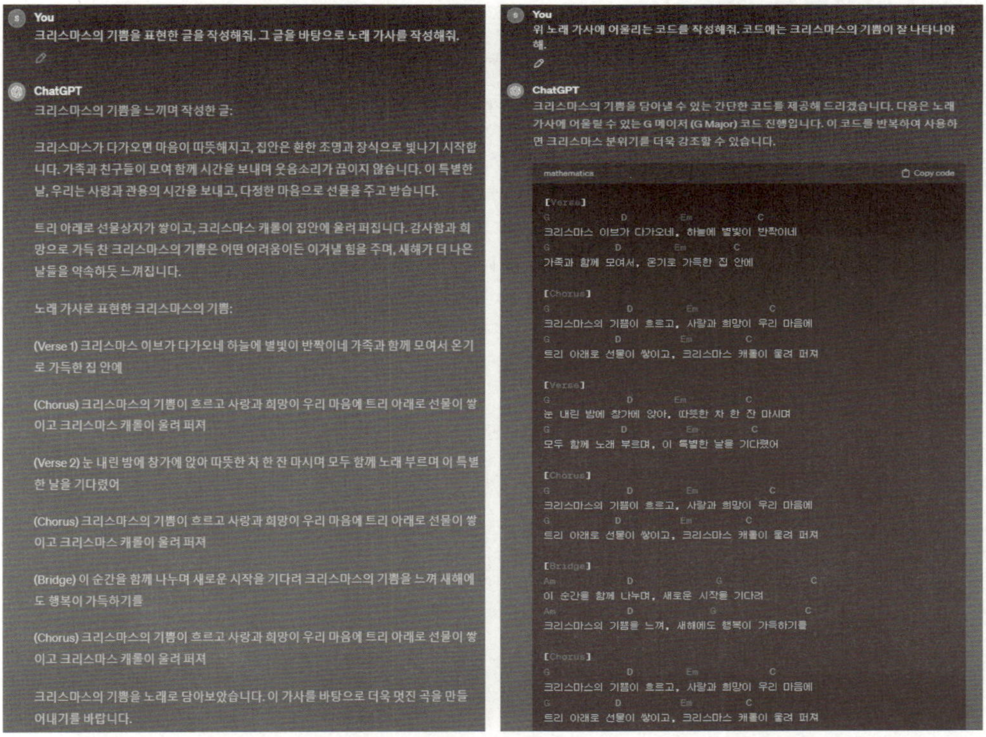

[그림 8-14] 작사와 작곡하기

또는 7장에서 제시한 음악 생성형 AI 서비스 중 멜로바이츠를 활용할 수 있다. 이를 위해 위에서 생성된 결과를 영어로 번역한 후, 각각 크리스마스의 기쁨을 느끼며 작성한 글에는 [AI song from a text description]을, 노래 가사로 표현한 크리스마스의 기쁨에는 [AI chord progression from text]를 활용하여 음악을 생성할 수 있다.

2. 생성형 AI의 업무 활용 사례

2.1 수업계획서 만들기

수업계획서는 수업의 기본 방향을 정하고, 수업을 세부적으로 진행하기 위한 도구로 사용된다. 수업계획서에는 수업 목표, 학습 내용, 학생들의 활동, 교육 방법, 학생 평가 방법 등 수업에 필요한 요소들이 모두 포함되어 있다. 효과적인 수업을 위해 수업계획서를 작성하는 것이 이상적이지만, 교사들은 수업과 다른 업무로 인해 매번 수업계획서를 작성하는 것은 쉽지 않다. 수업계획서 하나를 완성하는 데는 예상보다 많은 시간이 소요되며, 작성해야 하는 내용도 많기 때문이다. 이런 상황에서 ChatGPT를 활용하여 수업계획서를 작성하면, 담당 과목에 완벽하게 맞는 수업계획서를 한 번에 작성할 수는 없지만, 일정 수준 이상의 결과물은 얻을 수 있다. 예시로 보건 교과의 신체 기관별 건강관리에 대한 수업계획서를 작성하는 데 활용할 수 있는 프롬프트와 답변을 작성하면 다음과 같다.

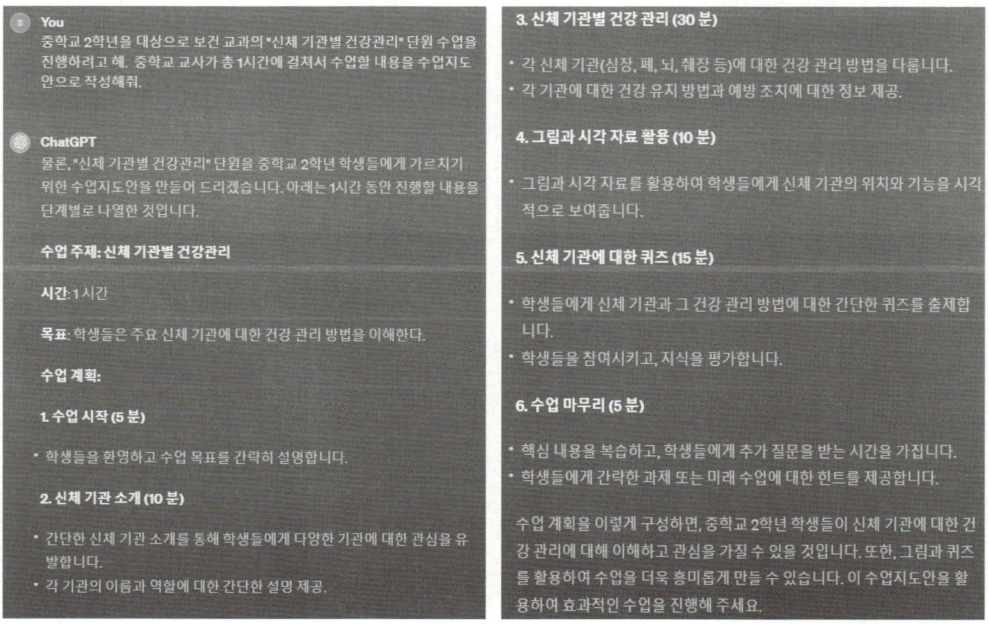
You

중학교 2학년을 대상으로 보건 교과의 "신체 기관별 건강관리" 단원 수업을 진행하려고 해. 중학교 교사가 총 1시간에 걸쳐서 수업할 내용을 수업지도안으로 작성해줘.

ChatGPT

물론, "신체 기관별 건강관리" 단원을 중학교 2학년 학생들에게 가르치기 위한 수업지도안을 만들어 드리겠습니다. 아래는 1시간 동안 진행할 내용을 단계별로 나열한 것입니다.

수업 주제: 신체 기관별 건강관리

시간: 1시간

목표: 학생들은 주요 신체 기관에 대한 건강 관리 방법을 이해한다.

수업 계획:

1. 수업 시작 (5 분)

- 학생들을 환영하고 수업 목표를 간략히 설명합니다.

2. 신체 기관 소개 (10 분)

- 간단한 신체 기관 소개를 통해 학생들에게 다양한 기관에 대한 관심을 유발합니다.
- 각 기관의 이름과 역할에 대한 간단한 설명 제공.

3. 신체 기관별 건강 관리 (30 분)

- 각 신체 기관(심장, 폐, 뇌, 췌장 등)에 대한 건강 관리 방법을 다룹니다.
- 각 기관에 대한 건강 유지 방법과 예방 조치에 대한 정보 제공.

4. 그림과 시각 자료 활용 (10 분)

- 그림과 시각 자료를 활용하여 학생들에게 신체 기관의 위치와 기능을 시각적으로 보여줍니다.

5. 신체 기관에 대한 퀴즈 (15 분)

- 학생들에게 신체 기관과 그 건강 관리 방법에 대한 간단한 퀴즈를 출제합니다.
- 학생들을 참여시키고, 지식을 평가합니다.

6. 수업 마무리 (5 분)

- 핵심 내용을 복습하고, 학생들에게 추가 질문을 받는 시간을 가집니다.
- 학생들에게 간략한 과제 또는 미래 수업에 대한 힌트를 제공합니다.

수업 계획을 이렇게 구성하면, 중학교 2학년 학생들이 신체 기관에 대한 건강 관리에 대해 이해하고 관심을 가질 수 있을 것입니다. 또한, 그림과 퀴즈를 활용하여 수업을 더욱 흥미롭게 만들 수 있습니다. 이 수업지도안을 활용하여 효과적인 수업을 진행해 주세요.

[그림 8-15] 수업계획서 초안

따로 정보를 제공하지 않았는데도, 전반적인 수업 목표와 흐름이 잘 구성된 수업계획서가 완성되었다. 그러나 구체적인 학생 활동과 평가에 관한 내용이 부족하므로, 학생들이 실제 수업에서 수행할 활동과 이를 통해 학습을 어떻게 평가할 것인지에 관한 내용이 필요하다. 이를 반영하여 수정한 프롬프트와 답변을 제시하면 다음과 같다.

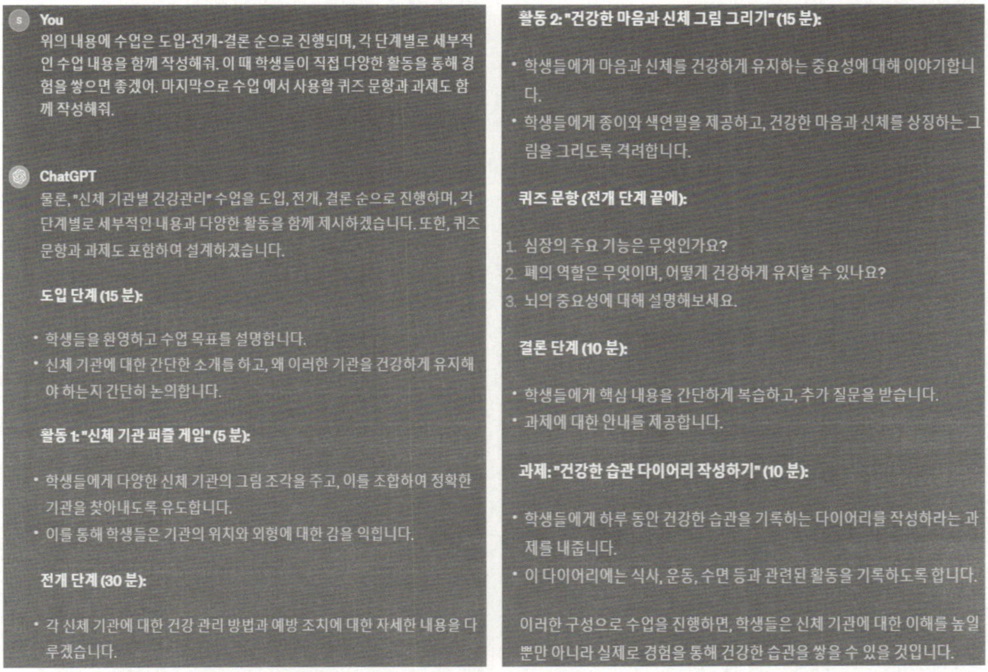

You
위의 내용에 수업은 도입-전개-결론 순으로 진행되며, 각 단계별로 세부적인 수업 내용을 함께 작성해줘. 이 때 학생들이 직접 다양한 활동을 통해 경험을 쌓으면 좋겠어. 마지막으로 수업 에서 사용할 퀴즈 문항과 과제도 함께 작성해줘.

ChatGPT
물론, "신체 기관별 건강관리" 수업을 도입, 전개, 결론 순으로 진행하며, 각 단계별로 세부적인 내용과 다양한 활동을 함께 제시하겠습니다. 또한, 퀴즈 문항과 과제도 포함하여 설계하겠습니다.

도입 단계 (15 분):

- 학생들을 환영하고 수업 목표를 설명합니다.
- 신체 기관에 대한 간단한 소개를 하고, 왜 이러한 기관을 건강하게 유지해야 하는지 간단히 논의합니다.

활동 1: "신체 기관 퍼즐 게임" (5 분):

- 학생들에게 다양한 신체 기관의 그림 조각을 주고, 이를 조합하여 정확한 기관을 찾아내도록 유도합니다.
- 이를 통해 학생들은 기관의 위치와 외형에 대한 감을 익힙니다.

전개 단계 (30 분):

- 각 신체 기관에 대한 건강 관리 방법과 예방 조치에 대한 자세한 내용을 다루겠습니다.

활동 2: "건강한 마음과 신체 그림 그리기" (15 분):

- 학생들에게 마음과 신체를 건강하게 유지하는 중요성에 대해 이야기합니다.
- 학생들에게 종이와 색연필을 제공하고, 건강한 마음과 신체를 상징하는 그림을 그리도록 격려합니다.

퀴즈 문항 (전개 단계 끝에):

1. 심장의 주요 기능은 무엇인가요?
2. 폐의 역할은 무엇이며, 어떻게 건강하게 유지할 수 있나요?
3. 뇌의 중요성에 대해 설명해보세요.

결론 단계 (10 분):

- 학생들에게 핵심 내용을 간단하게 복습하고, 추가 질문을 받습니다.
- 과제에 대한 안내를 제공합니다.

과제: "건강한 습관 다이어리 작성하기" (10 분):

- 학생들에게 하루 동안 건강한 습관을 기록하는 다이어리를 작성하라는 과제를 내줍니다.
- 이 다이어리에는 식사, 운동, 수면 등과 관련된 활동을 기록하도록 합니다.

이러한 구성으로 수업을 진행하면, 학생들은 신체 기관에 대한 이해를 높일 뿐만 아니라 실제로 경험을 통해 건강한 습관을 쌓을 수 있을 것입니다.

[그림 8-16] 개선된 수업계획서

교사는 이 결과물을 자신의 상황에 맞게 수정하여 수업에 활용할 수 있다. 산출되는 수업계획서는 자세한 프롬프트가 입력될수록 구체성을 높일 수 있으므로, 다양한 프롬프트를 조합하여 수업계획서를 좀 더 세부적으로 설계할 수 있다.

2.2 채점 기준표 작성하기

학교에서는 수행평가나 프로젝트 학습 등에서 다양한 유형의 평가가 이루어진다. 이러한 평가 결과를 점수로 척도화하는 방법 중 가장 널리 사용하는 것이 채점 기준표(Scoring Rubric, 이하 루브릭이라고 함)를 활용하는 것이다. 일반적으로 루브릭은 채점 준거(Scoring Criteria) 결정, 채점표준 명세화, 채점방식 결정으로 구성되며, 보통 채점 기준은 이 중 채점 준거와 채점 표준을 합친 것이다. 구체적으로 채점 준거는 행동 또는 작품의 적절성을 판단하기 위한 기준이 되는 특성 또는 차원을 의미하며, 채점 표준은 채점 준거의 수행 수준을 의미한다(권대훈, 2016). 예시로 수학 교과의 이차 방정식 단원에 대한 루브릭을 작성하는 데 활용할 수 있는 프롬프트와 답변을 제시하면 다음과 같다.

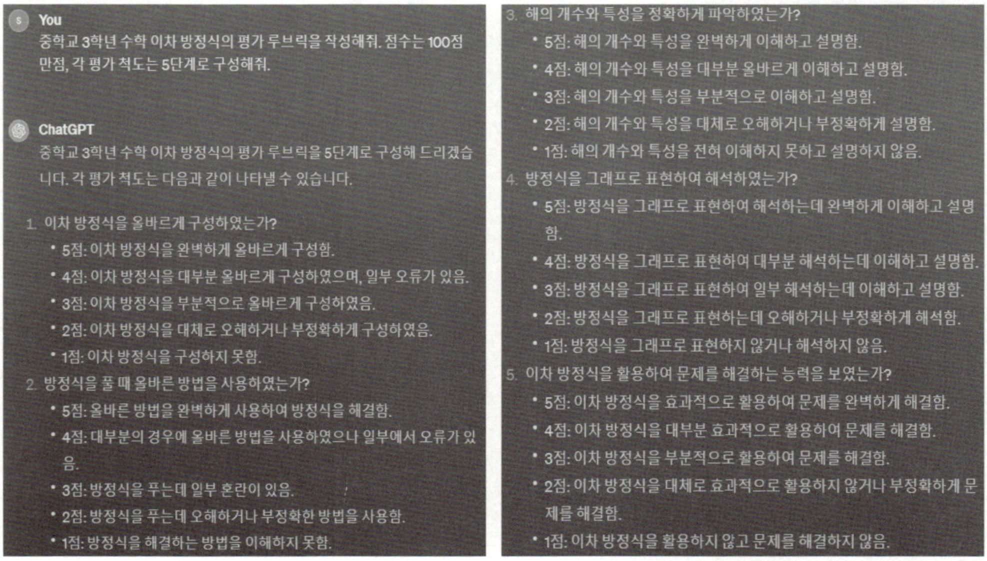

[그림 8-17] 개선된 수업계획서

이처럼 단 두 줄의 프롬프트만으로도 자세하고 구체적인 루브릭을 생성할 수 있으므로, 처음부터 루브릭의 항목을 일일이 고민하고 작성하는 대신, 프롬프트에서 도출된 결과물을 기반으로 수정하여 활용하는 것이 더 효율적일 수 있다. 또한 구체적인 예시를 요청하거나 특정 내용을 추가하는 프롬프트를 작성함으로써 교사 자신이 추구하는 평가 방향이 정확히 반영된 루브릭을 보다 쉽게 구성할 수 있다.

2.3 학교 생활기록부 생성하기

학교 생활기록부에는 자율 활동, 동아리 활동, 봉사활동, 진로 활동과 같은 창의적 체험 활동, 개인별 세부 능력 및 특기 사항, 과목별 세부 능력 및 특기 사항, 행동 특성 및 종합 의견 등 학생의 특성과 활동에 맞춰 많은 문항을 작성해야 한다. 구글 시트에서 OpenAI API 키를 연결(구글 시트의 메뉴에서 확장 프로그램 -〉 GPT for Sheets and Docs -〉 Set API key)하면 ChatGPT를 이용하여 학생 개개인에 대한 활동 내용을 입력하고 출력하는 등의 반복 작업을 매우 쉽게 할 수 있다. 단, 구글 시트에 학생의 주민등록번호, 주소와 같은 개인정보는 입력하지 않아야 하며, 교사의 입장에서 학생이 한 활동을 관찰하고 분석한 내용만 입력하도록 한다. 예시로 구글 시트에서 ChatGPT를 사용해 학생들의 생활기록부를 작성한 결과는 다음과 같다.

	A	B	C	D	E	F	G	H	I
1	이름	성별	성적	성격	역량	교우관계	봉사활동	특이사항	행동발달 및 특이사항
2	김민지	여자	중	활발한	창의력	좋음	20시간+	학교폭력 예방활동 참여하였음.	항상 밝고 활발한 모습으로 수업에 참여하며, 창의력이 뛰어나다는 평가를 받음. 특히 그림 그리기와 글쓰기에 뛰어난 재능을 보임. 또한 학교에서 진행하는 창의적인 활동에 적극적으로 참여하여, 독창력과 문제해결능력을 키우고 있음. 주말과 방학 기간을 이용하여 미술학원에 다니며 그림 그리기를 연습하고 있으며, 이를 통해 자신감을 키우고 있음. 봉사활동에도 적극적으로 참여하여, 지난 학기에는 지역 아동센터에서 20시간 이상 봉사활동을 수행하였음. 성격은 매우 밝고 활발하며, 학급 내에서도 인기가 많은 학생임. 교우관계도 좋으며, 학급 내에서 친구들과 함께 모임을 만들어 활발하게 활동하고 있음.
3	이준호	남자	하	차분한	문제해결능력	매우좋음	20시간-	교과우수상을 받았음.	항상 차분하고 침착한 모습으로 학급 내에서 리더십을 발휘하며, 문제 상황이 발생할 경우 빠르게 해결하는 능력이 매우 뛰어남을 보임. 특히 수학 문제를 해결하는 능력이 매우 뛰어나며, 학급 내에서 수학 문제를 풀 때 다른 학생들에게 도움을 주는 모습을 보임. 또한 주말과 방학 기간을 이용하여 지역 도서관에서 자발적으로 도서관리 봉사활동을 지속적으로 실시하며, 총 20시간의 봉사활동을 수행하였음. 학급 내에서는 친구들과 좋은 관계를 유지하며, 학급 내에서 발생하는 갈등 상황에 대해서도 적극적으로 해결하려는 모습을 보임.
4	박서연	여자	상	외향적인	의사소통능력	나쁨	20시간+	교통사고로 2주 병원에 입원함	항상 밝은 에너지로 주변을 활기차게 만드는 외향적인 학생이다. 그러나 의사소통 능력이 아직 부족하여 학급 내에서 자신의 의견을 제대로 표현하지 못하는 경우가 있었다. 이에 대해 교사와 함께 대화하며 자신의 의견을 자유롭게 표현할 수 있는 방법을 찾아가고 있다. 또한, 학생 스스로 의사소통 능력을 향상시키기 위해 독서와 영어공부를 꾸준히 하고 있다. 봉사활동에도 적극적으로 참여하여, 지난 학기에는 지역 아동센터에서 20시간 이상 봉사를 하였다. 이러한 노력과 열정이 더욱 발전적인 성장을 이루는 데 큰 도움이 될 것이다.
5	최영진	여자	중	내성적인	리더십	평범	20시간-	국어와 수학의 점수 차이가 큼	항상 조용하고 내성적인 성격으로 학급 내에서 눈에 띄지 않는 모습을 보이지만, 리더십을 발휘하는 경우가 많음. 특히 모임에서 주도적인 역할을 맡아서 팀원들을 이끌어가는 모습을 보임. 또한 평범한 성적을 보이지만, 꾸준한 노력으로 성적을 개선하고 있음을 확인할 수 있음. 봉사활동에 대한 관심이 높아서 방학 기간을 이용하여 지역 아동센터에서 봉사활동을 실시(20시간)하였음. 학급 내에서는 친구들과의 교류가 적은 편이지만, 친구들과의 관계를 개선하기 위해 노력하고 있음을 확인할 수 있음.
6	정민우	남자	하	신감 있	협업능력	좋음	20시간+	사교육을 받은 적이 없음	항상 자신감 있는 모습으로 수업에 참여하며, 질문을 주도적으로 하여 수업의 질을 높이는 모습을 보임. 또한 협업능력이 뛰어나 학급 내에서 팀 프로젝트를 수행할 때 항상 적극적으로 참여하여 팀원들과 함께 문제를 해결하고 완성도 높은 결과물을 만들어냄. 이러한 모습이 학급 분위기를 좋게 만들어주고, 학생들의 자신감을 높이는 역할을 함. 또한 주말과 방학 기간을 이용하여 지역사회에서 봉사활동을 지속적으로 실시(20시간+)하여 자신의 능력을 발휘하고 타인에게 도움을 주는 모습을 보임. 이러한 자신감과 협업능력은 학생의 미래에 큰 도움이 될 것임.

[그림 8-18] 생활기록부 작성 예시

출처: 임태형(2023). 「ChatGPT 플러그인 및 API 활용(워크숍)」

GPT 함수의 기본 구조는 GPT([prompt], [value], [temperature], [model])이다.

- prompt: 프롬프트를 입력하며, 문자열은 “ ” 안에 입력하거나 미리 프롬프트가 입력되어 있는 셀을 지정해도 된다.
- value: 프롬프트의 대상이 되는 내용이다.
- temperature: 창의성을 고려하여 0에 가까울수록 사실적인 답변이 되며, 1에 가까울수록 창의적인 답변을 하게 된다.
- model: GPT-3.5-turbo, GPT-4등과 같은 모델을 고른다.

이를 바탕으로 I2셀에 수식으로 "=GPT("고등학교 교사처럼 행동해줘. 아래 학생 정보를 바탕으로 고등학교 생활기록부를 작성해줘. 단순하게 키워드의 나열이 아니라, 문장으로 지도하는 교사의 입장에서 작성해줘. 시작할때에는 '항상'으로 시작해줘. 그리고 문장의 끝맺음은 꼭 '~하였음. ~했음' 등으로 명사형으로 끝내줘. 긍정적이고 발전지향적으로만 작성해줘. 교사가 관찰한 어투로 작성하고 300자 이상의 한글로 작성해줘. 성적/성격/교우관계/봉사활동을 참고해서 적어줘. "&K1&"", C2:G2)"을 입력한다. 여기서 K1에는 GPT가 이해하기 쉽도록 위의 내용을 모두 만족하는 내용을 예시로 입력해두었다. I3셀부터는 일반 엑셀에서처럼 수식 채우기를 통해 학생 수 만큼 학교 생활기록부를 쉽고 빠르게 작성할 수 있다.

2.4 평가 결과 분석하기

학생들의 평가 결과 데이터를 비롯해 다양한 유형의 데이터를 효과적으로 관리하고 활용할 수 있는 강력한 도구로 ChatGPT 팀이 만든 Data Analyst GPT를 활용해 간단한 프롬프트로 기술통계분석부터 추론통계분석까지 수행할 수 있다. 대표적으로 기술통계분석과 회귀분석을 수행할 수 있는 프롬프트와 결과를 제시하면 다음과 같다. 참고로, Data Analyst GPT(https://chat.openai.com/g/g-HMNcP6w7d-data-analyst)는 GPT-4 기반으로 유료 사용자만 사용할 수 있으며, ChatGPT의 Explore GPTs에서 Data Analyst를 직접 선택해서 사용할 수 있다.

1) 기술통계 분석

분석할 데이터를 프롬프트 창에 드래그 앤 드롭(Drag and Drop)하거나 파일 찾기를 통해 선택한다. 이 데이터에 대해 기술통계분석을 수행한 결과 중 일부를 제시하면 다음과 같다. 분석 결과뿐만 아니라 해석도 함께 제시하고 있음을 알 수 있다.

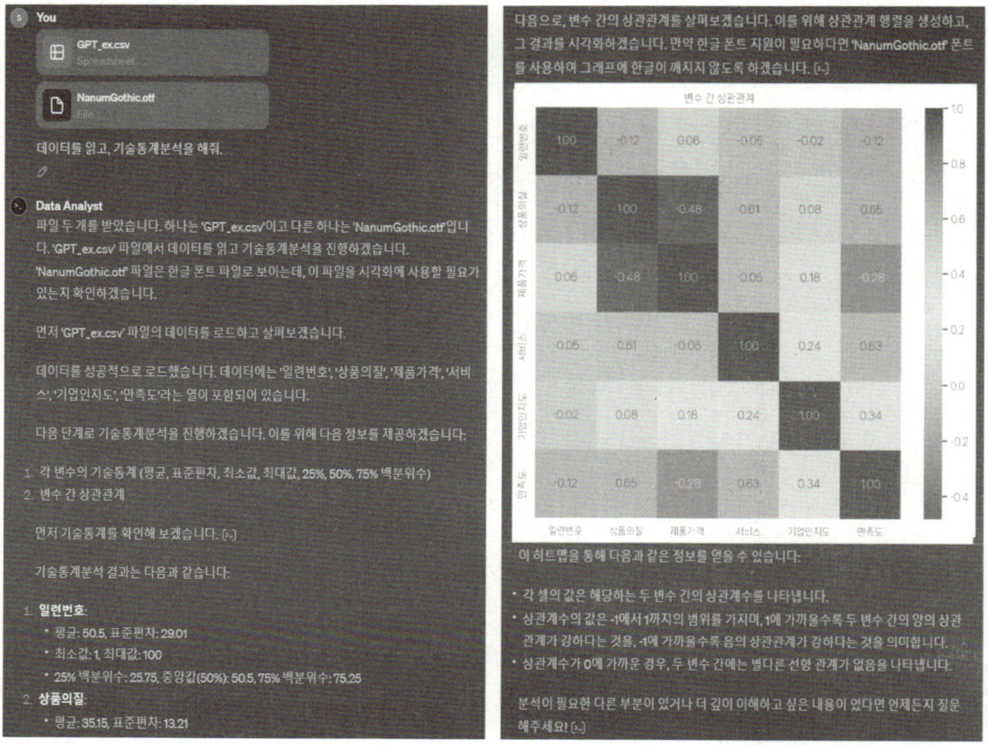

[그림 8-19] 기술통계 분석 결과

위에 제시된 바와 같이 분석 결과에서 한글이 깨지는 경우가 발생하면 한글 폰트를 다운받아서 이 폰트를 사용하라는 프롬프트를 작성해서 실행시키면 된다. 여기서는 한 줄의 프롬프트로 기술통계분석과 결과해석이 이루어졌지만, 필요한 부분만을 요청할 수 있고, 목적에 따라 좀 더 구체적인 프롬프트를 작성하여 활용할 수 있다. '1. 이 데이터의 각 변수에 대해 기술통계량과 시각화를 제시해줘.', '2. 각 변수에 대한 상자 그림을 그리고, 주요 통계량을 수치로 나타내줘.', '3. 기술통계분석과 상자 그림을 통해 얻은 결론을 자세하게 적어줘.' 등을 예시로 들 수 있다(송은정, 2023). 또한 분석 결과를 다양한 파일로 다운로드 받을 수 있으며, 데이터에 맞는 분석 방법을 추천받을 수 있다.

2) 회귀분석

1)에서 사용한 동일한 데이터에 대해 회귀분석을 수행한 결과 중 일부를 제시하면 다음과 같다. 아무런 정보도 주지 않고 회귀분석을 수행하라고 프롬프트를 작성하고 실행한 결과는 다음과 같다.

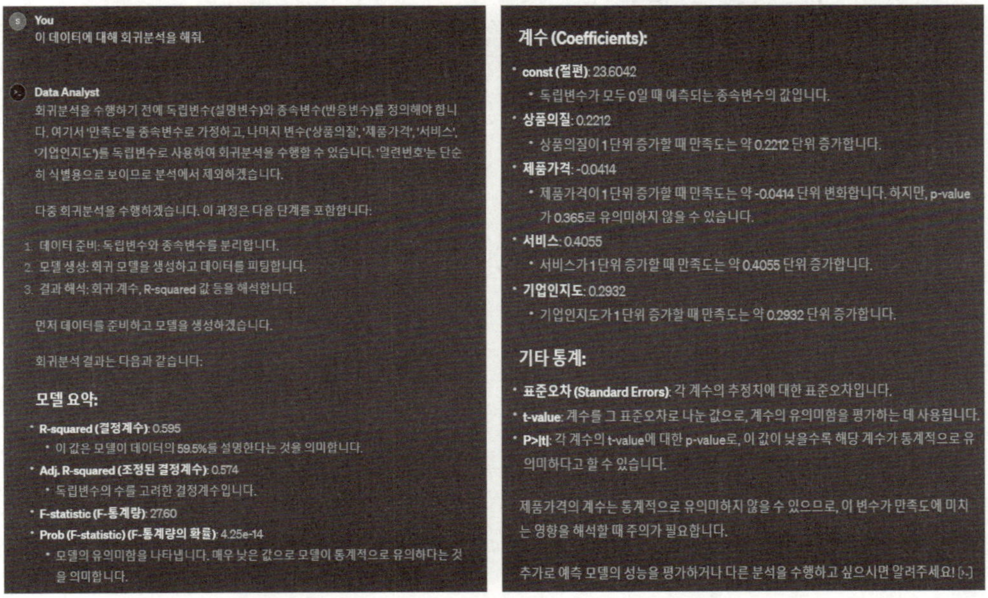

[그림 8-20] 회귀분석 결과

회귀분석을 수행하기 전에 종속변수와 독립변수를 정의해야 한다고 출력되지만, 곧이어 직접 종속변수와 독립변수를 정의하여 회귀분석을 수행하고, 결과 해석을 제시하였다. 수행한 회귀분석 결과를 확인하는 프롬프트로 위의 회귀분석 결과에 대해 '1. 회귀분석 결과 통계량들을 표로 제시해줘.', '2. 회귀분석 결과 통계량들에 대해 자세하게 해석해줘.', '3. 회귀분석 결과에 대한 결론 및 시사점을 자세하게 적어줘.' 등을 활용할 수 있다.

다음은 회귀분석을 실제 수행하기 전에 살펴보아야 할 회귀분석의 가정을 만족하는지를 확인하기 위한 프롬프트와 분석 결과 중 일부를 제시하였다. ChatGPT는 아래에서 보는 바와 같이 회귀분석 가정 분석 결과뿐만 아니라 다양한 그래프, 그리고 결과를 어떻게 해석하여야 하는지에 대한 해석까지 모두 제공하고 있음을 알 수 있다.

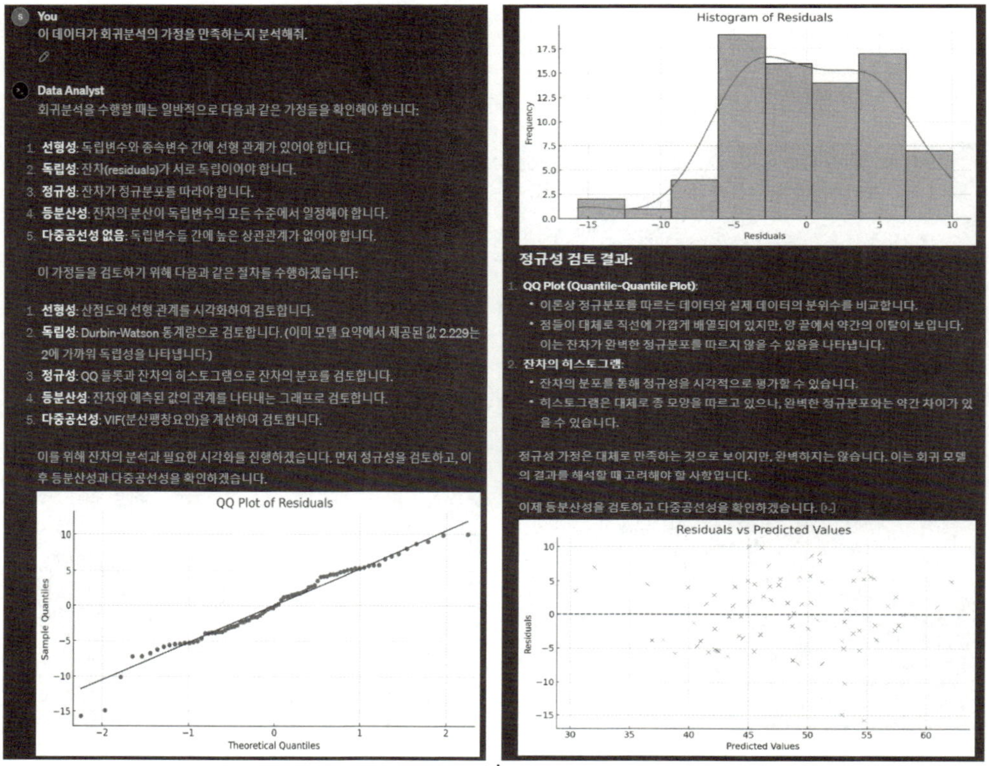

[그림 8-21] 회귀분석 가정 검토

ChatGPT는 이외에도 독립변수와 종속변수의 예비 후보들을 보여주고, 이 중 선택하라는 지시문을 출력하기도 하며, 데이터에 결측치가 있는 경우에 대응 방법들을 예시로 알려주고, 이 중 하나를 선택해 분석하기도 한다. 또한 ChatGPT에게 수정된 결정계수 값 등 제시한 준거를 기준으로 최적의 회귀분석을, 연구 주제에 따른 변수 선택과 분석을, 그리고 분석 결과를 표나 다른 특정 형식에 맞춰 정리하라고 요청할 수 있다. ChatGPT는 분석 결과를 해석할 뿐만 아니라 더 나아가 분석 결과를 종합하여 결론 및 제언을 작성하는 데에도 활용할 수 있다.

활동지

1. 가상의 학생을 설정하고, 교육과정 해설서에서 성취기준을 선택합니다. ChatGPT를 활용하여 이 학생의 관심, 인지적 영역 수준(예: 지식, 이해, 적용, 분석, 종합, 평가), 문항 유형을 반영한 맞춤형 문항들을 생성하고, 이러한 평가가 학생들의 학습에 어떤 도움을 줄 수 있는지 토론해 봅시다.

2. ChatGPT를 활용하여 기존에 작성된 수업계획서을 분석하고, 학생들의 창의성과 문제해결력을 높일 수 있는 활동이 포함되도록 수업계획서을 개선해 봅시다.

3. 관심 있는 2~3과목을 선정하고 ChatGPT를 활용하여 선정한 과목들을 융합교육에 활용할 수 있도록 융합수업 주제와 내용을 생성하고, 개선점과 기존에 개발된 융합프로그램과의 차이점에 대해 토론해 봅시다. 단, 융합수업은 학생의 역량을 함양하고 학습만족도를 높이기 위한 목적으로 관련 교과, 주제, 실생활의 요소를 통합하여 테크놀로지를 기반으로 이루어지는 참여 중심, 활동 중심, 과정 중심의 수업이라고 정의합니다(김지연, 김신혜, 양지웅, 2020).

※ 융합수업(ChatGPT 그림)

교과를 강조한 수업

실생활을 강조한 수업

테크놀로지를 강조한 수업

참고문헌

권대훈(2016). 교육평가. 학지사.

김용성(2023). 챗GPT 충격, 생성형 AI와 교육의 미래. 프리렉.

김지연, 김신혜, 양지웅(2020). 융합수업에 대한 현직교사의 인식. 학습자중심교과교육연구, 20(12), 373-400.

박지훈, 이준기, 주방현, 송혜인(2023). 선생님이 먼저 배우는 챗GPT. 씨마스21.

송은정(2023.08.25). 챗GPT 활용 탐색적 데이터 분석[워크숍].

임태형(2023.08.31). ChatGPT 플러그인 및 API 활용[워크숍].

OpenAI. (2023). ChatGPT [Large language model]. https://chat.openai.com

참고사이트

국가교육과정정보센터 https://ncic.re.kr/mobile.index2.do

디지털 시대의 주인공이 될 100만 인재를 양성합니다 https://if-blog.tistory.com/13516

생성형 인공지능으로 만든 영화 'AI 수로부인' 발표
https://www.koya-culture.com/mobile/article.html?no=143024

제 9 장

학습분석

학습목표

- 학습분석의 개념과 접근모형을 설명할 수 있다.
- 학습분석을 적용할 때 윤리적으로 고려해야 할 문제가 무엇인지 점검할 수 있다.
- 국내외 학습분석 연구를 비교 분석할 수 있다.

주요용어

학습분석(learninging analytics), 데이터 마이닝(data mining), 귀납적 접근(inductive approach), 학습관리시스템(learning management system), 학습심리 모형, 분석예측 모형, 교수학습 처방 모형

컴퓨터 테크놀로지의 기술발전과 함께 디지털 생태계로 교육 환경이 바뀌고 있다. 가르치는 교사(교수)와 배우는 학생이 디지털 학습환경에서 학습활동을 수행하면서 자동적으로 학습관리시스템(Learning Management System)에 학습과 관련된 엄청난 양의 데이터가 쌓이게 된다. 이러한 학습데이터를 빅데이터로 분석하는 과정이 학습분석이라고 할 수 있는데, 학습분석은 학습과정과 결과에 대한 데이터를 수집하고, 분석하여 사용자에게 적응적 처리를 제공할 뿐만 아니라 더 나아가 학습자에게 개별화된 처리를 제공하며 학습환경을 최적화하는 것이다(Adejo & Connolly, 2017). 본 장에서는 학습분석에 대해 탐색할 것이다.

1. 학습분석 개념과 접근모형

1.1 학습분석의 개념

학습분석의 개념은 연구자마다 조금씩 차이가 있으나 학습분석은 '학습과 학습환경을 이해하고 최적화하기 위한 목적으로 학습자와 이들의 맥락에 대한 데이터를 측정, 수집, 분석, 보고하는 것'이다(Siemens, 2013). 그리고 학습분석은 교수학습 상황에서 의사결정의 질을 높이기 위한 추론 통계 기법과 함께 데이터 마이닝(귀납적-자료주도적), 계량적 자료의 분석을 통해 데이터로부터 유용한 정보를 얻는다(조일현, 박연정, 김정현, 2019). 교육의 목적으로 데이터 마이닝 기법을 도입하려는 시도는 10여 년 전부터이다. 특히, 교육적 데이터 마이닝(Educational Data Mining: EDM) 연구는 교육현장에서 수집되는 다양하고 방대한 학습자 관련 데이터를 추출, 통계 분석하고, 학습자 지원 처방을 개발하고 그 결과를 평가하는 체계적 탐구과정으로 학제적 융합 연구도 진행되고 있다(Elias, 2011). 전통적인 데이터분석은 가설주도형이다. 데이터를 분석하려는 사람은 질문을 던지는 것에서부터 시작하여 직감적으로 만들어낸 질문을 확인하려고 데이터를 탐색한다. 가설 중심의 분석은 적정한 양의 요인으로 구성된 데이터를 이해하는 데는 유용할 수 있지만, 복잡한 양상의 다양한 패턴을 가진 데이터를 다루어야 하는 경우에는 적용하기 어렵다. 이러한 전통적인 데이터 분석에 대한 대안은 자동으로 의미 있는 패턴과 경향을 발견하는 귀납적인 접근이다. 데이터 마이닝은 데이터로부터 흥미로운 패턴을 간추려 분석모델을 만들어내는 것이다.

데이터 마이닝이 현대와 같은 지식 정보화 사회에서 주목을 받는 이유는 사용 가능한, 계속적으로 생산되는 방대한 양의 데이터를 유의미한 정보나 지식으로 활용해야 할 필요성을 갖고 있기 때문이다. 이러한 지식이나 정보는 사업관리나 생산관리, 연구 프로젝트 또는 시장 분석, 기술설계나 과학탐구 영역 등에서 두루 적용될 수 있다(Hanna, 2004). 특히 데이터 마이닝은 교육 환경에서 얻어지는 데이터의 고유한 유형을 탐색하기 위한 방법을 개발하고, 이와 같은 방법들을 학습이 일어나는 환경이나 학생들을 보다 심층적으로 이해하기 위한 목적으로 사용한다(Romero & Ventura, 2007).

데이터 마이닝은 자료주도적이다. 가설주도적 접근과는 반대로, 사전에 어떤 선험적 판단도 하지 않은 상태에서 단지 데이터를 그 특성에 따라 선별-분류-연관시키는 반복 과정을 수행한다. 즉, 데이터 마이닝은 데이터로부터 흥미로운 패턴을 간추려 분석모델을 만들어내는 귀납적 접근 방식이다. 그 결과, 연구자는 무질서하게 보이는 데이터로부터 그 내면에 숨겨진 모종의 구조적 관계를 보게 된다.

데이터 마이닝의 활동을 포함하고 있는 학습분석의 개념을 정리하면 다음과 같다.

〈표 9-1〉 학습분석의 개념

구분	개념	연구자
교수설계처방	학습자와 학습맥락에 대한 기록으로 빅데이터 분석을 실행한다. 교수설계적 처방을 목적으로 하고, 학습자의 학습에서 발생하는 데이터를 측정하고 수집하며, 분석예측한 결과로 교수학습 연관된 사항을 지원한다.	조일현(2015)
빅데이터 서비스 모델	학습에서 발생하는 분석모델, 알고리즘을 시각화 방식으로 표현하고, 교육학적으로 특화되게 구분한 것이다.	조용상, Abel(2013)
메타데이터 분석 모델	학습 자체 데이터는 없지만, 학습을 통해 발생된 메타 데이터나 기타 학습에서 발생하는 데이터를 수집하여, 학습자를 지원하는 대규모 데이터 분석이다.	Adejo & Connolly(2017)
학습과정 개발 모델	학습과 관련된 시스템으로 학생의 학습과 교수자를 돕기 위한 목적으로 데이터를 수집한다. 이러한 데이터를 기반으로 학습도구 및 학습 과정을 개발하고, 실제 활용하는 것이다.	Elias(2011)
학습맥락 모델	학습이 일어나는 환경에 대해 이해하기 위하여 데이터를 활용하는 것이다. 학습맥락에 이해를 최적화하기 위하여 학습자와 학습맥락에 관련된 데이터를 수집하고 측정하며 분석 보고하는 활동이다.	Siemens et al., (2011)

출처: 조다은(2022). 대학의 학습분석 데이터 기반 맞춤형 학생지원 플랫폼 구축을 위한 요구분석 및 대시보드 설계. p. 10 수정한 것임.

1.2 학습분석의 접근모형

학습분석의 접근모형은 다양하다. Campbell, DeBlois와 Oblinger(2007)는 데이터 가져오기, 데이터 수집, 데이터와 관련된 결론 도출, 행동에 대한 예측, 데이터 정제

총 5단계모형을 제시하였다. 조일현(2012)은 교수자에게 다양한 형태의 교수학습적 처방을 제시하는 지능형 학습분석 모형이 필요하다고 주장하고, 학습을 지원하는 LAPA(Learning Analytics for Prediction & Action, 이하 LAPA 모형)를 제시하였다. LAPA모형은 학습자의 행동을 관찰함으로써 심리적 상태를 파악하고, 이를 바탕으로 적절한 학습처방을 제시하는 과정이다. LAPA모형은 기술적 성격이 강하면서 학습자 행동을 단순하게 제시하는 전통적 데이터마이닝 영역과의 차이점을 보이고, 표준화된 데이터 환경을 염두에 두고 있다. 이 모형은 학습심리 모형, 분석예측 모형, 교수학습 처방 모형으로 구분할 수 있다(조일현, 박연정, 김정현, 2021). 먼저 학습심리 모형은 빅데이터로 기록되는 학습 행동은 실제 데이터로 기록될 수 없는 학습자의 내적 심리 상태의 결과이다. 즉, 관찰 가능한 행동 데이터는 관찰 불가능한 학습자 심리 상태의 지표로 간주된다. 학습심리 모형 규명을 위해서는 심도 깊은 질적 연구가 필요하므로, 심리-행동 간 관계를 밝혀낸 이후 본격적인 마이닝 단계에서는 행동 데이터만으로 예측과 처방이 자동적으로 이루어질 수 있어야 한다. 학습심리 영역에서 연구 흐름도를 살펴보면, *학업성취에 영향을 미치는 심리적 요인은 무엇인가? → 학습동기, 인지조절, 행동조절, 시간관리 등의 요인을 점검한다. → 시간관리 전략과 학업성취 관계를 선택한다. → 온라인 학습환경에서 시간관리를 보다 객관적으로 측정할 수 있는 변인을 찾는다. → 시간관리에 대한 '인식'과 실제 '행동'로그 변수간 준거 타당성을 점검한다.* 이다.

두 번째 분석예측 모형이다. 학습자 심리 지표인 학습자 행동이 일어날 때마다 스마트 디바이스와 PC를 통해 LMS에 로그 데이터가 축적되기 시작한다. 이 데이터를 분석 가능한 형태로 정리하고, 학습자의 속성과 상태의 특성에 따라 맞춤형 처방을 가하기 위해 군집 분석을 실시한다. 각 군집별로 성과 예측 모형을 검증하는 역할을 이 분석 예측 모형이 담당한다. 이때 분석할 행동 데이터의 구조는 기능-학습자 행위 등 두 차원으로 구성된 행동 매트릭스의 각 셀에 초 단위 시간과 위치 정보가 담기는 형태가 된다. 구체적으로 예를 들면, 행동 데이터를 독립변수, 종속변수는 기말 성적과 강의 만족도 등이 될 것이다. 학습 과정에서 발생하는 이러한 행동 변수(behavioral variable) 외에 이전 학기 성적, 연령, 전공 등 쉽게 변화하지 않는 속성 변수(attribute variable)의 주효과 및 상호작용 효과를 통계적으로 분석하여 보다 예측력 높은 모형을 개발할 수 있다. 분석예측 영역에서 연구 흐름도를 살펴보면, *왜 예측이 필요한가? 학업성취를 예측할 수 있다면 무엇이 좋은가? (중도탈락 방지, 학습지원이 필요한 학습자에게 보다 적절한 교육적 '처방' 제공, 맞춤화된 학습 환경 설계) → 효과적인 분석 방법론은 무엇인가? → 유의한 예측 시점은 언제인가? → 온라인 학습행동에 따른 '학습자 특징'을 군집화 할 수 있는가? 군집별 학업성취 예측 모형은 일반 예측 모형보다 예측력이 얼마나 높은가?* 이다.

마지막으로 교수학습 처방 모형은 학습자 군별로 차별화된 교수학습적 처방으로 데이터 결과를 연결하는 것이다. 대표적인 처방 전략은 분석예측 결과를 학생과 교수가 직관적으로 이해함으로써 스스로 학습 전략과 교수 전략을 바꿀 수 있도록 돕는 자기성찰의 기회를 효과적인 제언 팁과 함께 온라인으로 제공하는 형태라고 할 수 있다. 교수학습 처방 영역에서 연구 흐름도를 살펴보면, *학습분석의 응용 사례 알아보기 → 대시보드 설계 원리는? (요구분석과 설계) → 대시보드 개발 사례와 시범 운영상의 시사점은? (개발과 사용성 평가) → 대시보드는 효과적인가? 성공적인 대시보드에 영향을 미치는 요인들은 무엇인가?* 이다.

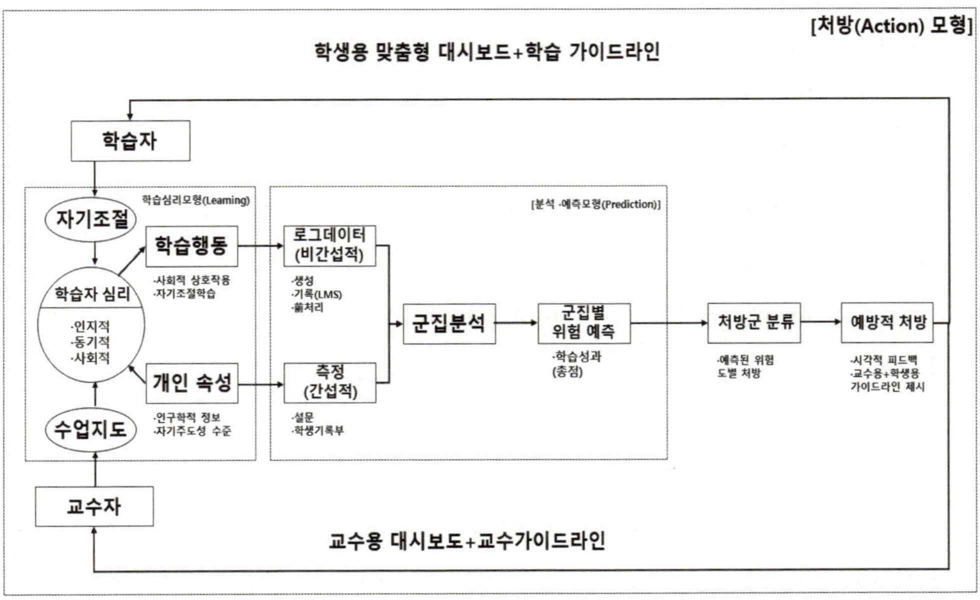

[그림 9-1] LAPA 모형

Hendricks, Plantz와 Pritchard(2008)는 웹 분석학 목표 모형으로 학습분석을 해석했다. 웹 분석학 목표모형이란 교육과 관련된 목표를 설정하고, 이에 대한 결과물을 측정한 후, 개선된 결과를 포함한 데이터를 공유하는 과정 전반을 말한다. 예를 들어, 콘텐츠관리시스템(Contents Management System)에서 생성된 웹 로그 데이터가 있다고 하면, 여기에서 발생한 시각적 표현 체계로 전환된다. 대시보드를 통해 교수자들에게 원격수업 학습자의 사회적 행동이나 인지적 양상에 대해서 간단한 통계표 및 현황을 제공함으로써, 학습자의 학습 패턴에 대한 파악을 쉽게 해준다. 결과적으로 교수자는 웹 분석학 결과물을 통해 수업의 목표를 설정하고, 수업방식을 결정하는 데 도움을 받는다. 또한, 학습분석은 사회비교 이론으로 해석할 수 있다. 사회비교는 자신의 능력이나, 태도, 신념 등을 다른 사람과 비교하고 이를 기반으로 자신의 학습 상황을 평가하는 것이다. 사람들은 자신이 가진 능력이나 의견이 다른 사람과 어떻게 다른지 비교하려는 욕구가 있는데, 이러한 조건이 사회비교 이론의 전제 사항이다. 사람들은 객관적인 기준이 무엇인지 파악하고 타인과 비교함으로써 자신을 평가한다. 이러한 객관적인 모든 상황에 적용할 수 없기 때문에, 명확한 기준이 없는 상황에서 사회비교가 발생하게 된다. 자신보다 우위에 있는 사람과 나를 비교하는 것은 상향비교이고, 자신보다 낮은 위치에 있는 사람과 나를 비교하는 것은 하향비교이다. 사람들은 내가 우월한 집단 중 하나라고 생각하는 경향이 있고, 타인과 나를 비교하면서 상향비교를 하게 된다. 사람들은 나와 타인을 상향비교 하는 것만으로도 나를 더 나은 사람으로 향상시키려는 동기가 될 수 있다(Festinger, 1954). 학습분석 결과를 확인하면서 개인은 자신의 상황과 타인의 상황을 비교할 수 있다.

학습분석은 새로운 연구영역은 아니다. 학습과학, 교육학, 심리학, 웹 과학, 컴퓨터 과학 등의 학문 분야에 교차점이 있다(Dawson et al., 2014). 4개의 관점으로 제시한 학습분석 참조 모델은 다음 [그림 9-2]와 같다.

- **어떤 종류의 데이터를 사용하는가(What)?** 데이터와 학습이 이루어지는 환경 및 맥락을 나타낸다. 교육 데이터는 공식적, 비공식적 학습 상황에서 제공된다. 공간, 시간, 미디어에 따라 다양한 형식으로 제공될 수 있다.

• **분석의 대상은 누구인가(Who)?** 다양한 관점과 목표, 기대를 갖고 있는 학생, 교사, 지능형 튜터/멘토, 교육기관(관리자 또는 의사결정자 등), 연구자, 시스템 설계자 외 이해 관계자를 대상으로 할 수 있다.
• **데이터 분석 이유는 무엇 때문인가(Why)?** 모니터링, 분석, 예측, 개입, 튜터링과 멘토링, 평가, 피드백, 추천, 인식 및 성찰 등의 데이터 분석 이유가 있다.
• **수집된 자료를 어떤 방식으로 분석할 것인가(How)?** 교육 데이터가 숨어있는 흥미로운 패턴을 탐지하기 위해 통계, 정보 시각화, 데이터마이닝, 사회연결망 분석 등 다양한 방법으로 분석한다.

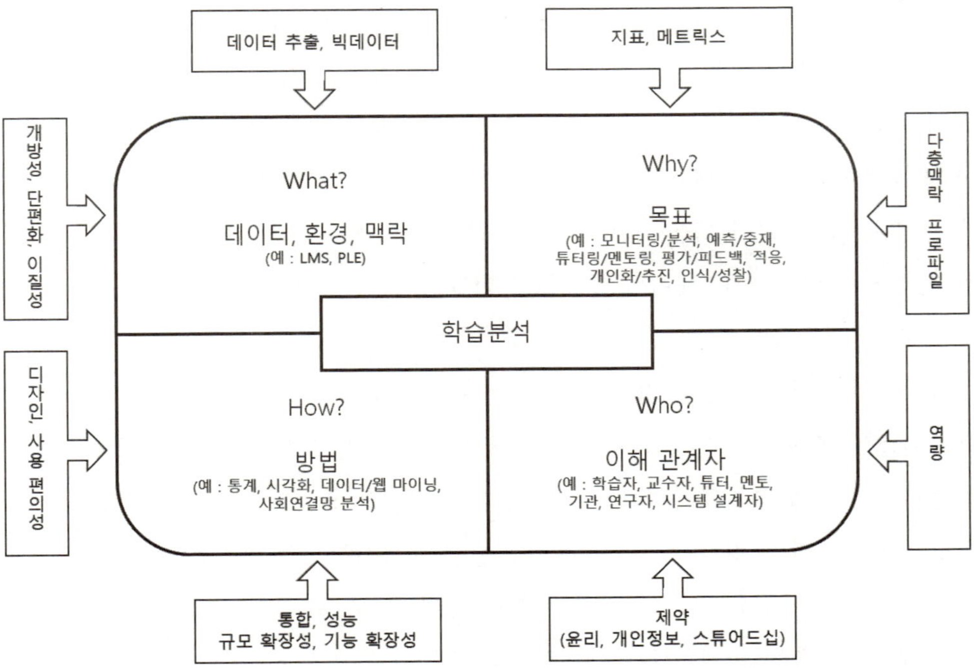

[그림 9-2] 학습분석 참조 모델(Chatti et al., 2014)

2. 학습분석에 관한 윤리적 고려사항

학습분석의 강점으로 인하여 고등교육기관은 발 빠르게 채택하고 있으나 정작 활용에 있어서 윤리적인 측면을 간과하는 경향이 있다(Slade & Prinsloo, 2013). 학습분석을 학교 또는 교육기관에 도입하기 전 윤리적 측면을 고려하면서 현실에서 나타나는 주요 문제점을 점검해본다.

2.1 대학의 데이터 거버넌스, 구조 및 시스템 그리고 역할

고등교육기관에서 데이터 및 학습분석 활용이 널리 퍼지게 되면서 정보 및 데이터 분석 거버넌스가 비즈니스 필수사항으로 부각되었다(Ben K. D., 2017). 이는 비즈니스의 목적과 가치를 달성하는 데 핵심요인이 되기 때문이다. 데이터 거버넌스 메터니즘은 학생등록 데이터(예를 들면, 인구통계정보, 대학 입학 전 교육정보, 사회경제적 수준, 기타 등)로부터 학습 데이터(예를 들면, LMS 접속 정보, 학습활동, 평가 활동 및 성적)에 이르기까지 데이터가 위치한 다양한 소스 및 시스템에 접근을 가능하게 해 준다.

효과적인 정보 거버넌스 및 데이터 거버넌스는 대학의 구조와 정책, 커뮤니케이션 프로세스가 조직되고 실행되는 방식에 영향을 받는다. 고등교육 학계 전반에 걸쳐 학습분석에서 데이터 윤리, 투명성, 신뢰성 및 활용과 관련된 문제들이 점점 주목을 받고 있다. 대학이 업무 개선, 교수학습 실천 및 연구 활동을 위해 해당 요소들의 보강, 사용, 배포, 공유, 보고, 보전과 더불어 데이터 통합을 관리 감독하도록 안내하는 데 구조, 프로세스, 관계 커뮤니케이션의 요소들이 중요하다. 이를 정리하면 다음과 같다.

〈표 9-2〉 데이터 및 학습분석 거버넌스 실행 프레임워크

조직 구조	프로세스	관계 커뮤니케이션
• 역할과 책임 • 대학협의회, 대학내 위원회(보직자, 최고관리자) • 데이터 커스터디언[1] (IT 운영위원회, 프로젝트 운영위원회) • 데이터 스튜어드십[2] • 유저그룹의 역할(교직원, 시간강사, 관리자 등	• 전략적 의사결정 • 데이터 정의 및 표준 • 메타데이터 관리 • 메타데이터 저장소 • 메트릭스 개발 및 모니터링 • 데이터 프로파일링 • 데이터 정제 • 데이터 복원 • 프라이버시, 신뢰성, 보안 프로토콜 • 윤리 '공지 및 동의' • 법 준수 • 서드파티[3] 서비스 수준 협약(약정) • 위험요소 경감계획 • 정보 보호 전략 및 계획	• 주요 이해 관계자들의 적극적인 참여 • 주요 이해 관계자들 간 협업 • 전략적 대화 • 공유학습/학습동아리(CoP) • 투명성 및 교육 • 비즈니스 목표에 대한 공유된 이해 • 보고용 윤리성 검증

2.2 조직 구조, 프로세스, 커뮤니케이션 프레임워크 내에서 윤리적 문제

2.1에서 제시한 '대학의 데이터 거버넌스, 구조 및 시스템 그리고 역할'을 이해 관계자별로 윤리 문제를 검토하면 다음과 같다(Ben K. D., 2017).

1) 데이터를 저장하고 보호하는 책임자. 데이터 베이스 관리자 또는 데이터 모델러 등의 다양한 직업 명칭을 갖는다.
2) 데이터 관리 원칙, 데이터 자산을 관리하고 조직의 요구에 맞춰 데이터를 활용할 수 있도록 운영한다.
3) 해당 분야에 그 분야를 처음 개척했거나 원천기술을 확보하고 있는 등의 주요기업이 아닌, 해당 분야에 호환되는 상품을 출시하거나 타 기업의 주기술을 이용한 파생상품 등을 생산하는 회사

〈표 9-3〉 이해 관계자별 윤리 문제 검토용 메트릭스

구분	학생	교강사	학장	경영자/관리자
학습분석의 수혜자는 누구인가?	학생들은 학생 서비스를 통해 개선된 맞춤식 프로그램의 혜택을 받는다.	간접	간접	재학생 유지 프로젝트팀은 학생에 대한 빅픽처를 제공해주는 실행 가능한 정보로부터 보다 많은 혜택을 받는다.
누가 의사결정을 하고, 조치를 취하고, 구제하는가?	학생들은 학생 서비스팀이 제공하는 옵션을 선택할 수 있다. 인증 정보가 부정확한 것으로 인식되면 학생은 구제받을 권리가 있다. 개입 옵션에 대한 권고사항을 무시해도 불이익은 없다.	해당사항 없음	해당사항 없음	프로젝트 팀원은 목표 집단과 개인을 결정한 후, 현재의 개입과 선택할 수 있는 개입 방법을 조율하는 조치를 취한다.
누가 동의하는가? 누가 통보받는가?	재학생 유지대책팀의 정보사용에 대한 실제 동의가 필요하다. 학생 개인별로 어떤 개입이 선택될지에 대한 방향이 정해지기 때문이다.	해당사항 없음	학장은 재학생 유지와 관련된 데이터 패턴과 그에 따른 개입옵션에 대한 집단별 데이터를 보도 받는다.	분석과 관련된 프로젝트팀은 보호되어야 하는 상세한 개인정보를 제공받는다. 식별정보가 있는 상세보고서의 경우, 내부 정책에 따라 이를 누가 받아야 할지 결정된다.
어떤 위험요소가 있는가?	학생은 자신의 수행 데이터에 따라 개입 옵션이 제공된다는 점에 당황할 수 있다. 또한 개입 옵션의 장점을 역이용할 위험이 있다.	해당사항 없음	해당사항 없음	프로젝트 팀 내에 정보보안의 위험요소가 있기 때문에 기밀을 위반할 경우 제재 조치가 필요하다.

〈표 9－3〉 메트릭스는 윤리적 측면에서 제기된 문제들을 생각하기 위해 만들어졌다. 메트릭스의 첫 번째 주제는 '학습분석의 수혜자는 누구인가?' 이다. 그 다음으로 '누가 의사결정을 하고, 조치를 취하고, 구제하는가?', '누가 동의하는가? 누가 통보받는가?', '어떤 위함요소가 있는가?' 순서대로 제시되고 있다. 이 네 가지 주제를 학생,

교강사, 학장, 경영자 또는 관리자 입장에서 어떤 식으로 해석하고 학습분석과 연관된 윤리적 문제를 해결할지 지속적으로 검토할 필요가 있다.

3. 학습분석 관련 연구

교육현장에서 학습분석 활용에 대한 필요성과 중요성이 높아지고 있다. 이는 학생들이 생산해내는 학습데이터를 분석하여 교수학습 분야를 처방하는데 도움을 줄 뿐만 아니라 맞춤형 교육 실현 방안으로 주목받고 있기 때문이다. 따라서 학습분석 연구들이 지속적으로 발표되고 있는데 이를 탐색하면 다음과 같다.

3.1 국내 학습분석 관련 연구

학습분석 연구는 최근 우리나라에서도 많이 연구되고 있다. 김태기(2021)의 경우, 초중고등학교 일반 교실환경에서 교사들이 학습분석을 활용하여 체계적인 수업을 할 수 있도록 학습분석 수업 설계 모형을 개발하였다. 이를 위해 기본의 수업설계모형, 학습분석모형 문헌들을 탐색하여 학습분석 수업 설계 모형의 구성요소를 추출하고, 이를 바탕으로 모형을 개발하였다. 설계된 모형은 내적타당화를 위한 교수학습분야를 전공한 3인의 전문가 검토와 외적타당도를 위한 현직교사 12인의 사용성 평가를 거쳐 수업 보완 후 최종으로 학습분석 수업 설계 모형이 개발되었다. 이후 최종 모형을 교수설계 및 모형전문가 6인으로부터 타당화 검증을 받고 그 결과 WISE 학습분석 수업 설계 모형의 타당성이 검증되었다. 도재우 외(2022) 연구는 교사들의 대시보드[4] 활용경험을 탐색하여 교육현장에서 맞춤형 교육을 위한 학습분석 기반 대시보드의 활용방안과 유용성을 탐색한 것이다. 이를 위해 교사 10명의 학습분석 기반 대시보드 활용 경험을 수집하여 분석하였다. 연구방법으로 대시보드 활용 전과 후의 교사 피드

4) 대시보드란 학습자와 교수자 또는 학습자와 교수자 모두를 위한 시스템이다. 학습자에게는 시각적이고 즉각적인 피드백을 제공하기 위한 도구이며, 교수자에게는 학습자들의 학습현황을 효과적으로 정리하여 보여주기 위해 개발된 것이다.

백 내용을 비교 분석하고, 교사의 대시보드 활용 경험을 면담을 통해 분석하였다. 연구 결과, 맞춤형 교육을 위한 대시보드 활용방법으로 맞춤형 피드백을 통한 차별화된 처방 제공과 학습데이터에 기반한 객관적이고 명확한 피드백 제공이 확인되었다. 맞춤형 교육을 위한 대시보드 활용의 유용성에 대한 교사 인식으로 원격수업 상황에서 관찰이 어려운 학생의 학습 행동에 대한 이해, 맞춤형 교육 제공을 위해 요구되는 교사의 업무 경감, 그리고 학습자의 학습 과정에 대한 자기 이해 촉진 및 만족도 향상이 확인되었다. 맞춤형 교육을 위한 교사의 학습분석 기반 대시보드 활용방안과 학습분석 활용에 대한 방향을 제안하였다.

대학생들을 대상으로 학습분석 관련 연구를 살펴보면, 조다은(2022)의 경우, 대학의 학습분석 데이터 기반 맞춤형 학생지원 플랫폼 구축을 위해 필요한 기능을 탐색하고, 요구수준을 밝히며, 이를 반영한 대시보드를 설계하였다. 본 연구를 위해 전문가 12명을 대상으로 델파이 조사를 실시하였다. 요구분석은 부산시 소재 D대학교 학생 484명, 교수자 137명, 행정직 106명이 참가하였다. 전문가 심층 인터뷰 학생은 2명이고, SPSS 21.0을 이용하여 분석하였다. 연구 결과, 첫째 기능지표는 크게 학습자 중심 기능, 교수자 중심 기능, 관리자 중심 기능으로 나누었다. 학습자 중심 기능에는 학습 활동 지원, 개별화·적응적 지원, 협력 및 의사소통 지원, 비교과 지원, 진로·취업 지원, 학교생활적응 지원이 있다. 교수자 중심 기능에는 교수(instruction) 지원, 콘텐츠·자료 관리 지원, 의사소통 지원이 있으며, 관리자 기능에는 모니터링 기능 지원, 메뉴 관리 기능 지원, 학생 관리 기능, 교수자 관리 기능이 도출되었다. 둘째, 학습자의 우선순위가 가장 높은 기능은 '교과/비교과/졸업요건/어학시험/자격증 등 졸업과 관련된 정보를 요약해서 알려주는 기능'이었다. 교수자의 우선순위가 가장 높은 기능은 'LMS와 출결정보시스템 실시간 연동 기능'이었다. 관리자의 우선순위가 높은 기능은 '원격수업으로 운영되는 교과 중, 영상 콘텐츠를 장기 미업로드하는 교과 현황을 제공하는 기능'이었다. 셋째, 데이터 설계는 표준화 기반 LRS[5] 학습과정 데이터 저장소

5) LRS(Learning Record Store)란 온라인 시스템 및 환경에서 발생하는 디지털 경험에 대한 기록을 저장하는 것이다.

설계, 플랫폼 1차 고도화 설계, 2차 고도화 설계 총 3단계로 진행되었다. 전문가 심층 인터뷰 결과, LRS 구축 및 고도화를 위해서는 LRS 데이터 구축을 위해 학내 시스템과의 연동프로그램 개발이 필요하고, AI 기술을 활용한 학습자·교수자·관리자 기능을 강화 및 챗봇을 통한 플랫폼 고도화가 필요한 것을 확인할 수 있었다. 넷째, 대학의 데이터 기반 맞춤형 학생지원 플랫폼 구축을 위한 대시보드 프로토타입 사용성 평가 결과를 통하여 학습자의 기능을 커스터마이징할 수 있도록 하는 기능, 대시보드 메뉴를 한글로 표시하는 기능 등이 제시되었다. 본 연구는 학습분석 데이터 기반 맞춤형 학생지원 플랫폼 구축을 위한 기능 탐색, 사용자의 요구수준, 학습자의 데이터 설계, 대시보드 프로토타입 설계 및 사용성 평가를 제시함으로써, 실제 사용을 위한 통합적 방법론을 제시한 부분에 의의가 있다. 본 연구에서 제시한 '대학의 학습분석 데이터 기반 맞춤형 학생지원 플랫폼 구축을 위한 기능'을 그림으로 제시하면 [그림 9-3]과 같다.

[그림 9-3] 대학의 학습분석 데이터 기반 맞춤형 학생지원 플랫폼 구축을 위한 기능

정소영(2022)은 학생 성공을 지원하는 학습분석 기반 교육지원서비스 아키텍처 설계 연구를 하였다. 학생 성공은 국가적·지역적 차이가 있지만, 모든 교육기관의 최우

선 과제이다. 학생 성공은 국가적·지역적 차이가 있지만, 모든 교육기관의 최우선 과제 중 하나이다. 이를 위해 학습분석을 기반으로 개인이나 그룹에 대한 데이터를 분석하는 마이크로 수준, 학과나 단과대학의 데이터를 분석하는 메조 수준과 학교 전체 데이터를 분석하는 매크로 수준별 융합 프로세스에 따른 분석기법을 제안하고, 학생이 성공을 경험할 수 있도록 학생특성, 교내외 활동과 학습 수준에 따라 실질적이고 체계적인 교육 서비스와 콘텐츠를 제공할 수 있는 아키텍처를 설계 하였다. 그리고 설계된 아키텍처를 기반으로 데이터 기반으로 학생특성과 학습 수준을 분석하여 학생이 성공을 경험할 수 있도록 지원하는 학생 맞춤형 학교생활 교과 및 경험 로드맵 서비스를 확인하였다.

원격교육, 메타버스 영역에서 학습분석 연구를 살펴보면, 호사소 외(2022)는 실시간 온라인 Zoom 수업의 상호작용 개선을 위한 학습분석 기반 시각화 도구를 설계 및 개발하였다. 실시간 데이터 분석을 통한 학습자의 카메라 및 마이크 On/Off 상태, 학습자의 발표 참여 수준, 학습자의 카메라 및 마이크 작동시간, 발표에서 언급된 핵심 키워드, 팀 활동 수준, 퀴즈 점수를 객관화할 수 있는 도구를 개발하였다. 시각화 도구는 데이터 분석 결과를 실시간 채팅으로 교수자에게 알려주며, 수업 후에는 종합적인 시각화 도구를 통해 학생들의 수업 참여 정도와 상호작용 수준을 상호 확인할 수 있다. 연구 결과 실시간 온라인 Zoom 수업에서 부족한 상호작용성을 개선하고, 수업 참여와 상호작용의 질을 높일 수 있을 것으로 기대된다. 향후 연구에서는 통합적인 관점에서 학습자의 학습 양상을 제공하고 활용할 수 있도록 AI 기술 활용 및 온라인 데이터 서비스 구축 등을 업그레이드 할 필요가 있다. 임성태(2023)는 메타버스 관련 기술의 급격한 발달로 교육 분야에서 학습자가 경험하기 힘든 교육환경을 가상으로 구현함으로써 시공간의 한계를 극복하기 위한 노력이 지속되고 있는 현 시점에서, 메타버스는 기존 학습관리시스템을 가상공간으로 확장한 새로운 통합 플랫폼으로 가능성이 제기되고 단순한 흥미 유발을 넘어 통합된 형태의 온라인 교육 플랫폼으로 폭넓게 활용하기 위해서 수반되어야 할 학습 관련 다양한 문제들에 주목하고 있다. 이와 관련하여 제기되고 있는 문제들을 해소하기 위한 최적의 교수학습적 의사결정

지원 방안으로 학습분석학의 적용이 제안되었다. 학습활동과 그 맥락을 중심으로 특정한 규칙과 패턴을 파악하고, 체계적인 프레임워크로 구성하여 교수자에게 가이드라인을 제공하는 것이 필요하다. 특히, 가상세계형 메타버스 학습환경에서는 교수학습 활동의 특수성, 변인 관계의 복잡성, 전문 영역의 융복합성 등을 이유로 맞춤형 학습분석 프레임워크 개발이 필요하기에 본 연구를 실시한 것이다. 연구 진행은 개념적 프레임워크 개발 모델을 연구모형으로 데이터 수집, 이론 탐색, 이론적 프레임워크 형성, 개념적 프레임워크 개발 순서로 만들었다. 그리고 모델링 과정에 따른 세부 연구방법을 적용하여 작업을 진행하였다. 구체적으로 데이터 수집 단계는 체계적 문헌 고찰 방법인 PRISMA를 적용하여 실증적인 사례연구를 기반으로 데이터를 수집 및 선정하였다. 이론 탐색 단계에서는 활동이론의 활동체계 모형에 근거하여 선생연구를 분석하고, 학습분석 프레임워크를 위한 기본적인 구성요소를 분석하고 요소 간 유의미한 관계를 탐색하였다. 이론적 프레임워크 형성 단계에서는 이론 탐색 과정의 분석된 내용을 통합하여 연구의 맥락에 맞게 중복제거, 범주화, 절차화 작업을 진행하여 개념적 프레임워크의 전제로서 학습분석 프레임워크의 외형적인 틀인 이론적 프레임워크를 형성하였다. 마지막으로 개념적 프레임워크 개발 단계에서는 이론적 프레임워크를 기반으로 아이디어를 확장하여 학습분석 프레임워크를 가상세계형 메타버스 학습환경에서 적용 가능하도록 특징화하였으며, 과정의 객관화를 위해 델파이조사 방법을 활용하여 전문가 의견을 체계적으로 수렴하여 타당성을 확보하였다. 최종 개발된 가상세계형 메타버스 학습분석 개념적 프레임워크는 7개 항목으로 구성된 모형 평가의 과정을 거쳐 수렴되었다. 김동심, 류다현(2023)은 최근 10년간 학습자의 온라인 학습을 다중양식을 활용하여 학습분석한 연구동향을 탐색하였다. 5W1H를 기준으로 연구시기, 연구 환경, 연구 대상자, 연구자, 다중양식, 연구내용, 분석방법을 조사분석하고 다중양식 학습분석의 시사점을 도출하고자 하였다. 이를 위해 2013~2022년에 실시된 문헌연구를 제외한 국내외 실증연구 29편을 분석하였다. 분석결과, 다중양식 학습분석 연구는 지속해서 증가하고 있으며, 비실시간 온라인 학습 환경에서, 대부분 공학계열 연구자들을 중심으로 이루어지고 있다. 실험대상은 주로 대학생들이었고, 학습자의 주의집중이나 인지부하를 측정하기 위해 다중양식데이터(시선추적, 감정, 뇌파,

신체움직임, 설문지 등)을 사용하였다. 온라인 학습에서 다중양식 학습분석의 연구동향을 확인하였으며, 이 결과를 바탕으로 향후 이루어질 다중양식 학습분석에 시사점을 제안하였다.

3.2 국외 학습분석 관련 연구

국외 학습분석 연구를 살펴보면, 스탠포드 대학의 경우 어떻게 통합 학습분석 시스템을 사용하여 강사와 학생들을 증거에 근거한 의사결정 과정에 참여시켜 학습을 개선시킬 수 있는지 입증하는 연구를 수행하였다(Thille & Zimmaro, 2017). 이를 위해 연구자들은 통합 학습분석 시스템 OARS(Open Analytics Research Service)을 개발하였다. OARS는 교수자, 수업설계자 및 연구자에게 기술맵과 학습 모델을 검토하고 수정할 수 있는 기능을 제공한다. 처음 시작할 때 사용하는 OARS 인터페이스는 예측 모델을 선택할 수 있으며 추가 모델들도 포함하도록 확장 설계되었다. 학습자 활동에 의해 생성된 데이터를 실시간으로 동적으로 분석하고, 교수자용 대시보드는 강의의 각 학습 목표에 언제라도 학생 학습 상황을 강사에게 제공한다. 이때 시스템은 학습자가 이전에 보지 못한 특정 문제 또는 특정 학습 목표를 평가하는 질문에 올바르게 응답할 가능성을 예측한다. 교수자는 교수용 대시보드를 사용하여 학습자가 어려움을 겪고 있는지 식별하며 대시보드에서 얻은 통찰력을 바탕으로 권장 사항 또는 교육 개입을 제공할 수 있다. 연구자들은 이와 같은 OARS 시스템이 효과적인 적응형 및 개인화된 학습 시스템을 사용하는 대안적이고 투명한 접근 방식을 제공한다고 보았다. 그리고 연구자들은 의미있는 데이터를 생성할 수 있는 기회 창출, 개방형 접근성 예측 및 설명 모델 생성, 증거 기반 의사 결정 지원, 지속적인 개선 주기 구현 등의 주제로 학습자의 학습 프로세스 데이터에 초점을 맞춘 학습 분석 시스템의 구현의 성공과 과제 그리고 분석을 사용하여 강사 및 학생을 증거에 근거한 의사결정 과정에 참여시켜 학습을 개선하는 방법을 논의하였다.

호주 교육부의 경우, 교수학습의 전문성에 대하여 학습분석을 적용하여 연구하였다 (Bronnimann et al, 2018). 'Learning Analytics: Assisting Universities with Student

Retention' 보고서에 따르면, 연구자들은 학습분석을 통해 새로운 방법으로 교육학적 문제를 탐구할 수 있다고 제시하였다. 학생 경험 향상과 학습과 강의의 향상을 가져올 수 있다는 것을 Australian Indigenous Languages Support Program 사례를 통해 증명하였다. 본 사례는 프로그램 개발 및 개정, 프로그램을 평가하거나 개선하기 위해 학습분석을 어떻게 적용하였는지 탐구하는 계기가 되었다. 특별히 이 연구에 참여한 팀들은 학생 등록, 성공, 보유를 감사하기 위해 크고 작은 데이터를 계속 수집하기로 결정하였으며 연구자들은 이에 대해 학습분석 데이터의 사용이 반성적 실행에 근거기반을 넓힌다고 보았다. 연구자들은 학습분석을 활용한 프로그램 개발이 이전에 이용할 수 없었던 데이터와 통찰력에 대한 접근을 제공하고 교수학습 구조화된 방식으로 학습 분석의 잠재력을 활용할 수 있게 해주고 이는 궁극적으로 학생들의 성공에 도움이 될 것이라고 보았다.

대만 북부 소재 대학교 1학년을 대상으로 연구(Lu et al., 2018)한 보고에 따르면, 블랜디드 학습환경에서 학습자의 학업성취도 조기 예측을 학습분석을 통해 실행된 것이다. 대만 북부 소재의 대학교 1학년을 대상으로 한 MOOC와 OAS가 혼합된 미적분학 수업에서 학생들의 최종 학업성취도를 조기에 예측하기 위해 학습분석과 교육 빅데이터 접근을 하였다. 연구자들은 이 과정에 참석한 학생들의 프로필에서 비디오 보기 행동, 수업 외 연습 행동, 숙제 및 퀴즈 점수, 방과 후 과외 등의 21개의 변수를 가진 실제 데이터를 수집하였다. 수집된 데이터를 바탕으로 분리한 5개의 데이터 세트를 평가하고 주성분회귀 분석을 적용하였다. 실험 결과 학기 중 1/3이 경과했을 때 높은 안정성과 정확성으로 한 교과목 수업과정의 1주~6주의 데이터를 포함하는 것으로 학생들의 최종 학업 성적을 예측할 수 있었다. 그리고 예측성과를 개선하기 위해 회귀 모형을 만들어 학습 성과에 영향을 미치는 7가지 중요한 요인을 파악 하였다.

네덜란드 초등학교 환경에서 어떤 심리적 요인이 교사들의 데이터 사용에 활용될 수 있는지를 탐구한 논문(Prenger & Schildkamp, 2018)에 따르면, 경로분석 연구를 수행하여 교사의 심리적 요인에 대한 연구를 하였다. 설문지 기반 정량적 방법론을 사용한 이 연구의 변인으로 정서적 태도, 도구적 태도, 인지된 통제력, 사회적 기준, 자기 효능감, 집단적 효과 그리고 데이터 사용에 관한 의도와 같은 심리 구조가 사용된 것으로 분석되었다. 연구 결과, 데이터 사용에 대한 인지된 통제력, 도구적 태도 및 의도가 모두 유의한 영향을 주었다. 또한 의도는 영향을 미치는 태도와 데이터 사용 사이의 관계를 중재하는 것으로 밝혀졌다. 특별히 연구자들은 이 연구의 가장 중요한 결론으로 교육적 데이터 사용이 24%의 설명된 분산으로 도구적 태도, 인지된 제어력 및 데이터 사용 의도에 의해 예측되었다. 이는 교육적 데이터 사용의 거의 1/4의 차이가 데이터 사용에 영향을 미치는 심리적 요인임을 밝힌 것이다.

Majumdar & Iyer(2016)은 코호트 분석[6]을 위한 시각적 분석 도구인 iSAT(Interactive Stratified Attribute Tracking)을 활용하여 교수자가 어떻게 학생 집단의 변화를 시각화하는가를 보여 주었다. 예를 들면, 교수자는 대화형 시각적 분석(Interactive visual analytics)을 통해 자신의 교수학습 환경에서 수집된 데이터로부터 학습자들의 역동성과 활동을 이해할 수 있었다. 그리고 동료 교수법 활동에서 교수자가 iSAT를 통해 사전 및 사후 논의 단계에서 클릭자 반응의 분포를 시각화하기 위해 히스토그램을 사용하고, 다양한 투표 단계에서 참가자들의 반응을 추적하기 위해 클릭자 데이터를 실시간으로 분석하는 기능을 통해 동료 교수법 이후에 활동을 계획할 때 학습자들을 지원할 수 있다는 것을 보여주었다. 또한, iSAT를 통해 교수자가 교수학습 상황이 다르면 그에 따라 패턴을 적절히 해석하여 동질 집단을 식별하고 경향을 추정하고 정보에 입각한 결정을 내릴 수 있다고 본다. 교수자가 iSAT를 활용할 경우 교수학습 상황에서 코호트 분석을 할 수 있다.

6) 사용자 행동을 그룹으로 나눠 지표별로 수치화한 뒤 분석하는 기법이다.

활동지

1. 학습분석 개념과 접근모형 하나를 선택하여 모둠에서 설명해 봅시다.

2. 우리 대학에서 사용하는 학생지원 플랫폼을 정리하고 장단점을 기술하시오.

참고문헌

김동심, 류다현(2023). 다중양식 학습분석 연구동향 분석: 온라인 학습을 중심으로. **정보교육학회 논문지**, 27(1), 83-92.

김태기(2021). 학습분석 수업설계모형 개발. **아시아교육연구**, 22(2), 201-228.

도재우, 어정인, 나용재, 김수진(2022). 맞춤형 교육을 위한 교사의 학습분석 기반 대시보드 활용과 인식에 대한 연구. **한국교원교육연구**, 39(4), 261-289.

이성혜, 이유경, 박소영, 함은혜(2021). 자기조절학습 행동데이터에 대한 탐색적 연구: 해외 학습분석 연구를 중심으로. **교육공학연구**, 37(2), 191-236.

임성태(2023). **가상세계형 메타버스 학습환경에서 학습분석 적용을 위한 개념적 프레임워크 개발.** 충북대학교, 박사학위논문.

정소영(2022). 학생성공을 지원하는 학습분석 기반 교육지원서비스 아키텍처 설계. **정보기술아키텍처 연구**, 19(1), 51-58.

조다은(2022). **대학의 학습분석 데이터 기반 맞춤형 학생지원 플랫폼 구축을 위한 요구분석 및 대시보드 설계**. 동아대학교 대학원, 박사학위논문.

조용상, Abel, R. J(2013). 표준화 이슈리포트: 학습분석 기술 활용 가능성 및 전망. 대구: 한국교육학술정보원.

조일현(2012). LAPA(Learning Analytics for Prediction & Action)모형을 제안하며. 한국지식경영학회 미래연구회 세미나 자료집.

조일현, 김윤미(2013). 이러닝에서 학습자의 시간관리 전략이 학업성취도에 미치는 영향: 학습분석학적 접근. **교육정보미디어연구**, 19(1),83-107.

조일현, 박연정, 김정현(2021). **학습분석학의 이해**. 서울: 박영스토리.

호사소, 박정민, 안미리(2022). 실시간 온라인 Zoom 수업의 상호작용 개선을 위한 학습분석 기반 시각화 도구 설계 및 개발. **컴퓨터교육학회 논문지**, 25(5), 47-56.

Adejo, O., & Connolly, T. (2017). Learning Analytics in Higher Education Development: A Roadmap. J ournal of Education and Practice, 8(15), 156-163.

Ben Kei Daniel (2017). **Big Data and Learning Analytics in Higher Education: Current Theory and Practice.** Springer International Publishing Switzerland. 배상훈, 권숙진, 신종호, 최재원(역) (2019). **대학 혁신을 위한 빅데이터와 학습분석**. 시그마프레스.

Bronnimann, J., West, D., Huijser, H., & Heath, D. (2018).Applying Learning Analytics to the Scholarship of Teaching and Learning. Innovative Higher Education, 43(5), 353-367

Campbell, J, P., DeBlois, P. B., & Oblinger, D. (2007). Academic analytics. A new tool for a new era Educause Review, 42(4),40-57.

Chatti, M. A., Lukarov, V., Thüs, H., Muslim, A., Toysef, A. M. F., Wahid, U., et al. (2014). Learning analytics: Challenges and future research directions. *eleed*, Iss.10.

(urn:nbn:de:0009-5-40350).

Dawson, S., Gašević, D., Siemens, G., & Joksimovic, S. (2014). Current state and future trends: A citation network analysis of the learning analytics field. *In Proceedings of the Fourth International Conference on Learning Analytics & Knowledge* (pp 231-240). New York: ACM.

Drachsler, H., & Greller, W. (2012). The pulse of learning analytics: Understandings and expectations from stakeholders. In *Proceedings of the 2nd International Conference on Learning analytics and Knowledge* (pp. 120-129). New York: ACM.

Elias, T. (2011). Learning analytics: Definitions, processes and potential. *Learning*, 23, 134-148.

Festinger, L. A. (1954). A theory of social comparison process. HumanRelations. 7, 117-140.

Hanna, M. (2004). Data mining in the e-learning domain. *Campus-wide information systems*, 21(1), 29-34.

Hendricks, M., Plantz, M. C., & Pritchard, K. J. (2008). Measuringoutcomes of united way funded programs: Expectations andreality. In J. G. Carman & K. A. Fredricks (Eds.), Nonprofitsand evaluation. New Directions for Evaluation, 119, 13-35.

Majumdar, R. & Iyer, S. (2016). iSAT: A Visual Learning Analytics Tool for Instructors Research and Practice in Technology Enhanced Learning 11:16. DOI 10.1186/s41039-016-0043-3

Lu, O. H. T., Huang, A. Y. Q., Lin, A. J. Q., Ogata, H., & Yang, S. J. H. (2018). Applying Learning Analytics for the Early Prediction of Students' Academic Performance in Blended Learning. Educational Technology & Society, 21(2), 220-232.

Romero, C., & Ventura, S. (2007). Educational data mining: A survey from 1995 to 2005. *Expert systems with applications*, 33(1), 135-146.

Prenger, R. & Schildkamp, K. (2018). Data-based decision making for teacher and student learning: a psychological perspective on the role of the teacher, Educational Psychology, http://doi.org/10.1080/01443410.2018.1426834

Siemens, G., Gasevic, D., Haythornthwaite, C., Dawson, S., Shum, S.B., Ferguson, R., Duval, E., Verbert, K., & Baker, R. (2011).Open learning analytics: An integrated & modularized platform.Open University Press.

Siemens, G (2013). Learning analytics: The emergence of a discipline. *American Behavioral Scientist*, 57, 1380-1400.

Slade, S., & Prinsloo, P. (2013). Learning analytics ethical issues and dilemmas. *American Behavioral Scientist,* 57, 1510-1529.

Tileston, D. W. (2007). 10 Best Teaching Practices, 2/e. Seoul: Sigma Press.

제 10 장

디지털 기술과 교육 평가

학습목표

- 최신의 디지털 기술이 교육 평가에 미치는 영향을 설명할 수 있다.
- 교육의 질과 효과를 발전시키기 위해 디지털 평가도구들이 어떻게 사용되는지를 구체적으로 이해할 수 있다.
- 디지털 교육 평가와 관련된 윤리적 고려사항 및 도전 과제를 평가할 수 있다.

주요용어

디지털 교육 평가, 인공지능, 빅데이터, 클라우드 컴퓨팅, 윤리적 고려사항, 디지털 평가 도구, 개인 정보 보호, 평가의 투명성, 교육의 질, 맞춤형 학습, 혁신적 평가 방법

현대 사회는 디지털 기술의 급속한 발전을 목도하고 있다. 이러한 기술의 진보는 교육 평가 분야에도 새로운 변화를 가져오고 있다. 컴퓨터와 인터넷의 확산은 정보에 대한 접근성을 획기적으로 개선했다. 이로 인해 교육 평가 방법에도 새로운 가능성이 열리고 있다.

이 챕터에서는 최신 테크놀로지가 교육 평가에 어떻게 통합되고 있는지 소개한다. 인공지능, 빅데이터, 클라우드 컴퓨팅과 같은 디지털 기술이 교육 평가 방식을 어떻게 혁신하고 있는지 살펴볼 것이다. 이를 통해 교육의 질과 효과성이 어떻게 향상될 수 있는지를 설명한다.

본 챕터의 목적은 이러한 기술적 진보가 교육 평가에 미치는 영향을 이해하는 것이다. 이를 통해 최신 기술이 교육 평가에 어떤 새로운 접근 방법을 제공하는지에 대한 통찰을 얻을 수 있을 것이다. 이는 예비교사들이 혁신적인 평가 방법을 설계하고 적용하는 데에 도움이 될 것이다.

1. 디지털 기술과 교육 평가 기초

1.1 교육 평가

교육 평가는 학습 과정 및 결과를 체계적으로 측정하고 해석하는 과정으로 정의된다. 이는 학생들의 학업 성취도를 정확히 파악하여 교육의 질을 평가하는 데 있어 필수적인 역할을 수행한다. 이러한 평가 과정을 통해, 교사는 학습자의 필요와 요구를 더 깊이 이해하고 교육 방법론을 개선하는 데 필요한 중요한 정보를 얻게 된다. 또한, 평가는 학습자가 경험한 학습 과정을 종합적으로 통합하며, 교육 프로그램의 전반적인 효과를 검증하는 중요한 수단으로 작용한다.

교육 평가의 중요성은 교육 과정의 목표가 얼마나 효과적으로 달성되었는지를 확인함으로써, 교육 내용과 방법의 적절성을 종합적으로 평가하는 데에도 있다. 평가 과정에서 도출된 결과는 교육 개선을 위한 구체적인 피드백으로 활용될 수 있으며, 이는 교육 정책 결정 과정에도 중대한 영향을 미칠 수 있는 잠재력을 지닌다. 이처럼 교육 평가는 교육 과정과 결과의 질을 높이는 데 있어 핵심적인 역할을 하며, 지속적인 교육 질의 향상과 학습자 중심의 교육 방향 설정에 기여한다.

1.2 전통적 교육 평가 방법

전통적인 교육 평가 방법으로는 필기 시험, 구술 시험, 보고서 작성과 같은 다양한 형태가 있으며, 이들은 긴 시간 동안 교육 현장에서 널리 활용되어 왔다. 이러한 방법들은 일관성과 객관성을 확보하기 위한 노력에도 불구하고, 여전히 그 한계를 드러내고 있다. 특히, 학생들의 개별적인 학습 스타일과 다양한 능력을 전면적으로 반영하는 데 있어서는 상당한 제약이 따른다. 이는 학생들의 종합적인 능력 평가에 있어 정확성이 떨어질 수 있음을 의미한다.

전통적 평가 방식이 학생들의 기억력과 이해력에 중점을 둔 것은 사실이지만, 현대 교육에서는 창의력, 비판적 사고, 문제 해결 능력과 같은 복합적인 능력의 중요성이 점점 더 강조되고 있다. 이러한 중요 능력들을 충분히 평가하기 위해서는 기존의 평가 방식만으로는 부족함이 있음이 분명하다. 또한, 전통적인 방법들이 학습자 개인의 특성과 차이를 충분히 고려하지 않고, 표준화된 답안을 요구함으로써 학습자의 독창성과 개성을 제한할 수 있는 부작용을 가지고 있다. 이러한 문제점들은 교육 평가 방법의 다양화와 혁신을 요구하며, 학습자 중심의 평가 접근 방식으로의 전환을 필요로 한다.

1.3 디지털 기술의 등장

디지털 기술의 발전은 교육 평가 분야에 혁신적인 변화를 가져왔다. 컴퓨터 기반 평가 시스템은 일관된 평가 기준과 함께, 학습자의 다양한 능력을 평가할 수 있는 여러 형식의 문제를 제공한다. 이러한 디지털 평가 도구들은 시각적 및 청각적 자료를 활용함으로써, 학습자의 이해력을 보다 깊이 있게 평가할 수 있는 장점을 갖추고 있다. 더 나아가, 이들 도구는 학습자가 실제 세계에서 마주칠 수 있는 문제 해결 과정을 실제와 유사하게 재현하면서, 비판적 사고, 문제 해결 능력, 창의력과 같은 고차원적인 능력을 평가하는 데 있어 더 우수한 성능을 보일 것으로 기대된다.

디지털 평가의 또 다른 중요한 장점은 즉각적인 피드백 제공과 학습 과정에 대한 지속적인 모니터링이 가능하다는 점이다. 이는 학습자 개개인에게 맞춤화된 학습 경험을 제공하며, 학습자 스스로가 자신의 성장을 인식하고 이를 바탕으로 더 나은 학습 전략을 수립할 수 있도록 돕는다. 따라서, 디지털 기술은 교육 평가 방법을 혁신적으로 변화시키는 동시에, 학습자 중심의 교육 환경을 조성하는 데 중요한 역할을 하게 될 것으로 보인다.

1.4 디지털 평가 도구의 활용

디지털 평가 도구의 발전은 교사가 학생들의 학습 진행 상황을 실시간으로 파악하고, 즉각적인 피드백을 제공할 수 있게 해 주었다. 이러한 도구들은 학습자의 개별적인 필요에 부합하는 학습 자료를 제공하며, 학습 과정을 더욱 개인화하는 데 중요한 역할을 한다. 온라인 퀴즈, 인터랙티브 게임[1], 시뮬레이션 등의 활용은 학습자의 참여를 촉진하고, 학습의 효율성을 향상시키는 방식으로 작용한다. 이를 통해 학습자의 이해도, 문제 해결 능력, 창의적 사고력 등을 다방면에서 평가할 수 있게 되었다.

학습자가 실시간으로 피드백을 받음으로써, 자신의 학습 과정에서 이루어지는 성장을 직접 관찰하고 평가할 수 있게 되는 것은 매우 중요하다. 이 과정은 학습자가 더욱 적극적이고 자기 주도적으로 학습에 임하도록 동기를 부여한다. 자신의 학습 경로를 스스로 조정하고 개선할 수 있는 능력은 학습자에게 중요한 자산이 되며, 이는 궁극적으로 학습 효과를 극대화하는 데 기여한다. 따라서, 디지털 평가 도구는 교육의 질을 향상시키고, 학습자 중심의 교육 환경을 조성하는 데 있어 필수적인 요소로 자리 잡아가고 있다.

1.5 도전 과제와 한계점

최신 디지털 기술을 교육 평가에 활용하는 과정은 기술적 문제, 디지털 기술 접근성의 제약, 개인 특성 반영의 어려움과 같은 여러 도전적 과제에 직면하고 있다. 이러한 한계를 극복하기 위해서는 지속적인 기술 발전과 더불어 교육 정책 및 교육 체계의 근본적인 변화가 요구된다. 더불어, 디지털 평가의 안정성과 보안 문제는 중대한 고려 사항으로 부각되고 있다. 학습자의 개인 정보 보호와 데이터의 안전한 처리는 디지털 기술을 이용한 교육 평가의 신뢰도를 높이는 데 있어 필수적인 요소이다.

교육 기관과 평가 개발자들은 이러한 문제들에 대응하기 위해 보안 기술을 강화하고, 개인 정보 보호 정책을 개선하는 등 다양한 전략을 수립해야 한다. 이는 교육

1) 인터랙티브 게임은 사용자의 입력이 게임의 진행과 결과에 직접적인 영향을 미치는 디지털 게임을 의미한다. 이러한 게임들은 사용자가 게임 내의 환경과 상호 작용하며, 결정을 내리고 행동을 취함으로써 게임의 스토리나 결과를 형성하게 된다. 인터랙티브 게임은 다양한 형태와 장르로 제공되며, 교육적 목적으로 설계된 경우 학습자의 참여와 학습 효과를 높이는 데 기여한다. 이러한 게임들은 문제 해결, 비판적 사고, 창의력 발휘와 같은 능력을 개발하는 데 효과적인 도구로 활용될 수 있으며, 학습자에게 더욱 몰입감 있는 학습 경험을 제공한다.

평가의 효율성을 높이면서도 학습자의 권리를 보호하고, 디지털 환경에서의 교육 평가를 더 안전하고 신뢰할 수 있는 방향으로 이끌기 위한 필수적인 조치들이다. 디지털 기술의 교육 평가 활용이 성공적으로 이루어지기 위해서는 이러한 도전 과제들을 체계적이고 전략적으로 해결해 나가는 것이 중요하다.

1.6 현재 상황과 미래 전망

현재 디지털 교육 평가는 전 세계 다양한 교육 환경에서 점점 더 많이 활용되고 있으며, 미래에는 인공지능(AI), 빅데이터와 같은 기술을 활용한 더욱 정교한 평가 방법의 개발과 적용이 기대된다. 이러한 기술의 발전은 교육 평가의 정확성과 효율성을 크게 향상시킬 것으로 예상된다. 특히, 개별 학습자의 필요와 능력에 맞춘 맞춤형 교육 평가가 실현될 것이며, 이는 교육의 개별화를 한층 더 심화시키는 데 기여할 것이다.

인공지능 기반의 평가 도구는 학습자의 반응과 학습 스타일을 세밀하게 분석하여, 더 정밀하고 개별화된 피드백을 제공할 수 있는 잠재력을 지니고 있다. 또한, 빅데이터 분석을 통해 교수자들이 학습자들의 학습 패턴과 성취도에 대해 더 깊이 이해하게 되며, 이러한 통찰을 바탕으로 보다 효과적인 교육 전략을 수립할 수 있게 될 것이다. 이와 같은 발전은 교육의 개별화를 더욱 심화시키며, 각 학습자에게 맞춤화된 최적의 교육 경험을 제공하는 데 중요한 역할을 할 것이다.

이러한 기술적 발전은 교육 평가 방법뿐만 아니라, 교육의 전반적인 품질과 접근성을 향상시키는 데 기여할 것이며, 모든 학습자가 자신의 잠재력을 최대한 발휘할 수 있는 기회를 제공하는 데 중요한 역할을 할 것으로 기대된다.

2. 최신 테크놀로지와 교육 평가의 융합

2.1 디지털 평가 도구의 다양화

현대의 디지털 평가 도구들은 교육 평가 방식을 다양하고 혁신적인 방향으로 변화시키고 있다. 예를 들어, 가상현실(VR) 기술을 활용한 시뮬레이션을 통해 학생들은 실제와 유사한 환경에서 복잡한 문제를 해결하는 능력을 평가받을 수 있다. 이는 학생들이 실제 상황에서의 응용 능력과 판단력을 개발하는 데 도움을 준다. 특히 과학, 엔지니어링, 의학과 같은 실습이 중요한 분야에서 VR 시뮬레이션은 학생들에게 실제 실험실이나 현장 경험과 유사한 환경을 제공하여, 이론적 지식과 실제 적용 능력 사이의 간격을 줄여 준다.

인터랙티브 비디오와 게임 기반 학습 평가는 학습 과정을 더욱 흥미롭고 동기화된 경험으로 만든다. 이러한 도구들은 학습자의 창의력, 문제 해결 능력, 협력 능력과 같은 다양한 기술을 평가하는 데 사용될 수 있다. 게임 기반 평가는 학습 과정을 게임화하여 학습자의 참여와 흥미를 유발한다. 이는 전통적인 평가 방식에 비해 학습자의 주의력과 집중력을 높이는 데 효과적이며, 학습 내용에 대한 깊은 이해와 장기 기억 형성에 기여한다. 또한, 팀 기반의 인터랙티브 게임은 협력적 학습 능력과 팀워크 기술을 평가하는 데 유용하며, 이는 직장이나 사회에서 필요한 중요한 기술들을 반영한다.

이와 더불어, 증강현실 기술도 교육 평가에 점차 활용되고 있다. 증강현실을 활용한 평가는 학습자에게 실제 환경에 가상 요소를 결합한 상호 작용을 제공한다. 이는 복잡한 개념이나 접근하기 어려운 학습 자료를 학습자에게 직관적이고 상호작용적인 방식으로 제시할 수 있게 해준다. 예를 들어, 역사 교육에서 학생들은 증강현실을 통해 역사적 장소나 사건을 가상으로 체험하며, 이를 통해 역사적 상황과 맥락에 대한 더 깊은 이해를 얻을 수 있다.

이러한 디지털 평가 도구들의 활용은 교육 평가의 범위를 확장하고, 학습자 개개인의 다양한 능력과 기술을 보다 정확하고 포괄적으로 평가하는 데 기여한다. 이는 교육자들에게 학습자의 강점과 약점에 대한 보다 명확한 통찰을 제공하며, 이를 바탕으로 개인화된 교육 경로를 설계하는 데 도움을 준다.

2.2 인공지능의 활용

인공지능은 맞춤형 학습 평가에 혁신을 가져오고 있다. 인공지능 기반 시스템은 학습자의 반응, 성취도, 학습 스타일을 분석하여 개인화된 학습 경로를 제공한다. 이러한 시스템은 각 학습자의 필요와 능력에 맞춘 더 효과적이고 맞춤화된 학습 경험을 가능하게 한다. 예를 들어, 인공지능은 학생의 성취도와 학습 속도를 분석하여 학습 내용의 난이도를 조절하고, 학습자가 어려워하는 부분에 대해 추가적인 자료나 연습 문제를 제공할 수 있다. 이는 학습자가 자신의 속도에 맞추어 학습할 수 있게 하며, 개인의 학습 효율을 극대화한다.

인공지능 기반 자동 평가 시스템은 일관된 평가 기준을 제공하며, 대규모 학습자 그룹을 신속하고 정확하게 평가할 수 있는 능력을 갖추고 있다. 이 시스템은 다양한 형태의 질문과 상호작용을 통해 학습자의 이해도와 학습 능력을 평가한다. 또한, 인공지능은 학습자의 응답 패턴과 행동을 분석하여, 학습 과정에서 학습자가 어떤 부분을 잘 이해하고 어떤 부분을 어려워하는지를 파악할 수 있다. 이를 통해 교육자는 학습 과정을 개선하고, 학습자에게 보다 효과적인 지도를 제공할 수 있다.

하지만 인공지능 기반 평가 시스템에는 한계가 있다. 이 시스템은 종종 표준화된 평가 방식에 의존하며, 학습자의 독특한 특성과 창의성을 완전히 반영하기 어려울 수 있다. 예를 들어, 인공지능은 주관식 응답이나 창의적인 해결 방법을 평가하는 데 어려움을 겪을 수 있다. 이는 특히 예술, 문학, 철학과 같은 창의적 사고가 중요한 분야에서 문제가 될 수 있다. 따라서, 인공지능 평가는 전통적인 교사 주도 평가와 함께 사용되어야 하며, 학습자의 전체적인 학습 경험과 능력을 평가하는 데 있어서 보완적인 역할을 해야 한다.

또한, 인공지능 기반 평가 시스템의 구현과 유지 관리는 기술적인 도전을 수반한다. 이러한 시스템은 고도의 기술적 능력을 요구하며, 지속적인 업데이트와 유지 보수가 필요하다. 교육 기관은 이러한 시스템을 효과적으로 운영하기 위해 필요한 기술적 지원과 자원을 확보해야 한다. 또한, 모든 학습자가 이러한 기술에 접근할 수 있도록 하는 것도 중요한 과제이며, 기술 격차를 해소하기 위한 노력이 필요하다.

2.3 빅데이터의 역할

빅데이터 분석은 현대 교육 평가 분야에서 필수적인 역할을 하고 있다. 이러한 분석은 학습자의 학습 패턴, 성취도, 행동 데이터를 수집하고 분석함으로써 교육자들에게 귀중한 통찰을 제공한다. 대규모 데이터 자료를 분석함으로써, 교육자들은 학습 과정에서 발생하는 다양한 패턴과 경향을 식별할 수 있다. 예를 들어, 어떤 교육 방법이 특정 학습자 그룹에게 더 효과적인지, 어떤 학습 자료가 학습자들의 이해도를 높이는 데 기여하는지 등을 파악할 수 있다. 이러한 정보는 교육자가 학습 과정을 더 잘 이해하고, 교육 전략을 개선하는 데 도움이 된다.

빅데이터 분석을 통해 얻은 통찰은 교육 과정의 개선, 교육 내용의 조정, 학습자 개개인에 맞는 맞춤형 지원 제공 등에 활용될 수 있다. 학습자 개개인의 성취도와 학습 스타일을 분석함으로써, 교육자는 각 학습자에게 가장 적합한 학습 자료, 활동, 평가 방식을 제공할 수 있다. 또한, 빅데이터 분석은 학습 과정에서 발생할 수 있는 문제점을 조기에 식별하고, 적절한 개입을 통해 학습 과정을 개선하는 데 도움을 준다.

빅데이터를 활용한 예측 분석은 학습자의 미래 학업 성취도와 경향을 예측하는 데 중요한 도구가 될 수 있다. 학습자의 과거와 현재의 학습 데이터를 분석하여, 미래의 학업 성취도나 학습에 대한 태도를 예측할 수 있다. 이를 통해 교육자는 학습자에게 필요한 사항을 사전에 지원하고, 학습 과정을 개선할 수 있다. 예측 분석은 또한 학습자가 학습 과정에서 겪을 수 있는 잠재적인 어려움을 예측하는 데에도 사용될 수 있으며, 이를 통해 개별 학습자나 학습자 그룹에 대한 적절한 지원 계획을 수립할 수 있다.

빅데이터 분석의 또 다른 중요한 측면은 교육 정책 결정과 교육 시스템 개선에 기여한다는 것이다. 교육 정책 결정자들은 대규모 학습 데이터를 분석함으로써, 교육 시스템 전반에 걸쳐 영향을 미칠 수 있는 결정을 데이터에 기반하여 내릴 수 있다.

예를 들어, 어떤 교육 프로그램이 학생들의 학업 성취도를 향상시키는 데 효과적인지, 어떤 교육 정책이 학습 결과에 긍정적인 영향을 미치는지 등을 파악할 수 있다. 이러한 분석은 교육 기관, 지역 사회, 심지어 국가 차원에서 교육의 질을 향상시키는 데 중요한 역할을 한다.

2.4 클라우드 컴퓨팅의 역할

클라우드 컴퓨팅[2)]은 현대 교육 평가에 새로운 차원을 제공한다. 클라우드 기반의 교육 플랫폼은 학습 자료의 저장, 공유, 접근을 용이하게 하여 교육 과정의 효율성을 크게 향상시킨다. 이러한 플랫폼을 통해 교사와 학생 모두 언제 어디서나 필요한 자료에 쉽게 접근할 수 있다. 이는 교육 자료의 접근성을 높이고, 학습 환경의 경계를 확장한다. 교사는 클라우드를 통해 교육 자료를 업로드하고 관리할 수 있으며, 학생들은 이러한 자료를 다운로드하거나 온라인으로 직접 접근할 수 있다. 이는 평가 준비와 진행에 큰 유연성을 부여하며, 학습자의 학습 경험을 개선한다.

클라우드를 통한 실시간 평가와 피드백은 학습 과정을 보다 동적이고 상호작용적으로 만든다. 학생들은 클라우드 기반 플랫폼을 통해 실시간으로 평가에 참여하고, 즉각적인 피드백을 받을 수 있다. 이는 학습 과정에서의 즉각적인 수정과 개선을 가능하게 하며, 학습자가 자신의 학습 진행 상황을 더 잘 이해하고 관리할 수 있도록 돕는다. 또한, 교육자는 클라우드 기반 시스템을 사용하여 학생들의 학습 진행 상황과 성취도를 추적하고 분석할 수 있다. 이는 교육자가 학습 과정을 보다 효과적으로 지도하고, 필요한 경우 개별 학습자나 그룹에 맞춤형 지원을 제공하는 데 도움이 된다.

클라우드 컴퓨팅은 또한 교육 평가의 협업적 측면을 강화한다. 학생들은 클라우드

---

2) 클라우드 컴퓨팅은 인터넷을 통해 서버, 스토리지, 데이터베이스, 네트워킹, 소프트웨어, 분석 등의 컴퓨팅 서비스를 제공하는 기술이다. 사용자는 클라우드 서비스 제공자의 인프라를 사용하여 데이터를 저장하고 접근할 수 있으며, 어디서나 인터넷 연결을 통해 필요한 컴퓨팅 자원과 데이터에 접근할 수 있다. 이는 물리적인 하드웨어에 대한 투자와 유지 보수의 필요성을 줄이면서, 데이터의 접근성과 공유성을 대폭 개선한다. 교육 분야에서 클라우드 컴퓨팅을 활용함으로써, 교육 자료의 저장, 공유 및 접근이 용이해지고, 교육 과정의 효율성이 크게 향상될 수 있다.

플랫폼을 통해 팀 프로젝트나 그룹 활동에 쉽게 참여하고, 서로의 작업을 공유하고 피드백을 주고받을 수 있다. 이는 학습 과정에서의 협업과 의사소통 능력을 증진시키는 동시에, 학습자들이 서로의 학습 경험과 지식을 공유하고 확장하는 데 기여한다. 교육자는 이러한 협업적 학습 활동을 모니터링하고 지원할 수 있으며, 학생들의 협업 능력과 팀워크 기술을 평가하는 데 필요한 데이터를 수집할 수 있다.

이러한 클라우드 기반 교육 시스템의 활용은 교육 평가 방식을 혁신적으로 변화시키고 있다. 이는 교육 평가가 단순히 지식의 측정에 국한되지 않고, 학습 과정, 협업, 의사소통 능력 등 학습자의 다양한 능력을 평가하는 방향으로 발전하고 있음을 의미한다. 또한, 클라우드 컴퓨팅은 교육 기술의 발전과 더불어 교육 평가의 미래를 형성하는 중요한 역할을 하고 있으며, 이는 교육 평가의 효율성, 접근성, 유연성을 크게 향상시키고 있다.

2.5 혁신적인 평가 방법들

교육 평가 분야에서는 학습자 중심의 접근 방식을 채택하여, 적응형 평가, 실시간 피드백, 게이미피케이션과 같은 혁신적인 방법들이 점차 도입되고 있다. 이러한 방법들은 교육 과정을 보다 효과적이고 참여적인 경험으로 변화시키며, 학습자의 학습 동기를 증진시키는 데 기여한다.

적응형 평가는 학습자의 반응과 성취도에 기반하여 문제의 난이도와 유형이 동적으로 조정되는 평가 방식이다. 이는 각 학습자의 능력과 학습 속도에 맞춰 개인화된 평가 경험을 제공한다. 적응형 평가 시스템은 학습자가 해결한 문제의 정확성과 반응 시간을 분석하여, 다음 문제의 난이도를 조정한다. 이러한 접근 방식은 학습자가 과도하게 쉽거나 어려운 문제에 부닥치지 않도록 하여, 학습 과정에서의 불필요한 스트레스를 줄이고 학습 효율을 극대화한다. 또한, 학습자의 진행 상황과 능력을 정확하게 파악할 수 있어, 교육자가 맞춤형 학습 지원과 개입을 제공하는 데 유용하다.

실시간 피드백은 학습자가 학습 내용을 얼마나 잘 이해하고 있는지를 실시간으로 확인하고 즉각적인 피드백을 제공하는 평가 방법이다. 이는 학습자가 학습 과정에서 발생하는 오해나 잘못된 개념을 즉시 수정할 수 있게 하여, 학습 효과를 향상시킨다. 실시간 피드백 시스템은 학습자의 응답을 실시간으로 분석하고, 오답에 대한 설명과 올바른 해결 방법을 제시한다. 이러한 방식은 학습자가 자신의 학습 진행 상황을 더 잘 인식하고, 자기 주도적인 학습을 촉진한다. 교육자는 이를 통해 학습자의 학습 상태와 필요를 실시간으로 파악하고, 적절한 지원과 개입을 제공할 수 있다.

게이미피케이션은 학습 과정에 게임의 요소와 메커니즘을 도입하여 학습자의 참여와 동기 부여를 증진시키는 방법이다. 이는 점수, 뱃지, 리더보드, 도전 과제 등 게임의 요소를 활용하여 학습 과정을 더욱 재미있고 동기 부여가 되는 경험으로 만든다. 게이미피케이션은 학습자가 학습 목표에 도달하기 위해 지속적으로 노력하도록 동기를 부여하며, 학습 과정에서의 참여와 상호작용을 증진시킨다. 또한, 경쟁과 협력을 통해 학습자 간의 사회적 상호작용을 촉진하며, 학습 과정을 통한 개인의 성장과 성취감을 강화한다.

이러한 혁신적인 평가 방법들은 교육 평가의 패러다임을 변화시키고 있으며, 교육 과정을 보다 개인화되고 상호작용적인 경험으로 만들어 학습자의 성공을 지원한다. 이는 학습자가 자신의 학습 과정을 보다 적극적으로 참여하고 관리할 수 있게 하며, 교육자에게는 학습자의 필요와 성취도를 더 잘 이해하고 지원하는 데 필요한 도구를 제공한다.

최신 테크놀로지와 교육 평가의 융합은 현대 교육의 패러다임을 전환하고 있다. 클라우드 컴퓨팅, 인공지능, 빅데이터 분석, 그리고 혁신적인 평가 방법들은 교육 평가를 더 개인화되고 상호작용적인 경험으로 변화시키고 있다. 이러한 기술들은 학습자의 필요와 능력에 맞춘 맞춤형 학습 경로 제공, 실시간 피드백을 통한 즉각적인 학습 조정, 학습자 참여와 동기 부여를 증진시키는 게이미피케이션 등을 가능하게 한다. 이는 학습 과정에서 학습자의 참여를 높이고, 교육자가 학습자의 진행 상황을 더 정확하게 이해하고 지원할 수 있게 함으로써, 교육의 질을 향상시키는 데 크게 기여하고 있다. 따라서, 최신 테크놀로지를 활용한 교육 평가의 진보는 교육 과정을 보다 효과적이고 효율적으로 만들어, 교육의 미래를 밝게 하고 있다.

3. 디지털 기술의 교육 평가 활용 사례

3.1 원격교육 도구 활용

코로나바이러스 팬데믹으로 인해 교육의 패러다임이 급격하게 변화했다. 이러한 변화의 중심에는 원격 교육 도구의 활용이 있다. 전 세계 교육자와 학생들은 새로운 원격 학습 도구와 방법을 채택해야 했으며, 간단한 녹화 강의부터 가상 대화형 과학 실험실에 이르기까지 다양한 형태의 원격 교육이 실시됐다.

디지털 평가는 이러한 원격 교육 환경에서 매우 중요한 부분을 차지한다. 원격 교육은 학생들의 학습 과정을 실시간으로 모니터링하고 평가하는 데 필요한 도구들을 제공한다. 이를 통해 교사는 학생들의 학습 진도와 이해도를 정기적으로 확인하고 측정할 수 있다. 또한, 학생들에게는 온라인 테스트를 통해 스트레스가 적고 자신의 속도에 맞춰 학습할 수 있는 기회를 제공한다.

원격 교육 도구의 활용은 학생들에게 새로운 학습 환경을 제공함과 동시에 교육자에게는 학생들의 학습 과정을 평가하고 개선하는 새로운 방법을 제시한다. 이러한 도구들은 전통적인 교실 수업에서는 어려웠던 학생들의 개별적인 학습 요구와 성취도를 파악하는 데 도움을 준다. 따라서, 원격 교육 도구의 활용은 단순한 기술적 변화를 넘어서 교육 방법론의 혁신을 의미한다.

그러나 이러한 긍정적인 변화에도 불구하고, 원격 교육의 확산은 교육자와 학생들에게 아직은 낯선 환경임에 틀림없다. 일부 학생들과 교사들은 원격 교육 환경에서 번창하는 반면, 다른 일부는 적응하는 데 어려움을 겪는다. 이러한 상반된 반응에도 불구하고, 원격 교육은 교육 시스템에서 지속될 가능성이 높다. 이는 교육 시스템에 새로운 도전을 제시하면서도 학생 학습의 특정 측면, 특히 정기적인 테스트가 중단 없이 실행될 수 있도록 만든다.

이러한 원격 교육 도구의 활용은 교육 평가 방법의 혁신과 발전에 있어 중요한 역할을 한다. 기존의 교육 평가 방식이 변화하면서, 디지털 평가 도구는 학생들의 학습을 보다 효과적으로 측정하고 평가하는 데 기여하고 있다.

3.2 적응형 테스트

적응형 테스트는 디지털 교육 평가에서 중요한 역할을 한다. 이 방식은 학생의 개별적인 반응에 따라 검사나 시험이 자동으로 조정되어 각 학생의 실제 능력을 측정한다. 적응형 테스트는 기존의 연필과 종이 테스트가 제공할 수 없는, 학생의 실제 학업 성취도를 더 정확하게 평가하는 데 도움이 된다.

교사는 학생들이 얼마나 잘 배우고 있는지 이해하기 위해 평가 방법과 채점 척도를 지속적으로 분석해야 한다. 이들은 학생들이 새로운 개념을 어떻게 이해하고 적용하는지, 비판적 사고를 통해 어떻게 새로운 정보를 처리하는지를 평가하려고 한다. 그러나 학생 성과를 효과적으로 측정하기 위해서는 전통적인 평가 방식보다 더 유연하고 적응력 있는 디지털 평가 도구가 필요하다.

컴퓨터 적응형 테스트(computer adaptive test, CAT)는 학생의 성능을 측정하는 방식으로, '맞춤형 테스트'라고도 불린다. 이 테스트는 각 학생의 반응에 맞춰 다음 문항이나 문항 세트가 결정된다. 즉, 테스트 참가자가 이전 질문에 어떻게 답했는지에 따라 다음 문제가 제시된다. 이를 통해 교사는 학생들의 단기 혹은 장기 기억술, 혹은 찍기 등의 '시험 기교'에 현혹되는 대신에, 실제로 주제에 대한 학생들의 지식을 평가할 수 있다.

미국의 여러 주, 예를 들어 조지아, 루이지애나, 뉴햄프셔, 노스캐롤라이나 등은 연방 정부의 '혁신적 평가 시범 권한' 하에 적응형 학습 평가로 이동하고 있다. 학습 기대치가 발전함에 따라, 이러한 주들은 보다 자주 실시되는 적응형 평가를 제공하여, 각 학생의 등급이나 반 평균 외에도 학년 말 학생 학습 점수를 산출해 낸다.

이러한 적응형 테스트의 활용은 교육 평가 방식을 혁신하고 있다. 이는 학생들이 새로운 지식을 어떻게 습득하고 적용하는지에 대한 더 정확한 평가를 가능하게 하며, 디지털 기술을 통한 교육 평가의 미래에 대한 희망적인 전망을 제공한다.

3.3 형성 평가

형성 평가는 학습 과정 중에 교사가 학생들의 학습 진척도와 이해도를 평가하고, 필요에 따라 교육 활동과 커리큘럼을 조정하는 데 중요한 역할을 한다. 형성 평가는 학습의 일부로서, 학생들의 학습 경로를 적시에 조정할 수 있는 기회를 제공한다.

미국의 공립학교 중 약 80% 이상이 형성 평가를 사용하여 학생 성과를 개선하고 있다. e러닝의 강화로 학습 기법과 활동을 재평가하고 조정하는 데 대한 요구가 증가하고 있다. 예를 들어, 노스캐롤라이나에서는 약 50만 명의 초등학생들이 Amplify라는 형성-진단-평가 시스템에 접근할 수 있다. 이 시스템은 주가 3학년까지 모든 학생들이 읽을 수 있도록 지원하는 목표에 기여한다.

노스캐롤라이나의 K3 문해력 담당 국장인 Carolyn Guthrie는 "이 시스템의 좋은 점은 K-3 성적이 3학년 말의 [주] 종합 시험 성적과 잘 일치한다는 것"이라고 언급했다. 디지털 평가 소프트웨어 도구인 Amplify와 같은 도구는 학생들의 개별적인 요구에 맞추어 학습을 지원하며 교사들에게 보다 효과적인 평가와 피드백을 제공한다.

형성 평가 도구의 활용은 교육 평가 방법에 혁신을 가져온다. 이 도구들은 교사가 학생들의 학습 과정에 더 적극적으로 참여할 수 있게 하고, 학생들의 학습 성과를 높이는 데 기여한다. 따라서 형성 평가는 교육 평가에서 중요한 부분을 차지하며, 디지털 기술을 통한 교육 평가의 발전에 중요한 기여를 하고 있다.

3.4 기술적 도전과 교사 교육의 중요성

디지털 기술을 통한 교육 평가는 여러 기술적 도전과 교사 교육의 중요성을 드러낸다. 이러한 기술적 도전에는 교육 기관에 대한 기술적 지원과 교사 교육이 포함된다. 교사를 포함한 교육자들은 종종 최신 기술을 배우고 사용하는 데 대한 망설임을 보인다. 이는 디지털 교육의 효과적인 실행을 어렵게 만든다.

학생과 교사의 참여가 감소하는 것은 디지털 교육 평가의 또 다른 도전 과제다. 때때로 학생들은 토론에 적극적으로 참여하지 않고 질문에 답하지 않는 경우도 있다.

또한, 급격한 변화는 학생들에게 불안감을 초래할 수 있으며, 가정에서의 문제 등으로 학생들은 학업에 대해서 무관심하고, 심리적 우울증을 경험할 수도 있다. 교육자들의 업무 부담 증가는 디지털 교육 평가의 또 다른 도전이다. 교육자들은 강의안, 비디오, 교육 차별화, 설명서 준비 등에 더 많은 시간을 할애해야 하며, 한 수업을 계획하는 데 기존 교육 과정보다 훨씬 더 많은 시간이 소요된다. 뿐만 아니라, 학생들에게 부모나 다른 주변 사람들로부터 충분한 지원이 제공되지 못할 경우 문제는 더 증가한다. 특히 어린 학습자들은 스스로 일어나서 일과를 준비하는 데 어려움을 겪을 수 있으며, 학습에 방해가 되는 다른 활동을 피하는 데 어려움을 겪을 수 있다.

학문적 정직성 문제도 중요한 도전 과제다. 교육자들은 제출된 작업의 실제 저자가 누구인지 확신할 수 없다. 스트레스가 많은 상황에서 학생들은 학문적 윤리와 관련하여 부적절한 선택을 할 수 있다. 온라인 평가에서는 부정행위가 높게 나타날 수 있으며, 부정행위를 제한하기 위한 여러 방안이 제시되고 있다.

이러한 도전 과제들은 교육자의 전문 개발에 새로운 주제를 제공한다. 디지털 교육 평가의 도전과 기회를 신중하게 평가하는 것은 기술을 통한 평가에서 교육자의 미래 실천을 보완하는 데 중요하다.

4. 교육평가 관련 디지털 기술 사례

이 절에서는 교육 과정의 효율성과 학습자의 참여도를 높이는 데 기여하는 구체적 디지털 기술 사례들을 소개하고자 한다. 이들 중 일부는 상업적 목적을 지닌 상품의 성격을 지니지만, 본문의 의도는 특정 프로그램을 홍보하는 것이 아니라, 현재 교육 기술 분야에서 활용되고 있는 다양한 도구와 시스템에 대한 이해를 돕기 위함이다. 아울러, 소개되는 정보는 시간이 지남에 따라 변할 수 있으므로, 최신 정보를 확인할 필요가 있다.

4.1 적응형 학습 플랫폼: Smart Sparrow

Smart Sparrow는 교육자들이 학습자의 개별적인 요구와 선호도에 맞춤화된 콘텐츠와 학습 경로를 설계할 수 있도록 지원하는 고도화된 적응형 학습 플랫폼이다. 이 플랫폼은 학습자의 반응과 학습 성과를 지속적으로 분석하여, 그에 따라 문제의 난이도를 조정하고 개인에게 맞춤화된 학습 경로를 제공함으로써, 학습자가 자신의 학습 속도와 능력에 맞춰 보다 효과적으로 학습할 수 있게 한다. 이러한 맞춤형 접근 방식은 학습자에게 더 깊은 이해와 지식을 구축할 기회를 제공하며, 동시에 교육자에게는 학습자의 진행 상황을 실시간으로 모니터링하고 필요에 따라 즉각적인 피드백이나 지원을 제공할 수 있는 능력을 부여한다.

이와 유사한 다른 적응형 학습 플랫폼으로는 ALEKS, DreamBox Learning, 그리고 Knewton이 있다. 이 플랫폼들은 각각의 고유한 알고리즘과 접근 방식을 사용하여 학습자 개개인의 학습 스타일과 능력에 맞게 학습 경험을 맞춤 설정한다. ALEKS는 수학과 과학 분야에서 강력한 적응형 학습 경험을 제공하는 반면, DreamBox Learning은 수학 학습에 초점을 맞추고, Knewton은 광범위한 주제에 대한 개인화된 학습 경로를 제공함으로써 학습자의 학습 효과를 극대화한다. 이러한 플랫폼들은 학습자의 성공을 지원하기 위해 개별적인 필요와 진행 속도에 맞춰진 학습 경험을 제공함으로써 교육 분야에서 혁신을 주도하고 있다.

4.2 실시간 피드백: Kahoot!

Kahoot!은 교실 환경뿐만 아니라 교육의 다양한 상황에서 학생 참여를 증진시키는 게이미피케이션 도구로 널리 인식되어 있다. 이 플랫폼은 퀴즈와 게임 형태의 상호작용을 통해 학습 과정을 재미있고 동적으로 만들어, 학생들이 학습에 더 깊이 몰입하게 한다. 학생들은 스마트폰이나 컴퓨터를 사용해 실시간으로 퀴즈에 참여하며, 이 과정에서 제공되는 즉각적인 피드백을 통해 자신의 학습 상태를 파악할 수 있다. 이러한 즉각적인 상호작용과 피드백 메커니즘은 학습자에게 긍정적인 학습 경험을 제공하며,

동기 부여와 함께 학습 효율을 높이는 역할을 한다.

Kahoot!과 유사한 다른 플랫폼으로는 Quizizz, Socrative, 그리고 Poll Everywhere가 있다. Quizizz는 게임화된 접근 방식을 통해 학습자의 참여를 유도하는 퀴즈 플랫폼이다. 이 플랫폼은 개인화된 학습 경험과 학생들 사이의 경쟁을 장려함으로써 학습의 흥미를 증진시킨다. Socrative는 교사와 학생 간의 실시간 상호작용을 지원하여, 교실 내에서 실시간으로 피드백과 평가를 진행할 수 있게 하는 도구이다. Poll Everywhere는 실시간으로 피드백과 참여를 촉진하는 플랫폼으로, 대규모 강의나 회의에서도 참여자의 의견을 쉽게 수집하고 공유할 수 있는 기능을 제공한다. 이러한 플랫폼들은 각기 다른 방식으로 교육 과정에 게이미피케이션 요소를 도입하여 학습자의 참여와 학습 동기를 높이는 데 기여한다.

4.3 빅데이터 분석: Coursera의 학습자 분석

Coursera는 전 세계적으로 다양한 분야의 온라인 코스를 제공하는 플랫폼으로, 빅데이터 기술을 활용하여 학습자의 학습 패턴과 성취도를 체계적으로 분석한다. 이 플랫폼은 수집된 데이터를 기반으로 학습자에게 맞춤화된 학습 경로와 지원을 제공함으로써, 개별 학습자의 요구와 목표에 부합하는 학습 경험을 설계한다. 이 과정에서 학습자의 학습 진행 상황, 선호도, 그리고 성취도 등 다양한 데이터가 분석되어, 교육자는 이를 통해 학습자의 미래 학업 성취도 및 학습 경향을 더 정확하게 예측할 수 있다.

이와 유사한 다른 온라인 학습 플랫폼으로는 EdX, Udacity, 그리고 FutureLearn이 있다. 이 플랫폼들도 학습자의 데이터를 분석하여, 각 학습자에게 최적화된 학습 경험을 제공하는 데 주력한다. EdX는 대학교와 같은 기관이 제공하는 고품질의 다양한 코스를 제공하며, Udacity는 기술과 직업 기술에 초점을 맞춘 나노 학위 프로그램으로 유명하다. FutureLearn은 영국의 대학교 및 전문 기관과 협력하여 다양한 온라인 코스를 제공한다. 이 플랫폼들은 모두 학습자의 행동과 성취 데이터를 분석하여 개인화된 학습 경로를 제안함으로써, 학습자가 자신의 학습 목표에 보다 효과적으로 도달할 수 있도록 지원한다.

4.4 클라우드 기반 교육 플랫폼: Google Classroom

Google Classroom은 클라우드 기반의 교육 플랫폼으로, 교사와 학생 사이의 교육 자료 관리, 공유 및 접근을 효율적으로 할 수 있게 해주는 도구다. 이 플랫폼은 사용자 친화적인 인터페이스와 구글의 다양한 도구들과의 통합을 통해 교육 과정 관리를 간소화하며, 학생과 교사 간의 실시간 상호작용과 피드백을 촉진한다. 이를 통해 평가 과정이 유연해지고, 교육의 효율성이 증가한다. Google Classroom은 문서, 스프레드시트, 프레젠테이션 등 다양한 형태의 교육 자료를 쉽게 공유하고 관리할 수 있도록 지원하며, 교사는 학습 진행 상황을 실시간으로 파악하고 학생 개별에게 맞춤형 피드백을 제공할 수 있다.

유사한 기능을 제공하는 다른 플랫폼으로는 Microsoft Teams for Education, Schoology, 그리고 Canvas가 있다. Microsoft Teams for Education은 학습자와 교육자 간의 협업과 커뮤니케이션을 위한 통합 플랫폼을 제공하며, 실시간 협업 및 비디오 회의 기능을 통해 원격 교육 환경을 지원한다. Schoology는 교육 과정의 계획, 실행, 평가를 지원하는 학습 관리 시스템(LMS)으로, 교육 자료의 공유, 학생 참여, 성과 평가 등을 포괄적으로 관리할 수 있다. Canvas는 유연한 학습 경험과 풍부한 교육 콘텐츠 접근성을 제공하는 강력한 LMS로, 교육 기관에서 교육 과정의 효율적인 관리와 학생 참여를 증진시키는 데 널리 사용된다. 이 플랫폼들은 각각의 특성을 가지고 교육 자료의 공유, 학습 관리, 교육 과정의 효율적인 관리를 지원하여, 교육 과정의 질을 향상시키는 데 기여한다.

4.5 AI 기반 개별화 학습: Duolingo

Duolingo는 인공지능(AI) 기술을 활용하여 사용자의 학습 진도와 반응을 실시간으로 분석하고, 이를 바탕으로 개인화된 학습 경로를 제공하는 언어 학습 플랫폼이다.

이 플랫폼의 AI 알고리즘은 사용자의 성취도를 지속적으로 평가하고, 학습자의 속도와 능력에 맞게 학습 경로를 조정하여 맞춤형 학습 환경을 조성한다. Duolingo의 강점은 사용자가 자신의 학습 스타일과 속도에 맞춰 언어를 효과적으로 배울 수 있도록 지원하는 것이며, 게이미피케이션 요소를 통해 학습 과정을 더욱 재미있고 동기부여가 되게 만든다.

비슷한 서비스를 제공하는 다른 플랫폼으로는 Babbel, Rosetta Stone, 그리고 Memrise가 있다. Babbel은 대화 중심의 학습 접근 방식을 통해 사용자가 실생활에서 사용할 수 있는 언어 능력을 개발할 수 있도록 지원한다. Rosetta Stone은 몰입형 학습 경험을 제공하여 사용자가 자연스럽게 언어를 습득할 수 있도록 돕는다. 이 플랫폼은 이미지, 텍스트, 사운드를 결합한 학습 콘텐츠를 통해 언어의 이해와 발음을 개선하는 데 중점을 둔다. Memrise는 다양한 학습 도구와 기술을 사용하여 언어 학습에 재미와 효율성을 더한다. 이 플랫폼은 실제 현지인의 발음과 문화적 맥락을 포함한 학습 자료를 제공하여 사용자가 언어를 더 자연스럽게 습득할 수 있게 한다. 이러한 플랫폼들은 각각 고유의 방식으로 사용자의 참여를 유도하고 언어 학습의 효과를 극대화하기 위해 노력한다.

4.6 가상현실(VR)을 이용한 몰입형 학습: Labster

Labster는 과학 교육 분야에서 혁신적인 접근 방식을 제공하는 플랫폼으로, 가상현실(VR) 기술을 활용해 학생들에게 실제 실험실과 유사한 경험을 가능하게 한다. 이 플랫폼을 통해 학생들은 다양한 과학 실험을 가상 환경에서 수행할 수 있으며, 이 과정에서 과학적 개념과 실험 기법을 실습을 통해 직접 경험하고 이해할 수 있다. Labster는 복잡한 실험 절차를 시각적으로 이해할 수 있도록 돕고, 학습자의 이해도를 높이는 데 중점을 둔다. 이러한 방식은 전통적인 교실 학습과 비교했을 때 학습자에게 더욱 심층적이고 상호작용적인 학습 경험을 제공한다.

Labster와 유사한 다른 플랫폼으로는 PraxiLabs, VRLab Academy, 그리고 Merge EDU가 있다. PraxiLabs는 학생들이 가상현실에서 실제 실험실 환경을 모방한 과학 실험을 수행할 수 있게 하는 플랫폼으로, 특히 화학, 물리학, 생물학 등 다양한 과학 분야를 커버한다. VRLab Academy는 VR 기술을 활용해 실제 실험실과 유사한 과학 실험 학습 경험을 제공하며, 학생들이 복잡한 과학 실험을 가상 환경에서 안전하게 탐색하고 이해할 수 있도록 한다. Merge EDU는 증강현실(AR) 기술을 이용해 과학 교육을 지원하는 플랫폼으로, 학생들이 손에 쥔 디바이스를 통해 3D 과학 모델을 탐색하고 상호작용할 수 있게 한다. 이러한 플랫폼들은 가상현실 또는 증강현실 기술을 활용해 과학 실험의 실습 경험을 제공함으로써 과학 교육의 질을 향상시키고 학습자의 참여와 이해도를 높이는 데 기여한다.

4.7 블록체인 기술을 활용한 학습 성과 인증: Sony Global Education

Sony Global Education은 블록체인 기술을 활용하여 학습 기록과 성과를 안전하게 저장하고 인증할 수 있는 시스템을 개발함으로써, 교육 분야에서의 혁신을 주도하고 있다. 블록체인 기술의 핵심 특성인 투명성과 변경 불가능성을 활용함으로써, 학습 기록의 안전한 관리와 학습 성과의 인증 및 공유가 용이해진다. 이러한 시스템은 학습 기록의 신뢰성을 높이고, 교육 기관이나 기업 등 다양한 이해관계자 간의 정보 공유를 간소화하여 학습 성과의 검증 과정을 효율적으로 만든다.

이와 유사한 사례로는 여러 플랫폼이 있다. Blockcerts는 학위, 자격증 및 기타 학습 성과를 인증하는 데 사용되는 오픈 소스 블록체인 기반 플랫폼으로, 사용자가 자신의 학습 성과를 안전하게 저장하고 공유할 수 있게 해준다. Learning Machine은 교육 기관과 기업이 블록체인 기술을 사용하여 학습 성과와 자격증을 안전하게 발급하고 관리할 수 있도록 지원하는 솔루션을 제공한다. APPII는 사용자가 자신의 학습 및 경력 기록을 검증하고 공유할 수 있는 블록체인 기반 플랫폼이며, 이를 통해 채용 과정에서의 신뢰성 있는 정보 제공이 가능해진다.

이러한 플랫폼들은 블록체인 기술을 교육 분야에 적용하여 학습 기록과 성과의 안전한 저장, 관리, 공유 및 인증을 가능하게 함으로써, 교육의 투명성과 신뢰성을 높이고 있다. 이는 교육 기관, 학습자, 채용 담당자 등 모든 이해관계자에게 이점을 제공하며, 교육 데이터의 신뢰도와 접근성을 혁신적으로 개선하는 방향으로 나아가고 있다.

4.8 챗봇을 이용한 학습 지원 및 평가: Carnegie Mellon University의 Cognii

Cognii는 자연어 처리(NLP) 기술을 기반으로 하는 챗봇 학습 지원 시스템으로, 학습자에게 실시간으로 질의응답 지원과 개인화된 학습 피드백을 제공한다. 이 시스템은 고급 자연어 처리 기술을 활용하여 학생의 질문을 정확하게 이해하고, 적절한 피드백과 설명을 통해 학습자의 이해도를 높이고 학습 과정을 개인화하는 데 중점을 둔다. Cognii는 학습자가 학습 내용에 대해 더 깊이 있는 이해를 할 수 있도록 돕고, 학습 과정에서 발생할 수 있는 어려움을 극복하게 만드는 역할을 한다.

유사한 기능을 제공하는 다른 사례로는 다음과 같은 플랫폼들이 있다.

Jill Watson: 조지아 공과대학교에서 개발된 AI 챗봇으로, 온라인 코스의 학생들이 제기하는 질문에 자동으로 답변한다. 이 챗봇은 대규모 온라인 개방형 코스(MOOCs)에서 발생할 수 있는 수많은 학생 질문을 처리하도록 설계되었다.

Duolingo Chatbots: 언어 학습자가 대화형 방식을 통해 언어를 학습할 수 있도록 설계된 챗봇이다. 이 챗봇은 사용자가 새로운 언어를 연습하면서 자연스러운 대화를 시뮬레이션할 수 있도록 돕는다.

ELSA Speak: 발음 교정과 언어 학습을 지원하는 AI 코치로, 사용자의 발음을 분석하고 개선할 수 있는 맞춤형 조언과 연습을 제공한다. ELSA Speak는 사용자가 영어 발음을 향상시키는 데 특히 유용하다.

이러한 시스템들은 각각의 분야에서 자연어 처리와 기계 학습 기술을 활용하여 학습자의 경험을 풍부하게 하고, 학습 과정을 보다 효율적이고 개인화된 방식으로 진행할 수 있도록 지원한다. 이 기술들은 교육 분야에서 AI의 잠재력을 보여주며, 학습자가 학습 목표를 달성하는 데 도움을 주는 다양한 방식으로 활용될 수 있다.

4.9 대화형 비디오를 활용한 참여형 학습: Edpuzzle

Edpuzzle은 교육적 비디오 콘텐츠에 질문을 삽입하여 학생들의 참여를 유도하고, 상호작용을 통해 학습을 촉진하는 플랫폼이다. 이를 통해, 학생들은 비디오를 시청하는 과정에서 직접적으로 참여하고, 교사는 이러한 상호작용을 통해 학생들의 이해도를 실시간으로 평가할 수 있다. 이 기능은 학습 과정에서 학생들의 참여를 높이고, 비디오 콘텐츠를 활용한 학습의 효과를 극대화하는 데 중요한 역할을 한다.

비슷한 기능을 제공하는 다른 플랫폼으로는 PlayPosit, Vizia가 있다. PlayPosit은 사용자가 인터랙티브 비디오와 학습 콘텐츠를 생성하여 학습자의 참여를 증진시키는 기능을 제공한다. 반면, Vizia는 비디오 내에 퀴즈, 설문조사, 콜투액션 버튼 등을 추가하여 학습자의 참여를 유도하는 도구로 사용된다. 이 플랫폼들은 교육적 상호작용과 참여를 향상시키기 위해 다양한 방식을 채택함으로써, 학습 과정의 효율성과 교육적 가치를 높이고 있다.

5. 교육 평가의 미래와 윤리적 고려 사항

5.1 디지털 교육 평가의 미래 전망

디지털 교육 평가의 미래 전망은 기술의 지속적인 발전에 따라 더욱 밝아지고 있다. 인공지능, 빅데이터, 클라우드 컴퓨팅과 같은 최신 기술들이 어떻게 교육 평가에 통합되고 혁신을 가져올지에 대한 연구와 분석은 매우 중요한 주제로 자리잡고 있다. 이러한 기술들은 교육 평가 방법의 혁신뿐만 아니라, 교육 과정 자체의 질적 향상에도 큰 영향을 미칠 잠재력을 지니고 있다. 인공지능은 개별 학습자의 반응과 성취도를 심층적으로 분석하여, 맞춤형 피드백과 학습 경로를 제시함으로써 학습자 개인에게 최적화된 학습 경험을 제공할 수 있다. 빅데이터는 방대한 학습 데이터를 분석하여 학습자의 학습 행동, 선호도, 학습 성향을 파악하고, 이를 통해 개인화된 교육 전략과 개입을 제안한다. 클라우드 컴퓨팅은 교육 자료의 효율적인 저장, 공유, 접근성을 향상시키며, 교육 평가의 접근성과 효율성을 대폭 높인다.

개별화 및 맞춤형 학습 평가는 교육 평가의 미래를 향한 중요한 발전 방향을 제시한다. 학생 각자의 요구와 능력에 맞춰 설계된 평가 방법은 학생들이 자신의 학습 과정을 더 잘 이해하고, 자신만의 강점과 약점을 파악하여 개선할 수 있는 기회를 제공한다. 이는 적응형 평가 방식의 발전을 포함하여, 각 학생의 능력과 학습 속도를 고려한 교육 평가 방식의 혁신을 의미한다. 적응형 평가는 학습자의 현재 수준에 맞는 학습 자료와 평가를 제공함으로써, 학습의 효율성을 극대화하고 학습 동기를 부여한다.

새로운 교육 평가 방법론의 등장은 교육 평가 분야에 새로운 활력을 불어넣고 있다. 게이미피케이션, 시뮬레이션, 대화형 평가 도구와 같은 혁신적인 접근법은 학습자의 참여와 동기 부여를 높이는 동시에, 교육 평가의 효과성을 증진시킨다. 이러한 방법론은 학습 과정을 더욱 상호작용적이고 재미있게 만들며, 학생들이 학습 내용을 심도 있게 이해하고 실생활에 적용할 수 있도록 돕는다.

기술의 지속적인 발전은 교육 평가 분야에서 끊임없는 혁신을 가능하게 하며, 이는 교육 과정 전반의 질을 향상시키는 데 기여한다. 디지털 교육 평가의 미래는 학습자 중심의 맞춤형 평가 방법을 제공함으로써, 각 학습자가 자신의 잠재력을 최대한 발휘할 수 있는 환경을 조성한다. 또한, 이러한 기술적 진보는 교육의 접근성을 향상시키고, 학습 경험을 더욱 풍부하고 다양하게 만들 것으로 기대된다.

5.2 개인 정보 보호와 데이터 관리

디지털 교육 평가의 확산으로 학생 데이터의 보안 및 개인 정보 보호는 점점 더 중요한 고려 사항이 되고 있다. 학생들의 성적, 학습 행태, 개인 식별 정보 등이 디지털 방식으로 저장, 처리되며, 이에 따라 이러한 정보의 안전한 관리와 보호는 필수 불가결한 요소가 되었다. 데이터의 무단 접근, 유출 또는 오용은 학생들의 개인 사생활을 침해할 뿐만 아니라, 교육 기관의 신뢰도에 심각한 손상을 입힐 수 있으므로, 교육 기관과 기술 제공업체는 데이터 보안을 위한 강력하고 체계적인 조치를 개발하고 실행해야 한다.

데이터 보안의 중요성은 단지 정보의 안전한 저장과 관리에만 국한되지 않는다. 교육 데이터의 수집, 처리, 분석 및 공유 과정 전반에 걸쳐 투명성과 책임성을 확보하는 것도 매우 중요하다. 교육자와 관리자는 데이터가 어떠한 목적으로, 어떻게 사용되고 있는지에 대한 명확한 이해를 바탕으로, 학생들과 학부모에게 이러한 정보의 사용 방식과 목적을 투명하게 공개해야 한다. 이는 학생과 학부모의 신뢰를 구축하고, 데이터 사용에 대한 동의를 얻는 과정에서도 중요하다.

더 나아가, 데이터 관리의 윤리적 측면은 교육 기술의 사용이 학생들에게 미치는 영향을 고려할 때 핵심적인 요소이다. 학생들의 개인 정보와 학습 데이터를 존중하고 적절하게 보호, 관리하는 것은 학생들의 권리를 보장하고, 디지털 교육 환경에서의 학습자 중심의 접근 방식을 강화하는 데 기여한다. 교육 기관은 데이터 보안과 개인 정보 보호에 관한 엄격한 정책을 수립하고, 이를 철저히 이행함으로써, 교육 기술의 긍정적인 영향을 극대화하고 부정적인 영향을 최소화해야 한다.

이러한 맥락에서, 교육 기관은 데이터 보안과 개인 정보 보호에 대한 직원 및 학생의 인식 제고를 위해 지속적인 교육 프로그램을 제공해야 한다. 또한, 최신 기술의 발전을 모니터링하고 이를 기반으로 데이터 보호 전략을 지속적으로 개선해 나가야 한다. 데이터 보안과 관리의 중요성이 더욱 강조되는 디지털 교육 평가의 미래에서, 체계적이고 윤리적인 데이터 관리는 교육 기술이 제공하는 이점을 최대화하고, 학생들의 학습 경험을 보호하며 향상시키는 데 중추적인 역할을 할 것이다. 이를 통해 디지털 교육 평가는 신뢰성 있고 효과적인 교육 도구로서의 위치를 확고히 할 수 있을 것이다.

5.3 공정성과 접근성

디지털 교육 평가의 구현에 있어서 공정성과 접근성은 매우 중요한 고려 사항으로 자리 잡고 있다. 이는 모든 학생에게 동등한 평가 기회를 제공하고, 그들의 능력과 성취도를 공정하게 측정하는 것을 목표로 한다. 디지털 교육 평가는 학생들의 다양한 배경과 능력을 고려하여 설계되어야 하며, 이 과정에서 각 학생이 공평한 조건 하에서 평가받을 수 있도록 보장해야 한다. 이는 교육 평가가 단순히 학업 성취도를 측정하는 도구를 넘어서, 모든 학습자의 성공을 지원하는 수단으로 기능해야 함을 의미한다.

공정한 평가를 실현하기 위해서는 학생들의 다양한 배경, 환경, 학습 스타일을 충분히 고려하는 것이 필수적이다. 디지털 교육 평가 도구와 방법론은 이러한 다양성을 수용할 수 있는 유연성을 갖추어야 하며, 모든 학생들의 성취를 객관적이고 정확하게 반영할 수 있는 메커니즘을 포함해야 한다. 이는 특히 언어 장벽, 장애를 가진 학생들, 다양한 문화적 배경을 가진 학생들의 필요를 고려하여, 이들에게 적합한 평가 도구와 자료를 제공하는 것을 포함한다. 또한, 교육 기술에 대한 접근성을 확보하고, 학생들이 평가 도구를 효과적으로 사용할 수 있도록 필요한 기술 지원과 교육 자원을 제공하는 것도 중요하다.

접근성 문제는 디지털 격차와 밀접하게 연결되어 있다. 모든 학생이 최신 기술과 인터넷 자원에 쉽게 접근할 수 있도록 보장하는 것은 디지털 교육 평가의 성공적인 실행을 위해 필수적이다. 이는 특히 경제적, 지리적 제약을 가진 학생들에게 중요한데, 이들 학생들이 디지털 교육 자원에 대한 접근성을 확보하지 못할 경우, 교육 기회의 격차가 더욱 확대될 위험이 있다. 따라서, 교육 기관과 정책 입안자들은 디지털 기기의 제공, 저렴한 인터넷 서비스의 확대, 기술 사용에 대한 교육 및 지원 프로그램을 포함한 다양한 전략을 통해 디지털 분열을 해소하기 위한 노력을 기울여야 한다.

이러한 공정성과 접근성에 대한 철저한 고려는 디지털 교육 평가가 모든 학생들에게 포괄적이고 포용적인 교육 기회를 제공하는 데 기여할 것이다. 이는 교육 평가가 단순한 성취도 측정을 넘어서 학생들의 개인적인 요구와 능력을 고려한 맞춤형 교육 경험을 제공하는 데 중요한 역할을 할 것이다. 따라서, 모든 학생에게 공평한 기회를 제공하고, 그들의 학습과 성취를 정확하게 평가하기 위한 지속적인 노력은 디지털 교육 평가의 효과성과 신뢰성을 높이는 데 결정적인 요소가 될 것이다.

5.4 윤리적 고려 사항의 중요성

디지털 교육 평가에서 윤리적 고려 사항의 중요성을 강조하는 것은 오늘날 교육자와 정책 입안자에게 매우 중요한 과제가 되었다. 이러한 고려 사항은 교육 평가 정책과 실천을 설계하고 실행하는 과정 전반에 걸쳐 반영되어야 한다. 교육 평가는 단지 학생들의 지식 수준과 능력을 측정하는 역할을 넘어서, 학생의 사생활을 존중하고, 모든 학생에게 공정하고 평등한 기회를 제공하는 등의 윤리적 원칙을 준수해야 하는 복합적인 활동이다. 이러한 원칙들은 디지털 기술의 급속한 발전 속에서도 그 중요성이 강조되며, 교육 평가의 절차와 방법에 있어 핵심적인 지침으로 작용한다.

교육자와 정책 입안자는 디지털 교육 평가 과정에서 발생할 수 있는 다양한 윤리적 문제들, 예를 들어 학생들의 개인 정보 보호, 평가 과정의 투명성 확보, 그리고 평가 결과의 공정성 유지 등을 신중하게 고려해야 한다. 이러한 윤리적 고려 사항을 충분히 반영하지 않는 경우, 학생들과 학부모로부터의 신뢰를 잃을 수 있으며, 이는 교육 평가의 전반적인 신뢰성에 부정적인 영향을 미칠 수 있다. 따라서 교육자와 정책 입안자는 이러한 윤리적 원칙을 교육 평가의 설계와 실행 과정에 철저히 통합시키는 것이 중요하다.

더 나아가, 지속 가능한 디지털 교육 평가 시스템의 발전을 위해서는 윤리적 고려를 바탕으로 한 접근 방식이 필수적이다. 이는 디지털 기술의 발전과 교육 평가 방법의 융합 과정에서 예상되는 윤리적 도전을 사전에 식별하고 대응하는 데 도움을 줄 수 있다. 뿐만 아니라, 윤리적 고려 사항에 기반한 접근 방식은 학생들의 학습 환경을 개선하고, 교육의 질을 향상시키는 데 중요한 역할을 한다. 이를 통해 디지털 교육 평가가 학생들에게 더욱 맞춤화되고, 포괄적이며, 효과적인 방식으로 제공될 수 있도록 한다.

결국, 교육 평가에서의 윤리적 고려는 교육의 미래를 위한 중요한 기반이며, 이를 통해 교육자와 정책 입안자는 디지털 교육 평가를 더욱 신뢰할 수 있고, 모든 학생에게 공정하며, 지속 가능한 방식으로 진행될 수 있도록 하는 데 중추적인 역할을 한다.

6. 결 론

디지털 기술의 발전은 교육 평가 방법을 근본적으로 바꾸어 왔다. 이 변화는 교육자와 학생들에게 새로운 기회를 제공하며 교육 평가의 효율성, 정확성 및 개인화를 개선하는 데 기여한다. 디지털 교육 평가는 학생들에게 맞춤화된 평가 경험을 제공해 각 학습자의 필요와 능력을 고려한 교육을 가능하게 한다. 이 과정에서 윤리적 고려, 개인 정보 보호, 평가 과정의 투명성과 공정성을 고려해야 한다.

디지털 교육 평가의 발전은 학습자 중심의 교육을 촉진하며 학생들이 자신의 학습 경로를 더 잘 이해하고 교육자가 학습 진행 상황을 정확하게 평가할 수 있도록 한다. 이를 위해 공정성, 접근성, 개인 정보 보호를 고려해야 한다. 기술적 진보와 교육 평가의 융합은 지속 가능한 교육의 미래를 위한 기반을 마련한다. 교육자와 정책 입안자는 이 변화를 지속적으로 모니터링하고 적응해야 하며, 모든 학생에게 공평하고 효과적인 교육 기회를 제공하기 위한 전략을 개발해야 한다.

이러한 전략 개발 과정에서 디지털 교육 평가의 윤리적 측면을 깊이 이해하는 것이 필요하다. 데이터 보호와 평가 과정의 투명성 및 공정성을 확보하는 것은 학생들과 학부모의 신뢰를 얻고 교육 평가의 신뢰성을 높이는 데 중요한 역할을 한다. 교육 평가의 디지털화는 교육 과정에서 혁신을 촉진하며 교육의 질을 향상시키고 학습자 중심의 교육을 실현하는 데 중요하다. 교육자와 정책 입안자는 이 기술 변화를 받아들이고 교육의 질을 계속 개선해야 한다. 이는 학생들에게 더 개인화되고 포괄적인 학습 경험을 제공하고 교육의 접근성과 공정성을 증진시킨다. 교육자들은 디지털 도구를 활용하여 학생들의 학습 상황을 더 정확하게 평가하고 필요한 지원을 제공할 수 있다.

디지털 교육 평가의 발전은 교육 과정의 모든 측면에서 지속적인 혁신을 요구한다. 이 혁신은 기술 발전과 함께 교육자와 정책 입안자가 윤리적, 사회적 책임을 계속 고려하면서 교육의 본질적인 목적을 실현하는 데 중요한 역할을 한다. 디지털 시대의 교육 평가는 기술 적용을 넘어 학생들이 더 풍부하고 의미 있는 학습 경험을 가질 수 있도록 하는 중요한 수단이다. 이 전망은 교육의 미래를 밝고 지속 가능하게 만들 것으로 기대된다.

활동지

1. 디지털 교육 평가가 성공적으로 적용된 사례와 실패한 사례를 분석합니다. 각 소그룹은 사례를 조사하여, 성공 또는 실패 요인을 파악하고, 얻은 교훈을 공유합니다.

2. 전통적인 평가 방법과 디지털 평가 방법을 비교하는 활동을 진행합니다. 각 소그룹은 두 평가 방법의 장단점을 조사하고, 특정 교육 환경에서의 적용 가능성을 논의해 봅시다.

3. 다음 안내에 따라서 '디지털 기술을 활용한 수업 활동 및 평가 계획서'를 작성하여 제출하세요.

1) 3~5명의 소그룹을 구성합니다. 가능하면 각 구성원들이 역할을 명확히 분담합니다.
2) '디지털 기술을 활용한 수업'에 적합하도록 수업 내용과 주제를 선정합니다.
3) 다음 내용을 포함한 수업 활동 및 평가 계획을 수립합니다.
   - 수업 목표 및 방법
   - 수업 내용
   - 활용할 디지털 기술 선정 및 활용 전략 수립
   - 평가 방법
4) 수업 활동 계획, 디지털 기술 활용 및 평가 방법, 역할 분담 내용이 상세하게 기술된 보고서를 작성하여 제출합니다.

참고문헌

김성희(2021). 디지털 빅데이터 교실에서 스마트교육의 실제와 활용: 에듀테크를 활용한 학습자 중심 교육. 한국엔터테인먼트산업학회논문지,15(4), 279-286.

배윤주, 박가영, 홍지혜, 이정민(2023). 예비교사의 AI 융합교육 교수역량 측정 도구 개발. 학습자중심교과교육연구, 23(23), 339-351.

Abderrahim, E. M., Mohamed, E., & Azeddine, N. (2013). An Evaluation Model of Digital Educational Resources. *International Journal of Emerging Technologies in Learning, 8*(2).

Flagg, B. N. (2013). *Formative evaluation for educational technologies*. Routledge.

Pérez-Escoda, A., & Rodríguez-Conde, M. J. (2015, October). Digital literacy and digital competences in the educational evaluation: USA and IEA contexts. In Proceedings of the 3rd international conference on technological ecosystems for enhancing multiculturality(pp. 355-360).

Snodgrass Rangel, V., Bell, E. R., Monroy, C., & Whitaker, J. R. (2015). Toward a new approach to the evaluation of a digital curriculum using learning analytics. *Journal of Research on Technology in Education, 47*(2), 89-104.

Xie, K., Di Tosto, G., Chen, S. B., & Vongkulluksn, V. W. (2018). A systematic review of design and technology components of educational digital resources. *Computers & Education, 127*, 90-106.

참고사이트

Coursera - http://www.coursera.org

Duolingo - http://www.duolingo.com

EdX - http://www.edx.org

FutureLearn - http://www.futurelearn.com

Google Classroom - http://classroom.google.com

Kahoot! - http://www.kahoot.com

Moodle - http://www.moodle.org

Quizizz - http://www.quizizz.com

Socrative - http://www.socrative.com

Udacity – http://www.udacity.com

찾아보기

『 기타 』

저자 약력

김성미

한양대학교 신문방송학과 석사, 교육공학과 박사
영국 요크대학교 비교국제사회정책 석사
전 한국교육개발원 디지털교육연구센터 부연구위원
현 동국대학교 이주다문화통합연구소 연구초빙교수

김성연

영남대학교 수학과 석사
성균관대학교 수학과 박사, 연세대학교 교육학과 박사
전 밴더빌트 대학교, 서울대학교 연구원
현 인천대학교 교육대학원 부교수

김효숙

성균관대학교 아동학과 학사
장로회신학대학교 신학대학원 석사, 기독교교육학 석사
한양대학교 교육공학과 박사
현 장로회신학대학교 교수학습개발원 부교수

박선희

연세대학교 교육학과 학사
한양대학교 교육공학과 석사, 박사
전 단국대학교 공학교육혁신센터 연구교수
현 한남대학교 사범대학 교직부 교수

박양주

서울대학교 교육학과 학사, 석사
미국 텍사스주립대학교 대학원 교육공학과 박사
현 한남대학교 사범대학 교육학과 교수

서윤경

한양대학교 교육공학과 학사, 석사, 박사
현 서울여자대학교 교수학습센터 부교수

디지털 교육

2024년 8월 25일 1판 1쇄 인쇄
2024년 8월 30일 1판 1쇄 발행

저 자 : 김성미 김성연 김효숙
박선희 박양주 서윤경
발행자 : 한 정 주
발행처 : 교 육 과 학 사

저자와의 협의하에 인지생략

경기도 파주시 광인사길 71
전화(031)955-6956~8/팩스(031)955-6037
Home-page : www.kyoyookbook.co.kr
E-mail : kyoyookbook@daum.net
등록 : 1970년 5월 18일 제2-73호

낙장 · 파본은 교환해 드립니다.
Printed in Korea.

정가 **18,000** 원
ISBN 978-89-254-1887-2